中国工程院院士传记

陈宗懋传

张海龙 诸芸 娥娥李 左悦 著

中国农业出版社
人民出版社

陈宗懋　中国工程院院士

1954年，陈宗懋（中排左四）21岁，沈阳农学院大学毕业留影

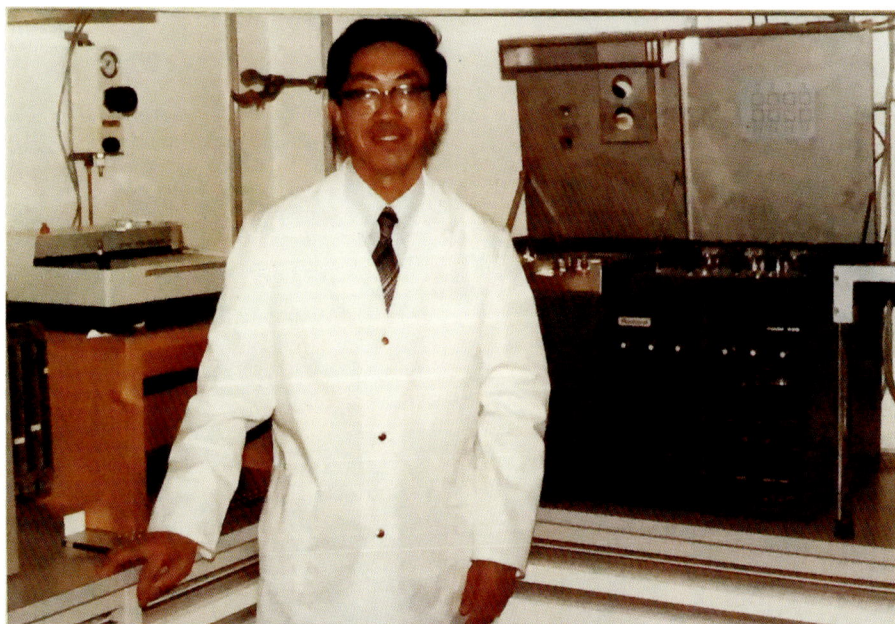

1982年，陈宗懋作为访问学者在美国密歇根州立大学（Michigan State University）农药研究中心工作、学习

2005年，杭州市科协组织参观葡萄园，陈宗懋与爱人陈雪芬合影留念

    2015年10月，陈宗懋（后排右二）与当年复旦大学毕业后留在杭州工作
的老同学聚会时留影

2017年，陈宗懋与两位兄长在杭州相聚（从右至左分别为大哥、二哥、陈宗懋）

2018年9月10日，学生们在中茶所给陈宗懋献花，祝其教师节快乐

1998年，陈宗懋（中）到访中国茶叶进出口公司，与公司副总经理危赛明（左一）及副总经理管爵杉（右一）合影

1991年，作为第七届全国人大代表，在北京人民大会堂留影

1993年10月9日，陈宗懋（后排左五）参加日本静冈国际茶叶会议

2005年，陈宗懋在意大利罗马参加第28届联合国粮农组织农药残留委员会会议

　　2005年，陈宗懋（右）与中国工程院院士、营养与食品安全专家、联合国粮农组织食品添加剂委员会主席陈君石（左）合影，两位院士一起出席在意大利罗马举办的联合国粮农组织食品安全会议

　　2005年，在意大利罗马召开的联合国粮农组织食品安全会议上，中国代表团合影，前排左为陈君石，右为陈宗懋

2013年，台湾大学食品科技研究所教授孙璐西（左）到访中国农业科学院茶叶研究所，陈宗懋（右）陪同她参观实验室

2020年7月29日，陈宗懋（右一）向前来调研的浙江省委副书记、省长袁家军（右三）介绍科研进展情况

20世纪80年代，陈宗懋在茶园做实地调研

2019年，陈宗懋凭"茶叶中农药残留和污染物管控技术体系创建及应用"荣获国家科学技术进步奖二等奖

为表彰在促进科学技术进步工作中做出重大贡献，特颁发此证书，以资鼓励。

奖励日期：一九九零年十二月

证 书 号： 标-2-002-05

获奖项目：农药合理使用准则(一)、(二)国家标准gb8321.1~.2-87

获 奖 者： 陈宗懋

奖励等级：二　等

国家科学技术进步奖
评审委员会

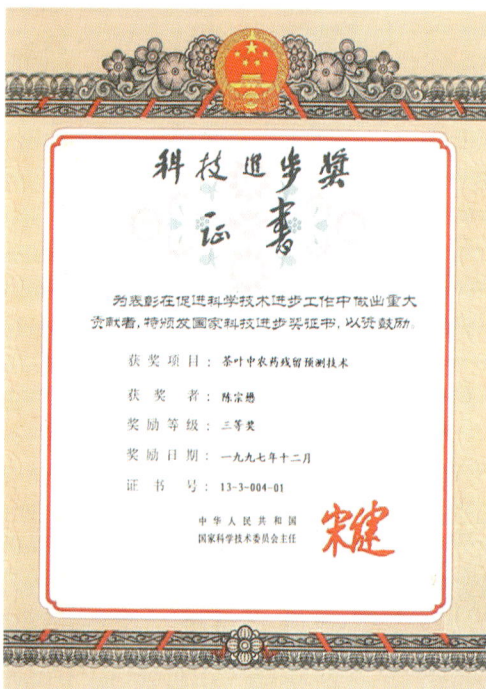

科技进步奖
证书

为表彰在促进科学技术进步工作中做出重大贡献者，特颁发国家科技进步奖证书，以资鼓励。

获奖项目：茶叶中农药残留预测技术

获 奖 者：陈宗懋

奖励等级：三等奖

奖励日期：一九九七年十二月

证 书 号：13-3-004-01

中华人民共和国
国家科学技术委员会主任　宋健

科技进步奖
证书

为表彰在促进科学技术进步工作中做出重大贡献者，特颁发国家科技进步奖证书，以资鼓励。

获奖项目：中国茶经

获 奖 者：陈宗懋

奖励等级：三等奖

奖励日期：一九九八年十二月

证 书 号：　　　　朱丽兰

CIFST　IUFoST

[科学精神奖]
Scientific Spirit Award

获奖人：陈宗懋　院士
中国工程院院士、中国农业科学院茶叶研究所原所长

Prize Winner: Chen Zongmao，Professor
Fellow of the Chinese Academy of Engineering and the Former
President of the Tea Research Institute, Chinese Academy of
Agricultural Sciences.

　　他是我国茶学界的领军科学家，从上世纪60年代开始专注于中国茶叶农药残留的研究，带领团队潜心研究，攻克一个又一个农药残留检测技术难题，让中国茶叶的农药残留检测技术与国际比肩，他领导的实验室被欧盟确认为中国茶叶出口唯一认可的检验机构，他开创性地提出农药"空气漂移"学说，为我国全面禁用666、DDT农药提供了强有力的理论依据和科技支撑，进入21世纪，他首次提出农药水溶解度是决定茶叶饮用安全性的重要参数，获联合国粮农组织认可，并依托科学严谨的试验与详实的数据支撑，在几年间修改了6项国际标准，使中国这个产茶、制茶大国在国际茶叶标准的制定上，拥有了真正的主动权和话语权，从而冲破国际对中国茶叶出口设置的技术贸易壁垒，从容而有效地维护了中国制茶行业的尊严与产业发展。

　　如今已是84岁高龄的他，依然活跃在茶叶科普和茶文化传播的第一线，面对"茶叶农药残留"、"茶叶稀土超标"、"普洱茶致癌"等质疑，他坚守科学真理，用老百姓听得懂的语言为公众答疑解惑，传播中国茶文化，五十年如一日，润物细无声地以茶为体，宠辱偕忘，只为让中国茶，全世界放心喝。

As the leading scientist in tea study in China, he has concentrated on studying pesticide residues in Chinese tea with his team since 1960s and overcome difficulties in pesticide residue detection, keeping the detection technology in compliance with international standards. His laboratory has been recognized by EU as the only accredited test agency for tea export in China. He has established the "Air Drifting" theory of pesticide, which provided powerful theoretical and technological support for the country to eventually ban the use of hexachlorocyclohexane (BHC) and Dichloro-Diphenyl-Trichloroethane (DDT). Entering the 21st century, he firstly proposed that pesticide's water solubility is the key parameter to determine the safety of tea drink, which has been accepted by the Food and Agriculture Organization of the United Nations. Relying on scientific tests and solid data, he facilitated the revision of six international standards in recent years, marking the growing impact of China not only as the world's major tea producer but also as the contributor to amend international tea standards. By breaking international technical barriers to trade against Chinese tea export, he has helped to deliberately but effectively safeguard the dignity and development of Chinese tea industry.

Today, though at the age of 84, he is still active in the front line of science popularization and tea culture communication. Facing challenges like "pesticide residues in tea", "excessive rare earth elements in tea", "Puer Tea is carcinogenic" etc., he communicates with the public in layman's terms, with a firm belief in science, and popularizes Chinese tea culture. With 50 years of unremitting efforts, quietly devoting to Chinese tea and science regardless of honor or disgrace, he has been working just hard for offering the best Chinese tea to the whole world.

中国食品科学技术学会
Chinese Institute of Food Science and Technology

国际食品科技联盟
International Union of Food Science and Technology

2018年4月19-20日　April 19-20, 2018

国家科学技术进步奖
证　书

　　为表彰国家科学技术进步奖获得者，特颁发此证书。

项目名称：茶叶中农药残留和污染物管控
　　　　　技术体系创建及应用

奖励等级：二等

获 奖 者：陈宗懋

2019 年 12 月 18 日

证书号：2019-J-25101-2-06-R01

中国工程院院士传记丛书

编撰出版工作领导小组

　　顾　问：宋　健　徐匡迪　周　济

　　组　长：李晓红

　　副组长：钟志华　蒋茂凝　邓秀新　辛广伟

　　成　员：陈建峰　梁晓捷　徐　进　唐海英　丁养兵

　　　　　　李冬梅

编辑和审稿委员会

　　主　任：钟志华　蒋茂凝　邓秀新

　　副主任：陈鹏鸣　徐　进

　　成　员：葛能全　唐海英　吴晓东　黎青山　赵　千

　　　　　　常军乾　侯　春

编辑出版办公室

　　主　任：赵　千

　　成　员：侯　春　张丽四　龙明灵　张　健　方鹤婷

　　　　　　姬　学　高　祥　何朝辉　宗玉生　张　松

　　　　　　王小文　张秉瑜　丁　宁　聂淑琴

总　序

　　20世纪是中华民族千载难逢的伟大时代。千百万先烈前贤用鲜血和生命争得了百年巨变、民族复兴，推翻了帝制，肇始了共和，击败了外侮，建立了新中国，独立于世界，赢得了尊严，不再受辱。改革开放，经济腾飞，科教兴国，生产力大发展，告别了饥寒，实现了小康。工业化雷鸣电掣，现代化指日可待。巨潮洪流，不容阻抑。

　　忆百年前之清末，从慈禧太后到满朝文武开始感到科学技术的重要，办"洋务"，派留学，改教育。但时机瞬逝，清廷被辛亥革命推翻。五四运动，民情激昂，吁求"德、赛"升堂，民主治国，科教兴邦。接踵而来的，是18年内战、14年抗日和3年解放战争。恃科学救国的青年学子，负笈留学或寒窗苦读，多数未遇机会，辜负了碧血丹心。

　　1928年6月9日，蔡元培主持建立了中国近代第一个国立综合性科研机构——中央研究院，设理化实业研究所、地质研究所、社会科学研究所和观象台4个研究机构，标志着国家建制科研机构的诞生。20年后，1948年3月26日遴选出81位院士（理工53位，人文28位），几乎都是20世纪初留学海外、卓有成就的科学家。

　　中国科技事业的大发展是在新中国成立以后。1949年11月1日成立了中国科学院，郭沫若任院长。1950—1960年有2 500多名留学海外的科学家、工程师回到祖国，成为大规模发展中国科技事业的第一批领导骨干。国家按计划向苏联、东欧各国派遣1.8万各类科技人员留学，全都按期回国，成为建立科研和现代工业的骨干力量。高等学校从新中国成立初期的200所增加到600多所，年招生增至28万人。到21世纪初，高等学校2263所，年招生600多万人，科技人力总资源量超过5000万人，具有大学本科以上学历科技人才达1600万人，已接近最发达国家水平。

新中国成立70多年来，从一穷二白成长为科技大国。年产钢铁从1949年的15万吨增加到2011年的粗钢6.8亿吨、钢材8.8亿吨，几乎是8个最发达国家（G8）总年产量的2倍。20世纪50年代钢铁超英赶美的梦想终于成真。水泥年产20亿吨，超过全世界其他国家总产量。中国已是粮、棉、肉、蛋、水产、化肥等第一生产大国，保障了13亿多人口的食品和穿衣安全。制造业、土木、水利、电力、交通、运输、电子通信、超级计算机等领域正迅速逼近世界前沿。"两弹一星"、高峡平湖、南水北调、高公高铁、航空航天等伟大工程的成功实施，无可争议地表明了中国科技事业的进步。

党的十一届三中全会以后，实行改革开放，全国工作转向以经济建设为中心。加速实现工业化是当务之急。大规模社会性基础建设，大科学工程、国防工程等是工业化社会的命脉，是数十年、上百年才能完成的任务。中国科学院张光斗、王大珩、师昌绪、张维、侯祥麟、罗沛霖等学部委员（院士）认为，为了顺利完成中华民族这项历史性任务，必须提高工程科学的地位，加速培养更多的工程科技人才。中国科学院原设的技术科学部已不能满足工程科学发展的时代需要。他们于1992年致书党中央、国务院，建议建立"中国工程科学技术院"，选举那些在工程科学中做出重大的、创造性成就和贡献、热爱祖国、学风正派的科学家和工程师为院士，授予终身荣誉，赋予科研和建设任务，请他们指导学科发展，培养人才，对国家重大工程科学问题提出咨询建议。中央接受了他们的建议，于1993年决定建立中国工程院，聘请30名中国科学院院士和遴选66名院士共96名为中国工程院首批院士。于1994年6月3日，召开了中国工程院成立大会，选举朱光亚院士为首任院长。中国工程院成立后，全体院士紧密团结全国工程科技界共同奋斗，在各条战线上都发挥了重要作用，做出了新的贡献。

中国的现代科技事业比欧美落后了200年。虽然在20世纪有了巨大进步，但与发达国家相比，还有较大差距。祖国的工业化、现代化建设，任重道远，还需要有数代人的持续奋斗才能完成。况且，世界在进步，科学无止境，社会无终态。欲把中国建设成科技强国，屹立于世界，必须持续培养造就数代以千万计的优秀科学家和工程师，服膺接力，担当使命，开拓创新，更立新功。

中国工程院决定组织出版《中国工程院院士传记》丛书，以记录他们对祖国和社会的丰功伟绩，传承他们治学为人的高尚品德、开拓创新的科学精神。他们是科技战线的功臣，民族振兴的脊梁。我们相信，这套传记的出版，能为史书增添新章，成为史乘中宝贵的科学财富，俾后人传承前贤筚路蓝缕的创业勇气、魄力和为国家、人民舍身奋斗的奉献精神。这就是中国前进的路。

宋健

2012年6月

序 一

　　茶是世界三大饮品之一，广受各国人民的喜爱。我国是世界上最早发现、栽培、制作和饮用茶的国家，素来被誉为"茶的故乡"。早在唐宋时期，茶就已经成为百姓"一日不可无"的普遍饮品。近代以来，茶成为我国主要的出口农产品之一，也是国际贸易中重要商品之一。当前，随着我国社会经济的发展，茶所发挥的价值更加多元，茶不仅是中华民族的物质财富，也是中国优秀传统文化的载体，茶与茶文化给人们提供更加丰富的物质财富与精神财富的同时，茶产业也为助力乡村全面振兴发挥了重要作用。

　　茶为国饮，杭为茶都。中国农业科学院茶叶研究所陈宗懋院士就在西子湖畔，一生从事茶科研、弘扬茶文化、兴旺茶产业、造福茶农人。作为新中国第一批大学生，陈宗懋先生目睹了新中国农业的落后与农业人才的缺乏，希望通过科学技术振兴农业，因此毅然走上了农业科研之路。20世纪60年代初，农药残留问题影响了我国茶叶出口。刚调入中茶所的陈宗懋先生便主动开展相关研究，迅速摸清了农药在茶树上残留降解规律，提出农药合理使用准则，使得茶叶成为全国最早建立农药安全使用标准的作物。在此之后，他又建立了农药在茶树和茶叶中降解的预测模型与技术，提升了我国茶业国际话语权。70年代，陈宗懋先生归纳提出中国茶树害虫区系演替规律和茶树病虫防治新策略。90年代，又根据植物保护领域学科交叉的新热点，带领科研团队开展茶树重要害虫、茶树与天敌间的三重营养关系互作机制研究，开创了茶树害虫化学生态研究新领域。

这些化学生态学的研究为茶树害虫的综合治理提供了重要的理论依据，启发人们通过这种机制调控害虫和天敌的种群密度，提高害虫的防治效率。此后陈宗懋先生还开展了茶树害虫性信息素的研究，研发出茶树害虫系列性诱剂并大面积推广使用，在茶树害虫的绿色防控中发挥了重要作用。近年来，陈宗懋先生指导团队研究多种茶树害虫的视觉和振动通讯机理，开发出多种物理防治方法，为减少化学农药使用提供了有力科技支撑，最大限度地保障茶叶的质量安全和消费者的身体健康。由于他在茶学方面的卓越贡献，2003年他当选为中国工程院院士，成为了我国茶叶研究领域的第一位院士。

从事茶业研究60年来，陈宗懋先生始终身体力行、躬耕不辍、大胆创新、执着奋斗，脚踏实地工作在科研第一线，在国内外学术期刊上发表论文400余篇，主编或合著书籍达20余部。其中《中国茶经》梳理了中国茶文化由古至今各个时期的茶事和发展历程，于1998年获得了国家科学技术进步奖三等奖。《中国茶叶大辞典》是横跨自然科学、社会科学，知识系统、门类齐全的专科辞典，属于"八五"国家重点图书出版规划项目，于2001年获得了国家辞书奖一等奖。

陈宗懋先生情系"三农"、勤于实践，始终秉承科学研究成果要应用到生产实践的理念，从实验室到田间地头，足迹遍布我国各大茶叶主产区，兢兢业业地服务产业、服务基层，实实在在地服务乡村、服务茶农。他总是紧盯重点产茶区，尤其是相对贫困地区茶产业，曾多次前去贵州、湘西等偏远地区考察指导，为当地茶产业发展保驾护航，促进了相对贫困地区茶农增收，助力乡村全面振兴。

陈宗懋先生致力于培养年轻一代的科学家，并为他们提供良好的发展空间和学术环境。他常对青年人讲"要学一行，爱一行，热爱自己的专业，要有钻研的精神，善于发现问题，勇于解决问题"。他始终用自己严谨的学风和高尚的德行影响着青年科研人员，先后培养硕士研究生和博士研究生30余人，不断为我国茶产业的科研队伍注入新鲜血液。

  我与陈宗懋先生相识已有30余年，在长期的交往中，我们建立了深厚的友谊，他服务人民的高尚品格、敢为人先的创新理念、严谨治学的求实品质、团结协作的协同意识、淡泊名利的奉献精神、奖掖后学的育人胸怀给我留下了深刻的印象，是践行新时代科学家精神和农科精神的模范。此次中国工程院组织编写院士传记，可以让我们更加深入全面地了解他奉献茶叶事业矢志不渝的心路历程和为我国农业科学技术发展做出的卓越贡献，以及他身上蕴含的优秀精神品质，这些都值得农业科技工作者认真学习。

吴孔明

2022年5月

序　二

　　陈宗懋院士是国内外茶叶科学和食品农药残留研究领域最著名的科学家，他是我的科学导师、人生楷模和崇拜的偶像。欣闻中国农业出版社将编辑出版《陈宗懋传》一书，并希望我能够以晚辈和学生身份与广大读者分享我心目中的陈院士。我有幸在传记出版前拜读了全部书稿，让我对陈院士的人生、事业、家庭、生活有了更深入的了解。这本书的作者从时间、地点、人物三个维度生动地勾画了陈院士科研的奋斗历程与辉煌成就，生活的艰辛困苦与舒适安逸，人生的酸甜苦辣与幸福喜悦，展现了一个杰出科学家的精彩人生。1987年11月，我跟随导师施兆鹏教授到杭州参加第一届Tea-Quality-Human Health International Symposium（茶-品质-人类健康国际学术研讨会）时，第一次见到了时任中国农业科学院茶叶研究所所长的陈宗懋研究员，他是这次国际学术研讨会的主席。我被他深厚的学术功底、流利的英语交流，深深打动，敬佩之心油然而生。从那以后，在国际国内各种茶叶学术会议、科普活动、产业论坛中，无数次领略了陈老师的科学家风采。尤其是2003年陈老师当选中国工程院院士以后，他肩负的担子更重了，科学研究、人才培养、决策咨询、社会服务……各种要务集于一身，他繁忙的身影出现在全国各地，这也让我有更多的机会走近他，感受我的人生导师和偶像的魅力。

　　这次通读陈院士的传记，加之过去三十多年的耳闻目睹与亲身感受，让我进一步深刻地感悟到，陈院士之所以成为杰出的科学家，是因为在他的骨子里从小就蕴藏着成功的基因与密码，这也是激励我们晚辈尤其是年轻科技工作者追求进步与卓越的精神食粮。

一是学习精神。陈院士从小就酷爱学习，不仅专业底蕴深厚，而且博采众学，交叉融合，学识渊博。尤其是因为有从小练就的扎实英语功底，一辈子坚持吸取国际研究最新成果，即使现在年近九十，仍然坚持每天阅读3篇英文研究文献，使自己永远站在学科发展的国际前沿。

二是创新精神。创新是陈院士一辈子对科学的执着追求，从茶叶农残降解规律，到农药残留控制、茶园昆虫化学生态学，再到茶园病虫害绿色防控技术创新，他一直是这些领域的开创者、引领者。他从20世纪80年代至今，一直高度关注全球茶与健康研究进展，编撰了大量高水平的学术专著和综述论文，为以健康属性驱动我国茶消费、助推深加工产业发展做出了卓越的贡献。

三是奉献精神。陈院士从小就有一颗献身科学的赤诚之心。尽管考大学时的理想是做一名优秀的医生，然而，命运却阴差阳错地把他引入了农业科学领域。但是，这并没有改变他献身科学事业的执着追求。从在条件艰苦的黑龙江省呼兰县投身甜菜植保研究到在浙江杭州共创中国农业科学院茶叶研究所开启茶树植保研究，从舍小家顾大家潜心投入科研到出任茶叶研究所所长舍己为公敢于改革创新，从科技创新硕果累累到不畏艰苦推进成果产业化应用，从年富力强忘我工作到资深院士依然坚守创新与产业一线……陈院士身上一直映射出高尚的奉献精神。

这本传记的很多细节，彰显了陈宗懋院士作为中国茶叶科技领军人物的科学家精神。在科技创新之路上，他勇攀高峰、敢为人先；在严谨治学方面，他追求真理，求真务实；在个人得失方面，他淡泊名利，献身科学。对待同行与同事，他集智攻关，团结协作，协同创新；对待学生与晚辈，他甘为人梯，奖掖后学，悉心育人。

我们真诚期盼这本传记的出版发行，能够让广大科技工作者学习和弘扬像陈宗懋院士这样的老一辈科学家的优秀品德，深怀爱国之心、砥砺报国之志，勤奋学习，潜心科学，勇于创新，乐于奉献，赓续科学家精神。

刘仲华

2021年11月12日

目　录

第|一|章

生于内忧外患的时代

出了老城厢，才是大上海。

北临外滩，东望陆家嘴。自元朝以来，"老城厢"一直是上海老县城所在地。这片只有两平方公里的老街区，曾经环绕着一圈高高的城墙。墙内，为驻军守卫之"城"；墙外，为集市贸易之"厢"。老城厢，即由此得名。

上海最早的城市天际线不在别处，就在这红黑相间的砖瓦屋顶上起伏，演绎着繁华都市中典型东方风格的传统景致。城隍庙和文庙里至今香火不断，延续着700多年来的历史和文脉。石库门里弄、江南民居错落分布，数百条蜿蜒小路延展着弄堂人家"螺蛳壳里做道场"的精致生活，还原着上海城最初的模样。

老城厢原本是个码头，连江出海，造就了今日大上海。南来北往的船只不仅带来了财富，还让人们拥有了放眼天下的格局。他们敞开胸襟，接纳着来自天南地北的文化与风俗，异乡人在街头巷尾建起商馆会所，在舟楫相望的贸易往来中，开辟出了一方有容乃大的天地。

今天的人们，依旧可以从那些古老街巷的名称中感受到当年繁盛。旧校厂路是驻兵操练的地方，篾竹弄为竹器一条街，药局弄集中了大量的中药铺。福建的茶叶漆器、江浙的丝绸土布全都汇聚于此，还专门开设了钱庄票号，也就是今天的银行。

上海海纳百川的开放性，还决定了这座城的世界眼光。今日上海徐汇区之得名，便源自明末科学家徐光启。他和意大利人利玛窦一起，翻译了西方数学经典之作——《几何原本》前六卷。徐光启把其中的数学理论译为"几何"，并料定"此书为益，百年之后必当人人习之"。当年他提出"欲求超胜，必先会通"的开明思想，至今仍在深深地影响着这座以开放著称的城市。

1843年11月17日，根据《南京条约》和《五口通商章程》规定，上海被迫开埠。此后，中外贸易中心逐渐从广州转移到上海。外国商品和流动资金纷纷涌入，开设行栈、设立码头、划定租界、开办银行。从此，上海进入历史发展的巨大拐点。

在第一次世界大战结束后的20世纪20年代，上海迎来了经济发展的黄金时期，各种西式建筑仿佛雨后春笋，共同造就了这座远东地区最大的"摩登都市"。世界各地移民纷至沓来，无不希望能在上海这座"金银山"上抢得一桶金、分得一杯羹。在车水马龙的繁华都市，外来信息与本帮文化碰撞交流，形成一派"十里洋场"的独特海上风情。

另一方面，当时的中国又面临内忧外患的复杂局面：1931年9月18日，日军在中国东北蓄意制造并发动了战争，史称"九一八"事变；1932年1月28日，在上海又发生了日本侵华的"一·二八"事变，其间淞沪抗战整整持续了一个多月；1932年5月5日，中国和日本在英国、美国、法国、意大利等国调停之下签署了《淞沪停战协定》，日军返回战前防区（上海公共租界北区、东区及其越界筑路地带），中国军队暂留现驻地（沪宁铁路上的安亭镇至长江边的浒浦一线），交战区划为非武装地区。军事冲突暂时得以平息，而人们希冀的和平却遥遥无期。

1933年初秋，就在中日炮火初歇的第二年，陈宗懋呱呱坠地于上海老城厢。

陈宗懋出生在一个家境殷实的中产家庭，家里一直在经营布行生意。陈家祖籍在浙江海盐，隶属于杭嘉湖平原上的嘉兴市，是浙江最早的建制县之一，始建于秦朝。海盐位于钱塘江口，自古就有"海滨广斥，盐田相望"的描绘，从来都是富庶之地，纺织业极为发达，特别是海盐、平湖一带，棉花生产历史悠久。

20世纪50年代，陈宗懋的母亲、兄嫂、侄女等人在上海合影

据史料记载，传统棉纺织布（土织布）又称"老杜布"，明清时期就在嘉兴地区十分盛行。陈家祖辈就在杭嘉湖平原这片土地上经营棉布行。在陈宗懋出生前，祖父一辈已将棉布行生意扩大规模，走出家乡，开到了"走尽天边，好不过黄浦两边"的大上海。

陈宗懋的父亲一共有9个兄弟姐妹，全都在上海经营棉布产业。在那个风云多变的年代，经过两代人的不懈努力，陈家已经在上海开辟了自己的一片天地，几乎占据了整个上海棉布业的半壁江山。陈家的棉布业拥有自己的商号，从《礼记》"日日新"中取典，起名为"日新"。日新旗下又一枝多蔓，分别为日新盛、日新昶、日新增，这三家棉布分行各有分工，其中有专营棉布批发的，也有只做零售的。

20世纪30年代的上海，有当时国内最大的棉布市场。得益于近代工商业的发达和社会分工的精细化，棉布商业也相应发达起来。借此东风，上海成立了棉布商业同业公会。此公会以"维持、增进同业之公共福利及矫正营业之弊害"为宗旨，遵循政府管理规定，利用政府赋予的合法地位，建立了完备的组织结构，也实行了有效的内部治理机制。作为行业自治组织，棉布商业同业公会得到了逐步发展与完善。

陈宗懋出生在这样一个"仓廪实而知礼节"的家庭中，因此有幸在人生初期就接受了颇为严格且高质量的教育。陈宗懋的父亲在家排行第六，年纪轻轻就跟随自己的父亲来到上海从事布行生意，但从不忘研读古书，也努力自学商业知识。陈宗懋的母亲是上海松江人，曾经学习西医，是位专科医生，尤其在妇产科方面颇有研究。在让子女尽可能接受良好、系统的教育这一方面，陈宗懋的父母持相同的观念。

陈宗懋的父母共生育了四个孩子，他有两个哥哥，一个姐姐，他最小，排行第四。父母从小就给他们灌输了一个思想：要念书，求学问。陈宗懋就是在这种背景下，在成长过程中认识到了"唯有读书学知识，才不会被动挨打随波逐流，将来才有希望"。

陈宗懋4岁那年，1937年7月7日，日本又在北平卢沟桥蓄意制造了"七七"事变。这是日本全面侵略中国的战争起点，同样也是中华民族全面抗击日本帝国主义侵略的起点。日军侵占平津以后，开始对上海发动大规模进攻。

1937年8月13日，淞沪会战打响。这是中日双方在抗日战争中的第一场大型会战，也是整个中日战争中规模最大、战斗最惨烈的一场战役。淞沪会战期间，上海人民积极参加抗战支援前线，以各种各样的方式投入了这场生死攸关的战役中。此战役持续了整整三个月，还是以上海的沦陷而告终。

覆巢之下，焉有完卵！这场战争直接影响了陈家的棉布行生意。

陈家的棉布行在上海赫赫有名，而棉布又是重要的军需物资，这当然引来了日军的极大关注。侵略者找上门来，要求陈家为进驻上海的日本军队制作军装。陈宗懋的父亲和一起经营棉布行业的兄弟姐妹们一致决定：拒绝为日军制作军服。用陈宗懋父亲的话说："中国人就要有中国人的骨气，哪怕日军开出高于市场价格许多的报酬，也坚决不给日军制作军装。陈家的人，不能做汉奸！"

一怒之下，日军把陈家所有的棉布商行都查封了。

自此，陈家棉布行面临着自创业以来最大的生存危机。棉布行许多工作人员都是上有老、下有小的家庭顶梁柱，家家都等着银钱开支用以购买柴米油盐度日。可是，棉布行开不了张，不能营业，自然就没有资金进账。莫要说那些工作人员，陈家人自己也陷入了深深的困境。所幸，善于持家的陈宗懋父母早些年积攒了一些钱财，勉强可维持开支。

陈宗懋的母亲自从结婚后，一直在家相夫教子。看到陈家棉布行陷入困境，一家人衣食无着，陈宗懋的母亲索性拾起了自己当年学医的本领，开起了西医诊所。

凭借着医术医德，加之苦心孤诣的经营，陈宗懋母亲的西医诊所可谓是邻里皆知、远近闻名。陈宗懋儿时，总是看到母亲常常穿着一身素净白衣，脖子上挂着听诊器，为被病痛折磨的病人对症治疗，使之康复痊愈。孩提时的陈宗懋暗下决心："长大了我也要像妈妈一样做个医生，治病救人。"

经历了日军封锁棉布行自家生意被迫中断的事件后，陈宗懋的父亲产生了巨大的危机意识：国家积贫积弱已久，才会被侵略者打上门来。当此乱世，棉布行命悬一线，一家人苟且一时，只能这般任人摆布，还要让爱人辛苦持家。所有这一切的根由，都是因为国家落后。必须让儿女们多受教育、多学本领，尽最大可能报效国家。

家是最小国，国是千万家。在风云变幻的20世纪30年代，家国命运从未如此紧紧地联系在一起。国家有难，匹夫有责。当时的陈宗懋虽然年岁尚小，却至今都记得，父亲从小就教育子女们的说法：爱国不在嘴上，不在语言，而在心中，而在行动。

早在陈宗懋出生前12年，上海老城厢一所石库门房子里，就有十几位年轻人在那里召开了一次秘密会议，这就是中国共产党第一次全国代表大会。

那是一个救亡图存的年代，在上海滩这片英雄无问出处的土地上，有一掷千金的实业家和银行家，如陈光甫、张嘉璈；有笔底风雷的文人墨客，如郁达夫、巴金；也有谋求一方生计的城市平民，以及流离失所的战争难民。见惯不惊的大都会，以宽容的胸怀接纳了这一切。

"少年强，则国强！"这种教育强国的理念在那时的中国大地上迅速蔓延开来。

陈宗懋6岁那年，姐姐不幸因病夭折。父亲和母亲在悲伤过后，在余下的三兄弟身上，倾注了全部的心血与理想，其中最重要的就是教育方面。多年以后，当陈宗懋回忆起儿时生活的点点滴滴，"学习"二字，依然清晰可辨，几乎整整伴随他的一生。的确，自从记事以来，年幼的陈宗懋早早地就开始了学习生涯。

陈宗懋记得很清楚，幼时的家就在今天上海延安路（以前名为福煦路）附近的模范村，家里的房子是个独栋的小洋楼。每天晨曦微露，陈宗懋就已经起床。吃完早饭，背着书包，穿过院子，到家附近的致行小学上学。在当时，致行小学是一所非常不错的学校，课程安排很自由，也较为注重培养学生们的自主学习能力，既注重西学，又不忘国本。对于入学最初的一年级的课程，学校方面特别在意培养学生们的古文基础，学习的课程多半集中在《论语》《大学》《中庸》《孟子》等经典书籍上，使学生们日后无论学习精进到何种地步，无论走到世界的哪个地方，都能不忘中国文化之初心。

从小学二年级开始，学校就开设了英文课程。陈宗懋的英文底子很好，无论是写作、阅读、听力，还是口语交流，水平都很高。他至今仍然保持着每天看外文文献的习惯。这般优秀的英文基础，倘若追根溯源，一定要归功于小学时期打下的良好基础。

父亲和母亲很重视陈宗懋的学习成绩。特别是母亲，每一门功课都会时时过问，经常对陈宗懋说，家庭事务统统不需要他操心，只管好好念书就行。即便在后来遭遇了日军封掉棉布行，且几年无法营业、没有收入的情况下，父亲和母亲依然不曾在孩子们的教育问题上有半点松懈，还是坚持送他们到最好的学校接受教育。

陈宗懋从小就深知读书的重要性。因此，一直非常认真读书且求取上进，每次考试总是保持在前两名，并且常常拿第一。他记得当时班级里有个女生，读书也很刻苦用功，有几次考试赶超了他，考上了第一名。陈宗懋在只拿到第二名时，一方面暗暗下决心来日定要赶超她得第一；另一方面却在外拖着不敢回家，背着书包在家附近的路上徘徊，直到夜幕降临不得已才硬着头皮回家。

陈宗懋之所以如此，是因为父母亲总是很严厉。即使考第二名，回到家也许还会挨罚。在其他家长看来这简直不可思议，第二名已经是很好的成绩了。然而，陈宗懋的家长并不这么认为，他们要求孩子们拼尽全力来学习知识。在他们看来，唯有考取第一，才是对学习最好的证明。时至今日，悠悠岁月如风逝去，陈宗懋回顾往昔，深觉当初父母亲如此严厉要求是对的，让自己在后来的求学、工作和研究生涯中获益良多。陈宗懋情不自禁感慨：半个多世纪以来，对学习的自律、对自我的要求，在父母亲的强烈影响之下，仿佛基因注入血脉，成为他生命依存的习惯和骨子里挥之不去的动力。

在小学阶段，有两个人对陈宗懋的一生产生了很大影响。

一位是致行小学校长，姓杨。杨校长曾多次给陈宗懋上课，令他印象深刻。有一次，古文老师因病请假了，但古文课却并没有因此而中止。上课铃声响起，只见有个人慢悠悠走进教室，此人正是杨校长。他先是清了清嗓子，然后让同学们拿出古文课本，就开始上课。整堂课，没有丝毫多余的话，可以说精彩绝伦，让同学们听得入迷，以至于都忘记了下课的时间。从那节课开始，陈宗懋就对杨校长的学问与口才产生了敬佩之情。又有一次，英文老师也请假了，走进教室代课的居然还是杨校长。杨校长一开口，那一口纯正的英文就充满了整个教室，让同学们叹服不已。

从此，在陈宗懋年幼的心灵中，杨校长就成了学问的代名词。他学识渊博，好像什么都懂，问他各种问题也从来都难不倒他。这样的杨校长，成了陈宗懋少年时的偶像。

尽管杨校长和同学们仿佛没有距离，非常亲近，然而关乎整个学校的教学质量，杨校长绝不马虎，极为严厉。上课与下课之间留有十分钟稍做休息，一旦上课铃声响起，学生们必须全神贯注听课学习，稍有走神若被杨校长发现，就会挨批评。

另外一位对陈宗懋产生重要影响的人，是给他古文启蒙的家庭教师俞舐卿。俞先生祖籍同陈家一样，出自浙江海盐，早些年两家还颇有些渊源。俞舐卿考中过秀才，但一直苦于没有找到特别好的营生。陈宗懋的父亲听闻后就把这位秀才请到了上海，安排住在家中，一早一晚给孩子们补习功课。

关于请俞先生做家庭教师这件事，陈宗懋的父母有两个方面的考虑：首先，这位先生的古文功底深厚，能够帮助儿子提高古文修养；其次，这位同乡生活颇为拮据，正好以此方式接济，也保住了读书人的尊严。这种全盘考量，不得不说既利人又益己！

年过五旬的俞舐卿是一位地地道道的严师。陈宗懋记得很清楚，自己的卧室在小洋楼的二层，童年时光里，饮食、起居都有俞先生相伴。然而，与先生一同生活，可不是件容易的事。天未破晓，先生却早已起床，洗漱完、安顿好，等待陈宗懋背诵前一天他规定要完成的作业。放学回家后，好不容易做完了学校里老师布置的作业，还没来得及吃晚饭，俞先生要求的《论语》《孟子》等考试已经在等候中了……就这样，晚饭后的时间也不会清闲，俞先生要考很多古文，若答不出来，就必须重来，直到完全掌握了为止。如此日复一日循环往复，学习几乎就是幼时陈宗懋生活的全部。

然而，学习归学习，童心童趣犹然不受抑制。许多年恍惚而逝，但陈宗懋从不曾忘记，童年时代最美好的时光，莫过于晚餐之后，母亲会牵着他的小手，在弄堂里悠闲散步，一边走一边和他聊天。母亲常常鼓励他学习并告知以重要性，并以父亲生意上的受挫为例："一定要好好念书啊！否则，将来就会像你父亲一样，在棉布行生意受挫后，不得不接受这个局面，不能转向去做其他的事。"母亲的话语好像镌刻在石碑上的文字，深深地印在陈宗懋幼小的心灵里。

散步结束之后，陈宗懋依旧要继续用功学习，直到完成这一日的补习。夜已深，房间里的灯也熄灭了。陈宗懋的床和俞先生的床相对而放。先生躺在床上总是不着急入睡，慢悠悠地继续提问。有时先生会提出些新的问题，有时会再考先前已掌握了的知识。如此这般，陈宗懋的童年和少年时代，几乎完全沉浸在各种学习之中。

现在的孩子总是觉得学校的学习任务繁重、辛苦，课外还有各种培训班要应付，其实较之陈宗懋的孩提时代，他们已经很轻松了。一年365天，陈宗懋几乎没有什么玩耍的时间，学校之外的时间也都被学习占满。即使是星期天，俞先生也不放松，还要继续讲课。俞先生是个很负责并且懂得报恩的人，他尊重自己的职业也感谢陈家的美意，所以想把毕生所学都倾囊相授给陈宗懋。有时，哪怕是春节万家团圆之时，他还坚持授课，一年都不回一趟老家探亲。师生情谊就这样在一点一滴朝夕相伴中培养起来。许多年过去，纵使物是人非，陈宗懋依然清晰地记得先生的音容笑貌，也很感激他当年的谆谆教诲。

那时候，陈宗懋尽管觉得念小学颇为辛苦，但他一直都是个比较听话也追求上进的孩子，在努力完成小学老师交代的课内作业之外，也能顺利完成俞先生布置的补习功课。经过这样高强度的学习之后，陈宗懋的古文功底越发深厚。以《孟子》为例，这本记录了亚圣孟子的治国思想、政治策略、政治行动以及对弟子的言传身教、游说诸侯等内容的言论汇编，总计有七篇三万五千多字，小小年纪的陈宗懋就已经能全部背诵下来。而"四书"中的其他三部《论语》《大学》《中庸》陈宗懋也都能背得出。等到把这些古文都背诵下来以后，俞先生又提出了新的要求：用古文写作文、对对联。

俞先生和陈宗懋因为同住一个房间，所以常常出现这样一幕画面：古朴的洋楼小房间里，师徒二人熄了灯躺在床上，入睡前俞先生出个上联，小宗懋使劲对出下联。伴随着这样的古文游戏，小宗懋慢慢进入梦乡。

任何学习，哪怕点滴，只要时时积累，便能汇聚成河，继而百川归海。熟读中国古代文化之经典，认真学习古文知识，对陈宗懋日后从事茶叶研究工作（譬如查阅古文资料等），就起到了极大的作用。

陈宗懋的父母，一直期望孩子们的教育既能古今结合又能中西合璧。虽然俞舐卿先生补习古文，在陈宗懋身上已初见成效，致行小学本是西式教育，设置有英文课程，但是陈宗懋父母希望他能有更好的成绩和更全面的发展，因此还请了专门教授美术和英文的老师来辅导他学习。在这样专注、浓厚、多元的学习氛围之下，陈宗懋早早地为日后的求学与工作打下了坚实又良好的基础。陈宗懋在父母的精心培育下，又有良师辅助，加上自身所付出的常人难以企及的努力，知识体系愈加丰富，能够将各个学科融会贯通，为将来在科研工作中的创新思维提供了丰沃的土壤。

关于小时候学习的种种，陈宗懋曾经这样表述："小时候所吃过的苦、所打下的学习基础、所学到的知识、所养成的习惯，真的是潜移默化，伴随了我的大半人生。"

六年的小学生涯一晃而过。转眼间，陈宗懋到了上中学的年纪。

他以优异的成绩从致行小学毕业，进入了清心中学（现在的上海思南中学）。在当时，清心中学是一所教会学校，其师资力量雄厚，有不少外国老师在此任教，课程安排相对自由，功课量也不是那么大。

陈宗懋尽管在小学时就已经开始学习英文，然而初到清心中学时，还是感觉到很吃力。因为不仅仅是英语课，连同化学课、数学课，外国老师都会全程用英文授课。这对于一个刚刚进入初中的孩子而言，难度可想而知。他拼尽全力只能听懂其中一部分，特别是遇上化学、数学这样的专业课，有许多专业词汇与术语，更加使人丈二和尚摸不着头脑。光着急也无济于事，焦虑之余，陈宗懋决定找外国老师求助。老师听他说完那些苦恼，拍了拍他的肩膀，笑着让他放轻松，耐心地告诉他："听着就好，能学到多少就学多少。"

第一个学期，只能听懂一半。时间长了，就慢慢好起来了，他发现能听懂的内容越来越多。一方面陈宗懋在课余时间不忘抓紧时间学习英文，另一方面在课堂上他也按照老师的建议，尽量不再焦虑，而是耐心倾听。神奇的事情果然就这样发生了！不到一个学期，外教上课尽管还是全程用英文授课，但陈宗懋已经完全能够听懂老师所讲的内容了——他的英语水平在这个阶段提升很多，几乎可以说是达到了质的飞跃。

清心中学的学习氛围整体上很轻松，类似于现在的寓教于乐。老师们与学生们关系亲密，到了周末，学生们还经常到校长家里参加聚会。玩乐从来只是一时态度，并不会真的影响学习。事实上，清心中学的教师们要求学生对所学知识的掌握，毫不含糊。

陈宗懋长大后回忆少年时代在清心中学的求学经历，才意识到老师们多么用心良苦。譬如到校长家里看似只是吃吃喝喝、打打闹闹，实则每次聚会时，校长都会提出一个讨论的话题，人人皆可自由发挥，但必须用英文交流。想来，校长是寄希望于通过这种轻松交流的方式以提高同学们的英语水平。无形之中，这的确锻炼了学生们的英语口语交流能力。

这里有一个小插曲。陈宗懋读高一的时候，父亲的棉布行生意终于拓展到了江苏南京，举家搬迁到那里。陈宗懋转入金陵大学附中，继续求学。在此期间，陈宗懋还是延续了先前在上海时养成的良好学习习惯，尽管需要重新适应南京的生活和学习环境，但他依然刻苦攻读，成绩始终名列前茅。

然而，受到国内战事影响，陈宗懋的父亲在南京的棉布行分店开得并不顺利。隔江炮鸣，各种关于时局的消息纷纷传进南京城，城中百姓人心惶惶不得安生。在这样的形势下，陈父在熬了一年半之后决定将棉布行再度搬回上海。陈宗懋也就又重新回到了清心中学读书。在这样飘摇不定的大环境下，少年陈宗懋也不断意识到国家的强大与个人的命运之间那种息息相关的联系，为中华之崛起而读书的种子在他心里破土萌芽。

陈宗懋读高三那一年，正逢新中国成立初年——1949年。

1949年春，辽沈、淮海、平津三大战役胜利不久，"打过长江去，解放全中国"的口号响彻大江南北。中国人民解放军在各个战场上，向国民党残余部队发起了猛烈进攻。同年5月12日，第三野战军发动了上海战役。

1949年5月27日，中国最大的工商业城市上海宣告解放。远东第一大都市上海，银行几乎被搬运一空；近14 000家工厂，只有25%能开工；库存的粮食只够全市吃半个月，储存煤仅够烧7天；数万名溃军、惯匪、流氓，难以计数的难民、乞丐、无业游民让社会秩序面临严峻挑战；500多万名市民每天需要的柴米油盐酱醋茶就是天文数字。

上海只是一个缩影。此时的中国满目疮痍，国民经济严重衰退，农业减产，工厂倒闭，交通梗阻，物资奇缺，物价飞涨，失业众多……1949年，中国人均国民收入仅为27美元，只是当时整个亚洲人均国民收入的3/5。这一年，中国的人均寿命是35岁，而世界同期平均水平是47岁。

因为上海战事，16岁的陈宗懋提前几个月毕业了。在清心中学毕业时，许多同学都选择了去国外继续求学。因为是教会学校，清心中学的教育体系直接与美国衔接。在高三毕业这一年，陈宗懋的二哥建议他去美国念书。当时摆在他面前的有两条路：一是留在国内继续求学，二是像其他许多同学一样去国外深造。人生何去何从？这个问题当时并未对陈宗懋产生太多困扰。他想得其实很简单：哪里更加适合自己继续学习，哪里需要他，就去哪里。

在这人生抉择时刻，陈宗懋果断选择留在了百废待兴的国内，放弃了到美国念书的机会。

陈宗懋的两个哥哥，学习成绩都不错，大哥选择在上海私立的大夏大学完成学业，二哥则在上海中学毕业后，去了中国台湾学习水利工程，最后在美国的轮船公司工作。

陈宗懋坚定地留在国内。他自然也想看看外面的世界，然而他并不着急，因为他相信，只要真正地学好了本领，走遍全世界是迟早的事。

陈宗懋高中毕业那年，整个中国都在发生着翻天覆地的变化。

第|二|章

新中国新的
求学梦想

这是一个所有中国人都会牢记的光辉时刻——1949年10月1日。下午三时，毛主席在天安门城楼上庄严宣告："中华人民共和国中央人民政府今天成立了！"中国人民从此站起来了！

在经历了大规模战争多年的无情摧残后，新中国国计民生脆弱不堪，经济基础亟待恢复。实属一穷二白，百废待兴。

当年的陈宗懋高中刚刚毕业，已然长成一个以梦为马的青年。未来的路将何去何从？那时的他又岂能预料得到。我们今日所见，感觉陈宗懋日后的人生和毕生的命运都与"茶"休戚相关。然而，在此之前，这个少年所有关于"茶"的印象，不过是年少时看父亲在闲暇之余泡一杯绿茶品茗。

人生的第一个分水岭，就出现在陈宗懋选择大学专业时。

1950年夏季，是新中国成立后第一次高考统一招生。这一年陈宗懋也面临高考，当时决定留在国内继续求学的陈宗懋一心想学医。受母亲的影响，做一名医生是他长久以来的人生目标，报考医学院是他专一不二的志向。当时选择大学专业，需要自己到学校排队报名。那年夏日的某个清晨，陈宗懋早早起来，赶去同济大学报名处报考医学院。在那里，有两列队伍排成了长龙：一列队长，一列稍短。他未曾多想，径自排在稍短的那一列队伍后面。咨询、报名、登记……在那个特殊的年代，能够上大学对于任何一个人而言，都是极其珍贵的机会。队伍前进的速度并不快。陈宗懋随着队伍一边慢慢往前挪，一边开始畅想自己学医之后的情景。

许多年后，陈宗懋还记得很清楚，那日午时天气晴好，他在排队时手里还捧着一本书在仔细研读。不知不觉，两个多小时已经过去，终于轮到他报名了。

他一抬头就懵了：这哪里是医学院，报名办公桌上分明写着

"农学院"几个大字！

原来，复旦大学农学院专业与同济大学医学院专业的报名点紧紧挨着。陈宗懋当时看到的长长的两排队伍，其中一排短的是复旦大学农学院报名行列，而另外一排长的才是同济大学医学院的报名队伍。再回头一看，隔壁医学院的队伍已然长得一眼望不到头。假若重新排队，至少还要两个小时以上。就在陈宗懋犹豫要不要掉头再到隔壁队伍重新排队时，农学院负责招生的老师注意到陈宗懋神色不对，一问才知道事情原委。这位招生老师很热情，在报名现场就开始力劝陈宗懋转向报考农学专业。

他告诉陈宗懋，自古农为国本，眼下新中国刚刚成立，正是需要大力发展农业的时候。中国农业的发展对于新中国整体的发展而言，有着非同寻常的重大意义。说着，他还不忘给陈宗懋看一个宣传片。里面主要讲述了中国农业当时的情况和新中国成立之后亟须在农业方面有所突破等相关事项。宣传片中有个镜头让陈宗懋至今记忆犹新：一辆新式的拖拉机缓缓开过一大片田野，田野一望无垠宛如充满了希望的新中国……

农学院招生老师这番恳切又符合事实的话语着实让陈宗懋的"医生梦"动摇了几分，他觉得学农也不是不可以考虑。学医是为了治病救人，学农也可以实现"民以食为天"的目标，这两个行业虽然看似没有半点关联，实则却殊途同归——医者行善，农者悯人，都是造福众生的事业。往大处说，都能为社会做贡献；往小处看，都能实现人生价值。放眼未来，陈宗懋一时间竟有些心潮澎湃。他意识到，为了新中国的发展，不管学农还是学医，只要自己能够发挥专业特长，都一样具有意义。

于是，陈宗懋在招生老师递过来的农学院报名表上郑重地填下了自己的名字和相关信息。

报名结束回到家中，陈宗懋把排错队伍又阴差阳错地报考了农学院的事情告诉了父母。出乎意料的是，父亲与母亲非但未做干涉，而且还很支持他的决定。陈宗懋心里大大地松了一口气。一直以来他心里都十分清楚，尽管母亲从未明确表示，但她希望陈宗懋长大以后能够从事医学行业，成为一名优秀的医生。或许，这位很早就接受了西式教育的中国母亲，正因为对孩子有着深切的期望与深厚的爱，才对孩子的选择不管怎样都一如既往地支持。这大概就是一位开明母亲对孩子深沉如海的爱吧。

陈宗懋心中一直感激父母当年对自己教育的无私投入以及对自己所选择的求学道路的无条件支持。年少时期，父母对自己学业的严格要求，让陈宗懋深知这都是出于对他的爱。经历过新中国成立之前的艰难岁月，经历过炮火连天的残酷与痛苦，陈宗懋的父母特别明白，知识对于一个人的存活于世，甚至对于整个中国的崛起意味着什么。

所以，终其一生，陈宗懋都保持着极其良好的学习状态，他规定自己每天必须看3篇外文文献，中文文献则看得更多。这个习惯数十年如一日，几无间断。陈宗懋认为，这样自律的学习习惯之所以能保持终生，就是得益于从小打下的坚实基础。

农学院报名结束之后，就开始备考了。高考对于学习功底扎实的陈宗懋而言，并不是一件难事。他抱着平常心参加了当年高考，并最终以高分，按第一志愿进入复旦大学农学院，所在系为农艺系。

虽然觉得学农与学医都可以报国为民，然而当年轻的陈宗懋刚进大学的时候，心思还是有些不安定，偶尔还是会想着换专业的事，毕竟学习医术、治病救人是他孩提以来就有的理想。后来，他想了一个过渡的办法——直接转医学院不太可能，那就先转去化学专业。当时农学院有门课程是农场实习，在陈宗懋看来就是在太阳底下种青菜。他心里有些不服气：学习了那么多年，花去了那么多精力，才得以进入复旦大学，结果却是学习如何种青菜，岂不是大材小用，浪费了自己之前十数年的寒窗苦读？

2005年，陈宗懋（右）回到母校复旦大学参加建校一百周年纪念大会，与校友陈克复（中国造纸行业第一位工程院院士）合影

　　他抱着这样的想法，在学习农学院课程的同时，也不停地学习些化学知识。到第一个学期结束时，想转系的念头依然不时盘旋在他的脑海。然而，转系的代价也很大，当时陈宗懋已经学习了大半年农学院的课程，已经修了农学院很多专业课程的学分。假若转系，这些修得的学分都要作废，而且能够带到化学系的公共课程的学分并不多。政治课加上社会发展史，总共只有几个学分。重新修化学系的半年课程，还得再等上半年到下一届的新生进来之后才能跟着一起学。如此算来，放弃的就不仅仅是半年的课程，还要再多浪费半年的光阴，前后一算就是整整一年的学习时间啊！陈宗懋犹豫了——他无法接受长达一年的时间就这样被荒废掉。

　　思虑再三仍是难以抉择，他站到了人生选择的十字路口，内心充满了矛盾。这时，有一个重要的人出现了，他对陈宗懋未来的人生影响深远。这个人，就是在当时国内鼎鼎有名的昆虫专家严家显。严家显，1906年出生于江苏吴县，先后在金陵大学和燕京大学学习，其后赴美国继续学习，在明尼苏达大学获得昆虫学博士学位。因为学业成绩优异，曾两度获明尼苏达大学"金钥匙"奖。学成归国后，抗日战争爆发，严家显先后担任了武汉大学教授、广西大学教授、广西省政府技正（相当于总工程师）、广西省农业督导专员和福建省农学院院长等职。

1940年6月，34岁的严家显应聘到了福建省永安县黄历村，担负着创办福建省立农学院的重任。当时正值抗日战争时期，经费不足、物资匮乏，为了能够把学校开办起来，严家显殚精竭虑、极其辛劳。纵使如此，他仍然不惜以高薪聘请国内专家学者到院任教，成功创办了福建省立农学院。在农学院的四年任职期间，他为学校的创建和发展精心筹划，注重实践、严格治校、严谨治学，使学校工作得以在较短时间内步入正轨。在艰苦困难的环境里，他为社会造就了一批有用的人才，并且带出了一支有较好素质的教师队伍，形成了一股良好的校风学风，为学校日后的蓬勃发展打下了良好的基础。

严家显是个值得尊敬的人。在工作上，他认真负责，严格要求自身与他人；在生活上，他和蔼可亲，与大家甘苦与共。关于后者，严家显老师虽然给其他教师尽可能创造好的生活条件，自己却住在黄历村冯氏祠堂。不仅如此，纵使学校各类校务再忙碌，他也会在百忙之中经常抽空安排自己上课，同学们感到他学问精深、治学严谨、绘图逼真、讲课生动，因此他教学效果很好，非常受同学们欢迎。

严家显为发展农业教育事业不遗余力的可贵精神和修身自省、善为人师的良好风范，深得师生们的敬仰。抗日战争时期，他在战火纷飞中，为创办福建省立农学院所付出的努力，为福建农业教育和农业发展所作出的卓越贡献，时至今日依然值得铭记。1944年7月，严家显于福建省立农学院卸任后，受聘于上海复旦大学。新中国成立初期，他还参与筹建中国人民解放军军事医学科学院，并担任该院昆虫系主任。

陈宗懋认识严家显的时候，严老师已经是教授了。但他向来不是那种刻板、严肃的人，不会端老师的架子，和学生们很亲近。谈起学问和教学这些事，陈宗懋对严家显老师一直有着极为深刻的印象。有一次，严老师拿起一支粉笔，在黑板上轻轻松松画了几笔，一张精准的图纸就出现在黑板上，这样的水平震惊了当时才刚入学的陈宗懋。他第一次感受到，原来农学院藏龙卧虎，农学这门学科里面门道也那么深，值得花时间去探索。

同样的，在陈宗懋刚到学校不久，严家显老师就已经注意到了这个经常泡在图书馆里的学生，并感觉这个学生踏实稳重、寡言多学，是个学习的好苗子。那时，严家显的家就在复旦大学附近。周末时他经常邀请学生们到他家聚餐、聊天。有一次周末，他邀请了陈宗懋和另外一些同学到他家相聚。严老师好似把课堂搬到了家里，其实他就是想在聚餐的时候，大家都用英语交流。严老师安排这种聚餐形式，无非是想提高学生们英语交流的能力。众所周知，对于从事科学研究以及学习相关理论知识，学好英语十分重要，因为很多重要参考文献都是英文的。陈宗懋的英文基础很好，一般日常的沟通交流根本不在话下。

在聚餐的时候，陈宗懋忍不住告诉严老师，自己想转到化学系继续学习。严家显认真听完陈宗懋的想法，沉默了一会儿，提出了一个问题："你当初为什么要学农？"

陈宗懋不假思索地回答："原本想报考医学专业，但站错了报名的队伍，将错就错报了农学。但进入农学院学习以后，做医生的想法一直没有改变，时不时在脑海徘徊。"

严家显老师又问陈宗懋："后不后悔当初的选择？"

陈宗懋很坦诚地答道："后悔了！"

沉思良久，严家显老师语重心长地告诉陈宗懋，中国的农业需要人才，对于新中国而言，农业发展的意义极其重大。农业是保障国家稳定和民众安康的重要方面，如今的现实是，尽管中国是一个有着悠久农耕历史的国家，是世界上的农业大国，可令人遗憾的是，中国同时也是一个农业相对落后的国家。从历史上来看，农业的发展自古就是一个国家的根本，关乎国计民生。农业伴随着人类的起源和发展，农业的进步与人类的发展相辅相成、休戚与共。中国农业曾有过数千年的辉煌，如今却需要进一步的发展。

新中国成立之后，农业的发展迫在眉睫。中国是一个人口大国，必须大力发展我们自己的农业，不能在农业问题上依靠他国。要想成为真正的强国，矗立于世界民族之林，首要的任务就是要让自己国家的民众安居乐业，衣食无忧。而发展农业需要靠什么？靠人才和知识！只有掌握了先进的农业技术，才能让中国这个农业大国真正成为农业强国。

陈宗懋听完严家显老师的谆谆教诲，内心掀起了巨大的波澜。一直以来，他的理想都是以治病救人来报效国家。在心里头，他一直觉得总是身着白大褂的医生是个崇高的职业，救死扶伤是其操守与使命，在社会上也是个令人尊重的职业。可是，发挥出自己的学识和能力，面朝黄土背朝天，做好农业生产，不也同样是报效国家的一种重要方式吗——这何尝不是另一种人生意义之所在啊！

听了老师的一席话，陈宗懋先是心潮起伏，而后又陷入了深深的沉思。

面对他的困惑，严家显老师又提出了一个解决方案，让陈宗懋再次惊讶了。严家显老师当时还是上海巴斯德研究院的教授，主要研究卫生昆虫的防治。譬如，蚊子传染的病害，以及如何防控这种病害发生。他承诺陈宗懋，假若他能安心静思，好好学习农业知识，等到大学毕业，也可以直接到巴斯德研究院；甚至可以不必等到大学毕业，现在就可以进入巴斯德研究院，先从学员做起，与老师一起研究昆虫的病理等课题。

陈宗懋又一次心动了，他决定先回家同父母谈一谈这件事，再做定夺。尽管巴斯德研究院这份工作让许多人求之不得，陈宗懋父亲却有自己的考量，他还是觉得儿子应该先完成目前的大学教育，再来考虑就业。完整的教育经历对于一个年轻人的成长而言，非常可贵。未能得到父亲的同意，陈宗懋先放下了去巴斯德研究院工作的打算。他和严家显老师有了一个四年之约——等到从复旦大学农学院毕业后，就进入巴斯德研究院工作。

有了这个目标，陈宗懋终于安下心来，一头扎进农业领域的天地，刻苦学习，一心为将来的研究所工作做准备。然而，现实总是让人猝不及防——1952年3月12日，严家显老师因病在上海猝然长逝，终年只有46岁。这个消息犹如一个晴天霹雳打在了正读大学二年级的陈宗懋身上。严老师对于陈宗懋而言，好似精神导师一般。当初，不想继续在农学院学习时，陈宗懋就仿佛一艘在茫茫大海上航行的孤舟，看不清方向，也辨不明未来，正是在严家显老师的指引与帮助下，他才坚定了航向与信心，立志把农业学好。而今，老师却英年早逝，正如同海上孤舟失去了灯塔，这个年轻人不禁悲从中来。

不过，陈宗懋是一个执着的人。虽然严家显老师离开了，他们两个人的四年之约无法实现，他却并未因此放弃学习，反而更加努力地学习相关专业知识。在他内心，不想让严老师失望，也不想让自己失望。他想成为一个像老师那样的科学家，全力以赴、报效国家。

后来的事实证明，他所选择的大方向是对的。1953年12月16日，中共中央通过的《关于发展农业生产合作社的决议》中提出："逐步实行农业的社会主义改造，使农业能够由落后的小规模生产的个体经济变为先进的大规模生产的合作经济，以便逐步克服工业和农业这两个经济部门发展不相适应的矛盾，并使农民能够逐步完

中国工程院院士传记
陈宗懋传

全摆脱贫困的状况而取得共同富裕和普遍繁荣的生活。"

农业，从来都在整个中国国民经济中占有极其重要的地位。自1949年新中国成立之后，尤其是改革开放以来，中国农业发展迅速，以有限的耕地养活了占全世界近1/5的人口。2020年全面脱贫攻坚的战役取得了令世人瞩目的成就。中国，这个曾经对饥饿有着漫长而痛苦记忆的大国，在中国共产党的领导下，不但有效解决了人民的温饱问题，而且正向着更宽裕、更富足的生活迈进。人民生活总体上达到小康水平，标志着中国人民衣食住行用实现了由贫困到温饱、再由温饱到小康的历史性跨越。千百年来始终困扰中国人民的"吃饭"问题从此得到根本解决。民以食为天，这是多少代中国人梦寐以求的愿望，也是足令所有中国人感到自豪的成就。

农业发展，惠及全民。而农业持续发展、稳定增收，最直接的受益者莫过于广大农民。他们的生活水平也得以提高，生活质量能够大大改善。陈宗懋作为茶叶研究领域的专家，在他的年轻时代早早就明白了农业对于一个国家发展的重要意义。他始终没有忘记严家显老师以及他那些语重心长的教诲。

"路漫漫其修远兮，吾将上下而求索。"彼时，身处复旦大学农学院的陈宗懋已心无旁骛，坚定信念走上了农业这条道路。

第|三|章

高校大调整
负笈北上

出生、长大、求学都在上海的陈宗懋，是个地地道道的南方人。无论是气候条件还是饮食习惯，他都适应了南方的生活。在上大学的时候，他也就近选择了在上海的复旦大学。原本以为大学毕业，就可以顺理成章地在家乡找一份合适的工作，一生如是安稳度过。

可是，变故总是不容思考，一切都来得很突然。

陈宗懋在复旦大学农学院读到二年级结束的时候，不仅仅是恩师严家显猝然因病辞世，还遇到了一个当时整个中国教育的大事件——1952年，全国院系调整。这也是改变陈宗懋人生的一个大事件。

当时中央人民政府对全国高等学校进行全盘调整，全国理、工科教授有四分之三被调离本校，先前已经存在的综合性大学均有大规模调整。这么做是为了打破原有的英美高等教育体系，为新中国确立对高等院校的实际领导扫清道路。经过小范围的试验后，教育部于1951年11月召开了全国工学院院长会议，拟订了全国工学院院系调整方案，揭开了1952年全国院系大调整的序幕。1952年秋，教育部在高等学校教师思想改造的基础上，根据"以培养工业建设人才和师资为重点，发展专门学院，整顿和加强综合大学"的方针，在全国范围内进行高等学校的院系调整工作，调整于1953年基本结束。

私立高校也在这次调整改造中退出了中国历史的舞台。实际上，早在1952年之前，中央政府就开始逐步取消教会大学，并改造和限制私立大学。

1952年11月，国家成立了高等教育部，教育部原部长马叙伦改任高等教育部部长。在这场调整中，高校被收回部分教学自主权。在冷战背景和东西方对立的国际形势下，苏联是仅有的能向我国出口技术的国家。其间，苏联援建了大量工业项目，需要懂俄语的人才进行沟通，因此我国确定俄文为"第一外语"。清华大学首创的专业俄文阅读速成法被广泛推广，在全国高校掀起了学习俄文的热潮。而陈宗懋也是在这样的历史背景下，于大学期间完成了俄文的学习，并对他日后学习捷克语提供了一个契机。

在新中国成立之初，大规模进行工业化建设，急需工科人才的背景下，这次院系调整的特点是：除保留少数文理科综合性大学外，按行业归口建立单科性高校；大力发展独立建制的工科院校，相继新设钢铁、地质、航空、矿业、水利等专门学院和专业；另外，还根据计划经济和工业建设的需要设置新专业。"新设专业的面则常比西方大学生主修的专业要窄"，据一位老教师回忆，当时决定高校哪个系哪个专业与谁合并，实施进度很快，扛起行李就出发，而且限期上课。不少学生往往是在某大学入学，却在另一大学毕业。[1]

就像硬币的两面，事情总有利弊。一方面，院系调整加速了工业人才和师范类人才的培养，调整后工科学生数量大增，教育更加实用化；另一个方面，当时的人文社会科学发展空间被限制。人文社会科学，因为与新中国成立后紧迫的工业化建设不直接关联而遭到冷落，社会学、政治学等一系列学科被停止和取消。此后，一大批社会学学者或者转行民族学，或者进入图书馆做资料员。

经过1952年和1953年持续两年的大规模院系与专业调整，全国高校由原来的211所减为182所：综合大学14所，工科院校39所，师范院校31所，农林院校29所，医药院校29所，政法院校4所，财经院校6所，艺术院校15所，语言院校8所，体育院校5所，民族院校2所。

在陈宗懋的记忆当中，那是一个特别寒冷的冬天。从这个冬天开始，他的人生将迎来一个转折点，他将从身体上和心理上去适应一个对他而言全新的地方。

1952年6—9月，大规模调整全国高等学校的院系设置刚刚开始，很多上海的大学或院系都陆续搬离上海前往全国各地。譬如，复旦大学的茶叶专业搬到了安徽，就是如今安徽农业大学茶业系的前身。

陈宗懋从1950年开始就读于复旦大学。1952年，他大学二年级刚一结束，就遇上了这次全国院系大调整。也正是因为这个事件，本在南方家乡读大学的陈宗懋面临着远上北方的命运。这年冬天，复旦大学响应党和国家的号召，将农学院（茶叶专业除外）的全体师生由南至北整体搬迁至远在东北的辽宁省沈阳市，与原先在黑龙江省哈尔滨市的东北农学院部分系合并组建新的沈阳农学院。作为复旦大学农学院的学生，陈宗懋自然也在其中，别无选择。

院系整体搬迁之前，有些同学无法理解和认同这种宏大的历史变迁，以及被洪流裹挟而下的历史必然，不愿跟随学校一路北上。于是有的同学就选择了转校，譬如其中有些同学就转学到了南京大学。当然，绝大部分同学在经过多番考虑后，依然决定留在学校同农学院整体北上。这也难怪同学们各自有不同的决定——无论是决意转校于南方，抑或是带着疑虑与学院共同北上，恍惚而不知前路，因此难以定夺。

复旦大学农学院将要搬迁的地方沈阳，处于东北三省之一的辽宁省。对于绝大多数南方人而言，那是个遥远又寒冷的异乡之地。纵使先前上海遭受过战争的连番破坏，但它毕竟曾是"东方的巴黎""远东金融中心"，在想象当中，这里的城市建设、人文气度，以及那份"十里洋场"的海上风情自是其他城市难以比拟的吧。

然而仿佛命运在召唤，秋日的北方吹来了习习凉风，柔缓地向陈宗懋伸出了橄榄枝。最终，这个热血青年还是决定：和老师们一起，和同学们一起，到北方去，到沈阳去，为了新中国的前途而志在四方。

人生总是充满着未知，只要带着足够强大的信念，一切挑战皆可面对。陈宗懋决定和复旦大学农学院的师生同去沈阳，不仅在于他愿意接纳风土人情和社会环境的变化，还在于他内心中对新中国明天的冀望与对农业的专注和热爱。学校决定搬迁时，他已经学习农业专业两年了，已经深深地爱上了这个与"万物生长"相关的专业，更不想到别的学校再改读别的专业了。由此可见，年轻的陈宗懋心智已然成熟，对自己的所长所愿皆十分了解，也对未来将要从事农业工作的道路有了清晰的认知和坚定的信念。

复旦大学农学院整体搬迁至沈阳时的场景，至今想来仍极为壮观。那时陈宗懋与老师们同学们一起坐上了北上的火车。整整一列火车啊，都是农学院的师生。陈宗懋至今回忆起来还在说："那是一生都难以忘怀的场景！大家仿佛汹涌澎湃的潮水，向着未来奔赴前涌。"不过，陈宗懋和大家一样，心中满是忐忑。南方人若想要适应东北的生活，首先要解决的就是适应冬天凛冽的寒风和纷飞的冰雪。大家到东北时，正值冬日，因此陈宗懋一下火车也就感受到了北国凛冽的气候。刚到沈阳时，学校各项条件都非常艰苦，连正规的宿舍都没有。所幸的是，学校在艰难的条件下给学生们配置了一个大食堂。

陈宗懋此前从来不会想到，自己这个在温暖湿润环境下长大的南方人将在寒冷干燥的北方生活——他更不可能想到，自己的第一份工作就是在这冰天雪地的北方；他也不曾想到，此后数年，向来畏寒的他将与北方的严寒有一场长期且艰难的角力。

从南到北的求学与工作生涯中，有一个人成了陈宗懋的好朋友。而他几乎以相同的经历见证了陈宗懋这个南方小伙何以北上、如何历练又如何成长。这个人，就是张国樑。张国樑，1929年出生于上海，年长陈宗懋四岁，曾任浙江省粮食科学研究所教授级高级工程师，毕生从事储粮害虫防治研究工作，先后开发出防虫磷、防治储粮害虫防护剂等，获得省部级奖和中国粮油学会终生成就奖，享受国务院特殊津贴。

张国樑与陈宗懋最初的相识，就始于复旦大学农学院。张国樑是1949年考入复旦大学，而陈宗懋则是在1950年入学，正好比张国樑低了一届。张国樑生在上海，长在上海，与陈宗懋有着天然的地缘亲近性，自然也会有更多的共同语言。两个人又都是住校生，宿舍就在上海一个郊区。尽管并没有住在同一个宿舍，但两个年轻人各个方面都比较合得来，见面就会聊天，还时常相约周六晚上一起回到上海市区。

在张国樑的印象中，陈宗懋尽管出生在家境相对优渥的家庭，但他并不是那种特别在意物质生活条件的人。在生活上，陈宗懋恰恰是那种比较随意不会特别讲究的人，但是他对待学习，却是另外一种态度：非常用功，毫不马虎，从来都以严谨出名。很多时候，听完老师在课堂上讲授的内容，在课后他还会主动找一些相关的课外参考书来认真阅读，以作知识的补充。

无论是生活方面，抑或学习方面，这两位上海同学都有许多相同之处和共同语言，于是经常聚在一起学习。当时学校有一门选修课：英文打字。许多同学都不太感兴趣，但陈宗懋和张国樑却都很喜欢这个课程，因此两个人都选修了这门课。不仅陈宗懋热衷于学习新知识，张国樑也是如此。他们总是会花时间去寻找一些好的课外参考书。假若遇上好的课外书，两个人就会相互交流。时代不同，状况殊异。不像今日有互联网，获取知识是那么轻易、那么便利，那个时候，若想要找到一本好的参考书，通常只有去图书馆。

除此之外，在张国樑的印象中，陈宗懋还是个身心健康，热爱文体活动的人。他记得尤为清楚，陈宗懋的乒乓球水平特别高。两个人也经常一起切磋球技。总之，用张国樑的话来说，陈宗懋这位学弟给他最初的印象就很好：性格活泼，外语基础好，又热爱钻研专业。数十年过去，陈宗懋在他心中的形象不减分毫、依然如故。

1952年，中央的这次院系大调整，张国樑也面临着人生抉择，作为家中的独生子，他对于是否与学校师生同去沈阳曾经一度较为犹豫。考虑到学业，他还是认为不能因为院系调整而中断学习。当时，这两个年轻人还曾相互约定：如果其中一个人决定要去东北，那么另外一个人也要跟着一起去。于是，他们都跟随着"大部队"一起来到了东北。

从上海到沈阳，陈宗懋与张国樑建立起了深厚的感情。刚到东北的时候，条件十分艰苦，但他们情同手足，相互鼓励，支撑了下来。张国樑记得，当时沈阳的各项生活条件远不如上海。物质上的差距，往往也会导致观念上的差异。有一次陈宗懋衣服上的纽扣掉了，他不会缝，就找其他同学帮忙。这在某些从小就自力更生，衣食住行都要自己动手的学生看来，陈宗懋连一粒纽扣都不会钉，是多么不可思议的一件事。还有晚上洗脚时，两个南方人习惯用热水泡脚，于是打了开水，就被哈尔滨的同学念叨："太浪费了！怎么还用热水来洗脚！"这也难怪，在那个物资极度匮乏的年代，加上天气寒冷，许多北方同学在冬天是很少洗脚的，更不要说用本就缺乏的资源——煤炭烧的热水来洗脚。

南方人刚到北方的生活，因为文化差异而充满了各种摩擦与矛盾。那段时间对于陈宗懋而言，即便如今回忆起来，也依然觉得不易。同样来自南方的张国樑也觉得不适应。北方的生活与上海相比，确实困难了不少。陈宗懋让张国樑特别佩服的是，尽管眼前的生活条件很艰苦，而从小就过着相对优渥生活的陈宗懋适应性却很强。他想尽一切办法克服困难，依旧专注于学习。毕业以后，张国樑被分配到了北京；陈宗懋则被分配在了黑龙江省呼兰县。而此后数十年，无论人生际遇如何，学习都始终是陈宗懋坚持的头等大事。

1954年，陈宗懋（中排左四）21岁，大学毕业留影

1954年，陈宗懋被分配到了黑龙江省呼兰特产试验站（现为中国农业科学院甜菜研究所）工作。对于许多人而言，呼兰或许是个名不见经传的地方。它因呼兰河而得名，也因为呼兰籍女作家萧红而扬名，那里被称作"满州谷仓"，天空蔚蓝，湖水澄净，但地处偏远。对于刚刚参加工作，并无心思在自然造物上多加审美，也不向往隐居生活的上海青年陈宗懋而言，它还是显得偏僻了些，甚至有些荒凉之感。

呼兰县与原先读书的沈阳市相比，无论是工作环境还是生活条件都要更差一些，但是陈宗懋发挥出了爱学习的天性，以此克服艰苦环境，潜心于工作当中。那个年代，陈宗懋到了东北之后，正是中苏关系的蜜月期。当时，全国范围内的高校都开始倡导学习俄语，陈宗懋在沈阳农学院时，学校也开了这门课程，他也正是在这时开始学习这门外语。在学习俄语之前，陈宗懋已经较为全面地掌握了英语。凭借他的学习能力以及外语功底，在学习俄语的两年时间里，陈宗懋也能够较为熟练地应用这门语言。

在这段日子里，他经常是白天忙于工作，晚上继续自学俄语，见缝插针地利用碎片时间。他甚至趁夜里休息前的间隙，快速地翻译了好多篇专业性很强的文章。陈宗懋对科研环境的适应性非常强，这不仅表现在他的工作中，也同样体现在个人学习能力上。正是得益于此，陈宗懋从没有停下脚步，在已有知识的基础上，总是能够非常迅速地掌握其他新的知识。

在时代的洪流中，陈宗懋的人生从南到北，从上海到沈阳，又从沈阳到呼兰，从求学到工作，他就像一颗从南方飘来的蒲公英的种子，在东北这片肥沃的黑土地上扎根下来，开出了最美丽的花。在大家眼中，陈宗懋是一个心思纯正、生活简朴的人，工作几乎成了他生活的全部。在黑龙江省呼兰特产试验站的日子里，陈宗懋几乎把所有的身心都投入到了学习和工作中。他不是在实验室，就是在种植农场。当时，试验站里的人都知道，晚上有事想找陈宗懋，在实验室里找到他的概率要比在宿舍的概率高很多。在那个年代，科研工作的条件还是很艰苦的，但是陈宗懋一贯的乐观精神帮助了他。在极为有限的实验条件下，他依然埋头学习，同时也通过各种渠道寻找科研资料来帮助自己更好地从事研究工作。

在特产试验站，陈宗懋很快表现出自己的科研天赋，当然这其中也包含着他孜孜不倦地钻研学习。尽管进入试验站的时间很短，但陈宗懋很快就成为一名引人注目的年轻科学家。创新开拓的科学思路，扎实稳固的研究作风，使他很快成为呼兰特产试验站科研主力军中的一员，深得领导的器重与同事的佩服。在遥远的东北大地，从大学毕业到参加工作，陈宗懋迅速成长，成为一名合格的科研人员。他对知识的渴求在当时就已经初现端倪，这也为他今后能做出更大的科研成绩奠定了坚实的基础。

不过，对于陈宗懋这个地地道道的南方人而言，东北的严寒生活并不容易适应。那时，年轻的陈宗懋关节炎就已经十分严重，频频发作却无可奈何。他的身体一到天冷就浑身没劲，严重影响了日常生活，有时甚至无法出门只能待在家中。在那种冰天雪地寒冷的气候中，他的关节炎只要一发作，就会痛得连走路都困难，更别说顺利开展研究工作。在与寒冷的这场较量中，陈宗懋因为身体的缘故，从起初的不屈服，直到最后败下阵来。从1954年开始工作，一直到1959年，他知道自己已无法适应北方的冰天雪地。那时，他在黑龙江省呼兰特产试验站已经是植保领域的领军人物。毕竟一年有四季，总会迎来和风夏日，而培养和获得一个人才，却又是多么不易！

从1954年参加工作开始，时光飞逝，一晃近五年已过去。1959年2月，黑龙江省呼兰特产试验站的领导考虑到陈宗懋的身体状态实在难以适应北方的严寒，继而又考虑到他的家庭状况（此时，陈宗懋已结婚，爱人远在江苏南通一所农校任教，夫妻二人常年两地分居），就开始准备帮助他调动工作。如果不是当时遇到了通情达理的领导，他即便不是一生两地分居，也极可能很长一段时间都要忍着病痛孤单地在东北度过。

为此，陈宗懋每每忆起这段经历都非常感慨，心中满是感恩与谢意。最终，在黑龙江省呼兰特产试验站以及相关部门领导的精心安排下，陈宗懋还是调回了江南，在位于杭州的中国农业科学院茶叶研究所工作，直至今日。从甜菜到茶叶，从北方到南方，每一段经历既独特又珍贵，已然沉淀在陈宗懋的人生历程中。扎实肯干、不怕艰辛、拥有广阔的视阈，尤其是始终保持与世界趋势同步……这些优秀的科研品质在他身上愈发鲜明，所以尽管甜菜与茶叶两个研究领域貌似风马牛不相及，但是本质上都与农业病虫害研究息息相关，也决定了他无论在哪个工作岗位上都会有杰出的表现。

在此后漫长的岁月中，陈宗懋从未忘记过北方的那些日夜。

他说他要感谢在东北的日子，尽管那里充满了关于寒冷与冰雪的记忆。可是，东北的白山黑水又何曾不是一片热土？在那片辽阔豪迈的土地上，年轻的陈宗懋完成了从一个高校毕业生到一名优秀科研工作者的转变。或许，连他自己都不曾意识到，那份在天寒地冻里锻炼出来的意志力，将会一直伴随他日后漫长的科研之路。

梅花香自苦寒来，这句话其实就是他人生的生动写照。

第|四|章

从初识到
组建小家庭

回到江南，终于可以夫妻团聚了。

1954年，陈宗懋大学毕业，分配在黑龙江省呼兰特产试验站工作。在东北这片白山黑水的土地上，经同学介绍，1956年上海姑娘陈雪芬与他初识，在未来岁月中将成为他相濡以沫、携手白头的终身伴侣。

陈雪芬是个地地道道的上海姑娘，1936年出生于一个商贸世家。她的父亲原来在洋行里做文具生意，后来开始做海运生意。陈雪芬记得很清楚，自孩提时代起，她们兄弟姐妹七人就住在静安区常德路上一栋小楼里，生活很是快乐，从来不知愁苦。

与陈宗懋的父母一样，陈雪芬的父母也深知教育对孩子的重要性，所以在她五岁时，父母就早早送她上小学了。她是个乖巧且伶俐的学生，每天清晨她都早早起床，来到上海乐安小学上学。乐安小学是一所私立学校，教学质量极高。在这里，陈雪芬得到了良好的启蒙教育。小学毕业后，她就读于上海培明女子中学。1950年，她又考上了上海徐汇女子中学。在此期间，遇上了教育改革，高中、大学纷纷开始合并。陈雪芬所在的徐汇女子中学与启明女子中学合并，成立了上海第四女子中学，她高中就毕业于此。从小学，到初中，再到高中，她在上海的求学之路可谓一帆风顺。

从小就想要当医生的陈雪芬，也计划着高中毕业后读大学时能报考医学专业，未来可以从事自己梦寐以求的白衣天使职业。然而，人生道路难免横生枝节，她的命运也是如此。在报考大学时，她也面临着人生第一次的重大抉择。

多年以后，陈雪芬与陈宗懋聊起少年时的心愿，两个人竟然不谋而合都有个当医生的梦想，但是最终却都因为各种原因而未能走上医学这条道路，而是双双成为茶树植保研究领域的专家，并为中国茶树的植保工作做出了令人瞩目的成绩和杰出的贡献。若说缘分，这也算得上一份冥冥之中的天注定吧。

那时，帮陈雪芬做决策的是家中的兄长。事情的原委是这样的：填报大学志愿的时候，她的哥哥查看了当时国内大学的各科专业，虽然她心中的第一志愿是要报考医科，其次是化学或化工专业，但是，最终陈雪芬的哥哥还是帮她填上了北京农业大学（现今的中国农业大学）的土化系，可能是想着它与化学专业多少也有些关系吧。

时光流逝，恍惚中多年已过去，再回首莫不拈花一笑。但在当时，可能就是另一番人生况味了。那个时代，大学录取信息一般都刊登在报纸上。因此，陈雪芬也和其他学生们一样，通过报纸才能知道自己是否被录取。当她手握报纸，看到"陈雪芬"三个字赫然印在北京农业大学土化系录取名单中，且第一个名字就是自己时，非但没有像全家人那样欢呼雀跃，而是宛如当头棒喝，伤心地哭了起来。她之所以如此，首先当然是梦想的落空与希望的坍塌，仿佛人生瞬息之间跌至谷底；其次是从未出过远门的她忽然想到要离开家门远去北京求学，孤寂一人，不由得有些胆怯之意。

但既然事已至此，她也只有放下心中的愿望与忧虑，收拾行装，继续北上，开始了异地求学的人生。

火车一路向北，再向北。这个长于黄浦江畔的南方姑娘看着窗外熟悉的风景一寸一寸、一里一里毫无保留、毫不眷顾地往后退去，越来越远，远到思绪万千……农业，乃民之根本，可是这个上海姑娘长大至今对农业一无所知。新中国成立后，虽然除旧布新，但仍然有不少学生对农业存有一定的偏见（事实上，时至今日，人们对农业的误解依然没有根除，某些偏见依旧存在），总觉得读农业大学不是一件特别光彩的事。某种程度上，年轻的陈雪芬也抱持着这样的认知和想法。于是，整个北上之路她都心绪不宁，情绪低落。

火车走了一天一夜。这路程也从天光走向黑夜，又从黑夜再走向天光。待到北京的城墙迎面而来，陈雪芬终于忍不住红了眼眶。此刻，她才恍然间发现，那栋依然伫立在沪上静安区常德路上洋溢着欢快气息的楼房，今后唯有入梦时才能前往了。

此刻，已在千里之外，作为外乡人的她，一切皆要担在肩上，一切只能依靠自己。适应新的生活不容推诿。然而，到了学校，陈雪芬低落的情绪依然没有好转。此时，正值季候循环轮转，她似乎应和了北京萧瑟的秋日气氛，对刚刚过去的金灿灿的收获视而不见，始终无法静心沉潜于学习生活当中。

其中，使陈雪芬不能快速适应北京生活的原因，首先是饮食。也难怪！偌大的中国，因地理气候之故，南北方饮食差异也就很大。上海人喜爱绵、甜、软、糯的食物，餐桌上从来少有大葱、大蒜的踪迹，至于馒头、面条、水饺，也几乎不在每日席间出现。而这些，恰恰都在北方日常饮食之列。另外，从小生活在大户人家，过着较好生活的陈雪芬生活自理能力虽然不至于褒奖，但也并非有些同学在背地里议论的那样"连条手绢都不会洗"。生活上的不适应以及人际关系中的不被理解，这一切，都使她感到很痛苦。

哀伤是怯弱者的傀儡。人，当强。女子，也从来不输男儿！来北京一个月后的某一天夜里，陈雪芬突然意识到，如此下去，只是虚度年华，徒增了伤悲而已，毫无意义。既然已经无法改变眼前的情状，就只有自己主动去适应当前的环境，并且把生活经验与书本知识两相结合、融会贯通，才有可能学到真正的知识和智慧。

多年以后，一根记忆的丝线被陈雪芬缓缓拉起，她依稀记得那是一段艰苦却珍贵的岁月。也正因为有了那样一段异乡的求学经历，让她从一个衣食无忧、不知人间疾苦的千金大小姐成长为了一名思想独立、踏实能干的女大学生。而且更为重要的是，同那些良好品性一并产生的坚毅不屈、吃苦耐劳的特质，伴随着陈雪芬之后的婚姻生活与研究工作，也成为她取得众多科研成果的一个不可或缺的因素。

对于任何人而言，生活习惯的改变都绝非易事，甚至可以说是一种痛苦的磨炼。可喜的是，陈雪芬充分地认识到了这一点，并且决心付诸实践。不喜欢吃馒头，那就慢慢来，从最初一点一点咀嚼，到半个半个吃下去，再到后来能够大口大口啃着馒头下肚，陈雪芬在北京农业大学的学习生活中，正在快速成长起来。在此期间，她不仅克服了南北饮食和生活差异的问题，在熬过那段艰难的日子之后，她还发觉自己开始对农药专业产生了兴趣。

时光荏苒，清风微拂，不经意间四季已轮回。学习的日子总是过得很快，此时的陈雪芬早已适应了大学生活。放假就回上海，开学再回北京。有一次放假，她照例乘着火车从北京到上海，但是途经安徽省蚌埠市固镇县时遭遇洪水，火车无法继续前进，只好停在半道上等待，这一停就是7个小时。这个沉静的上海姑娘不急不躁，反而顺势拿出从学校带来的课本，就在火车上看了起来，竟然丝毫也不觉得等待的时间漫长。随着对农药专业学习的深入，她对这个专业产生了浓厚的兴趣，居然能够做到心无旁骛地随时随地沉浸于浩瀚无垠的学海之中。与之相应，她的成绩在班级中也趋于前列。

陈雪芬大学毕业时，家中的兄弟姐妹几乎都在上海。她原本可以选择离家人更近，选择回上海工作。可是，她却毅然决然地再一次选择北上，越来越远地离开家乡上海，选择了去千里之外的黑龙江省省会哈尔滨，那可是千里冰封万里雪飘的北国啊。

这样的选择，就与陈宗懋有关。陈雪芬与陈宗懋两人的相识，开始于1956年，就在位居"辽西走廊"、濒临渤海之滨的辽宁省兴城市。这对茶界伉俪的爱情故事，也与农业植保有着千丝万缕的关系。多年以后，陈雪芬再度回首和陈宗懋相识相恋的往事，仍然充满了感慨。他们不仅有着世人眼中的一往情深，更有着对科研的共同追求。

陈雪芬1953年大学入学。与陈宗懋认识的这一年，陈雪芬已经是北京农业大学植保系大三的学生，正到了学校规定该实习的时候。实习需要两个人一组，同年5月，她和同学苗婉莲组成一对，被分配到了辽宁省兴城果树研究所。

苗婉莲是北京人。实习之前，陈雪芬跟她还不是很熟悉。当时的大学与现在的大学颇有些不同，班级里学生的年龄差异较大，少则几岁，多则十几、甚至二十岁。陈雪芬当时是班级中年纪最小的学生，而苗婉莲比她年长几岁。所以实习的时候，苗婉莲很照顾这个上海小妹妹。后来，两个人还成为一生的好朋友。

最初进入北京农业大学时，陈雪芬填报的志愿是土化系，主要学习农药专业的课程。两年以后，北京农业大学调整专业，陈雪芬所读的农药专业被撤销了，她就转到了植保系。而苗婉莲原本就在植保系就读，所以等到实习时，学校把她们两个人分在一起，一起到辽宁省兴城果树研究所学习，陈雪芬与苗婉莲乘着火车一起从北京出发。

刚到兴城果树农场的时候，北京农业大学的黄可训教授是陈雪芬和苗婉莲的总指导。他把她们二人分配到了兴城果树研究所实习。去学习什么呢？当时研究所里有一位名叫邱同铎的专家，他主要做果树害虫领域的研究，也是研究室主任。陈雪芬和苗婉莲就跟着邱主任，学习如何防治虫害。刚开始时，两个人都跟着他一起学习，到后来陈雪芬独自展开了对果树病虫害的研究，定期要向邱主任汇报自己的研究思路和进展。

有一次，陈雪芬照例去邱主任的办公室汇报自己的研究心得和想法，却在那里见到了一个身材高瘦、长相斯文的年轻人。这个人，就是陈宗懋。

陈宗懋大学毕业，分配到黑龙江呼兰特产试验站，后来因为工作的缘故，陈宗懋需要经常到中国农业科学院的一些下属单位出差。1956年那一次，他正好就来到了陈雪芬实习所在的辽宁兴城果树研究所。

经过了几年历练之后，陈宗懋见到陈雪芬时，她早已不再是那个柔弱娇气的上海千金小姐了，而是成长为一名热衷农业，能够吃苦耐劳、年轻有为的科研人员。陈雪芬上大学时的北京，与如今的北京差距非常之大。加上北京农业大学所处的位置在北京郊区的罗道庄，交通十分不便，条件可想而知。然而，她还是慢慢适应了这种生活。

当时上海人在北京读书，经常会面临种种尴尬的局面。譬如，陈雪芬依稀记得有一位同样来自上海、比她高两届的学姐，平日喜欢穿着旗袍，举止总是娉婷有仪。陈雪芬看起来觉得很美，但在许多北方同学眼中，就觉得她太"小资产阶级情调"了。人们往往受到固有思维影响，判断一个人总是从外表或仅仅从某件事情入手，这不免过于武断！人是单纯的又是复杂的，是高智商的又是多维度的。日后，陈雪芬才了解到这位学姐其实是一个潜心学习、热爱农业专业的人。尽管陈雪芬并不像有些人一样轻率地从外表去判断一个人的内心，但是为了规避不必要的麻烦，她也在这样的环境下收起了所有风华尽显的旗袍和鲜亮的衣服，穿着尽量同周围大部分同学一样，以便让自己不出众，好淹没在人群中。

与陈宗懋在兴城果树研究所初次见面的时候，陈雪芬就是这样一个朴朴素素的形象，用她自己的话来说就是"有点土土的样子"。但是，陈宗懋并不这么认为。在他的眼中，这个着装朴素、为人低调的上海姑娘，身上却有着一种坚毅的力量，使他产生莫名的好感。

同是上海人，又都身在他乡，两个人自然会有一种天然的亲近感。这是他们缘分的开始，也与他们的事业有关。在邱同铎主任办公室的那次遇见，对于两个"勇闯天涯"的上海年轻人而言，既是不期而至的邂逅，又是多方助力的结果。陈宗懋当时也有不少同学被分配到了辽宁兴城果树研究所。这个所隶属于中国农业科学院，涵盖园艺、土化、植保等多个专业。同学王诚义就是其中之一。他学园艺专业，毕业之后被分配到了这里。陈雪芬到兴城果树农场后，认真学习、踏实肯干，这些都被王诚义看在眼里。他对这个身材高挑又苗条的上海姑娘印象很好。正好自己的同学陈宗懋还没有女朋友，考虑到两个人又都是来自上海，说不定会有共同话题，更可能走向婚姻殿堂，于是王诚义决定从中牵线。有一次，正好遇上陈雪芬在邱同铎主任办公室汇报实习工作，王诚义就向她正式介绍了陈宗懋。在促成陈宗懋与陈雪芬的爱情中，与陈雪芬在兴城果树农场住同一个宿舍的余旦华，也起着关键作用。她也是上海人，和王诚义是园艺系的同届同学。余旦华经常半开玩笑地说，要给陈雪芬介绍对象，她与王诚义都觉得陈宗懋是个很不错的人选。

陈宗懋这个名字对陈雪芬来说，其实并不算陌生，两个人都是学习植保专业的。陈宗懋比她早几年毕业，已经在甜菜研究方面取得了多项研究突破，也在不少农业专业核心刊物上发表过重要论文。除此之外，陈宗懋还经常发表翻译的文章，介绍一些相关领域国外的研究情况。陈雪芬在注重实践的同时，也十分关注本专业和相关领域的现状和发展趋势。因此，她先前就在一些农业专业学术刊物上看到过"陈宗懋"这个名字，心里还想过若有机会，一定要向这位年纪轻轻但已名声在外的专家请教。

但她绝不曾料到，有一天自己会被朋友以男婚女嫁这种既甜蜜又庄重的方式介绍给陈宗懋。她没有拒绝见面，大大方方地答应下来，并且约定在国庆节期间见面。在这次见面之前，有件事值得一提。她和同学苗婉莲于1956年5月来到辽宁兴城，当时天气还挺暖和。然而半年的实习生活后，就迎来了最难熬的冬季。北方之苦，就在于严寒。那年的九、十月，天气已然冰冷肃杀，对于习惯了南方金秋的陈雪芬来说，兴城的九月感觉比上海的寒冬腊月还要冰冷。陈雪芬和同伴余旦华住在当地农民家，需要烧炕过冬。最开始，当地老乡还教陈雪芬一行人如何烧炕。要用地里收割回来的晒干了的玉米秆儿取火，塞进土炕底下烧得通红，土炕就会一直暖暖的，往上一铺铺盖卷儿，就能挨过外面的天寒地冻，一觉睡到天亮。当地老乡给她们留下了一大堆的玉米秆儿，谁知陈雪芬和余旦华都没有将这事放在心上，加上果树研究所里面的实习工作也很忙，她们往往是天色薄暮了才离开果树研究所，回到住处时夜已深沉。两个年轻姑娘就仗着身体好，不再烧炕，但不烧炕很快就出问题了。除了晚上冷得睡不着觉，第二天起来陈雪芬身上还会发出一大片荨麻疹，一块一块地发出来，看着实在恐怖。手还不能抓，越抓就越发严重。没办法，陈雪芬只好用被子把自己全身捂起来，等到身体暖和一些了，第二天就会消退。

这样的情况一直反反复复。到后来陈雪芬才意识到，这是因为没有烧炕。土炕因为寒冷的缘故存了潮气，人睡在受潮气的土炕上，就开始长荨麻疹了。尽管后来重新开始烧炕，但是陈雪芬和余旦华毕竟都是从小到大生活在城市里，从未自己动手烧过火做过饭的人。因此，两个姑娘经常是忙活了大半天，还是不能把炕烧热。就这样，陈雪芬的身体在那段时间经常出问题。有一次，她发烧了。烧得很严重，嘴唇都干裂了，而且高烧一直不退。长得颇为好看的陈雪芬形容那时的自己：整个头都肿起来了，就像猪八戒一样丑。当时正逢国庆节，她又与陈宗懋约好了要在兴城见一面。怎么办？这可急坏了这位年轻的姑娘！

所幸余旦华较为镇定，她让陈雪芬立刻到锦州市的医院去做诊疗。辽宁兴城果树研究所所在地，实则是今天辽宁省葫芦岛市所辖的兴城市（县级市），当时叫做兴城县，受锦州市所辖。1954年8月，辽东、辽西两省合并为了辽宁省，锦州市设为省辖市。因此，可想而知，锦州的医疗条件肯定比兴城要好。陈雪芬病得实在受不了，听从余旦华的建议，来到了锦州医院。毕竟是年轻人，看病吃药几天后，很快就康复了。身体恢复后的陈雪芬和陈宗懋一见倾心，正相当于古诗中所说的"金风玉露一相逢，便胜却人间无数"。

20世纪50年代，从黑龙江哈尔滨到辽宁兴城，全程800多公里，要坐一晚上的绿皮火车才能抵达。陈宗懋坐着火车如约在国庆假期来到了兴城果树研究所。到了那里之后，他并没有迫不及待地第一时间与陈雪芬见面，而是先到农场的试验场查看了果树。待到见面时，两个上海年轻人打招呼的方式也颇为独特，他们以专业的农业问题开场——

"你好。我叫陈宗懋。"

"你好，我是陈雪芬。你对甜菜褐斑病的研究我听说了，想向你请教……"

此后，这种探讨和研究植保问题的开场白，占据和贯穿着他们未来人生的绝大部分时间。直到现在，虽然早已年过古稀，但是陈雪芬依然记得很清楚，他们两个人第一次单独相处的时间里，谈论的几乎都是与植保相关的问题。那个年代的人们，表达爱情自有一种方式。

陈雪芬在见到陈宗懋之前，就因为他在植保方面的成就而对他颇有好感。见面之后，她觉得陈宗懋果然谈吐不凡，钻研业务的劲头很足，又有着较好的学识和专业素养。这个身材高挑、举止得体的上海年轻人，身上散发着一股浓厚的做学问的气息，让她觉得很稳定、很踏实。而在陈宗懋眼中，陈雪芬也不仅仅是一个肯钻研和爱学习的人，更是一个眼睛弯弯、笑意盈盈，一颦一笑间早已打动了他的"意中人"。

就这样，两个年轻人第一次正式见面，彼此都产生了好感，并且有了念想。分别后，两个人开始通信。他们见面没多久，陈雪芬在兴城果树研究所为期半年的实习就接近尾声，而后返回北京，在北京农业大学继续学习。

那个年代的爱情很传统，就像木心在《从前慢》中所言："从前的日色变得慢/车，马，邮件都慢/一生只够爱一个人"。当时他们两个人，一个在黑龙江工作，一个在北京读书，平时只能通过书信才能保持联系。一封信要走上三天以上的时间才能送到对方手中。两个年轻人就这样，在往来书信中鸿雁传情，在彼此思念中加深感情。随着两人越来越熟悉，陈宗懋了解到陈雪芬在家中排行第三，上面有两个哥哥，下面还有两个弟弟和两个妹妹，可以说是一个大家庭。因为父母非常重视教育，因此几乎所有的兄弟姐妹都上了大学。由于父亲是资本家出身的缘故，在此后的学习和生活中，陈雪芬经常下意识地克制自身、为人低调。在这一点上，她与陈宗懋有着同样的感受。也正是因为这种相似的生活经历，让两个年轻人更加理解了彼此的不易，也更加惺惺相惜。

在书信中，两个人彼此交流双方的家庭情况和生活经历，但更多的是交流各自学习研究的课题。很多时候，他们讨论的话题就是甜菜的褐斑病问题，因为这也是陈宗懋在黑龙江省呼兰特产试验站工作六年的时间里主攻的一个农业难题。在研究甜菜褐斑病的预报预测的过程中，陈宗懋与陈雪芬两个人已经建立了恋爱关系。陈宗懋深深感受到，这个表面上看似柔弱骨子里却韧性十足的姑娘，与自己志同道合，他开始期盼着陈雪芬能成为他的终身伴侣。

对于沉浸在爱恋中，尤其是异地恋的两人而言，时间流淌其实极其缓慢。到了1957年，陈雪芬即将从北京农业大学毕业。未来何去何从？她心中已然有了答案。

经过长时间的通信和了解，陈宗懋和陈雪芬这两个年轻人已经建立起了深厚的感情，有着共同的理想和共同的兴趣。在陈雪芬心目中，陈宗懋是人生理想伴侣的不二人选；而陈宗懋也作如是想。就这样，两个年轻人彼此都有着对美好生活的期盼。因此相约，等到陈雪芬毕业的时候就考虑结婚成家事宜。

陈雪芬从小生活在上海，无论是温润的气候，抑或熟悉的生活环境，都成为她回去工作的吸引力。更不用说，还有相亲相爱的家人——父母健在，而兄妹们几乎都在上海工作，选择回上海势必为一件顺理成章的事。毫无疑问，她本可以填报志愿申请分配到上海。但是她却义无反顾地选择去陈宗懋工作的黑龙江哈尔滨。尽管那里距离家乡更为遥远，气候也更为寒冷，生活条件比在北京农业大学的时候还要更加艰苦。当她放弃分配回上海老家的机会时，许多亲友和同学都感到惊讶和惋惜，但是她本人却不以为意，一门心思想去黑龙江哈尔滨工作。用陈雪芬的话来说，那个时代的年轻人，充满了对未来美好生活的渴望，也充满了报效国家的热情。如何把大学所学的知识应用于实践，如何让新中国变得更加强大，是那个特殊的激情岁月中许多年轻人思考的问题。他们不在乎生活条件的艰苦，也没有那么在乎物质的回报。他们的的确确是一群充满朝气和追逐理想的年轻人，仿佛是一轮新生的太阳从东方破晓而出，闪耀着至高无上的光芒。

对陈雪芬而言，她非常清楚自己如果分配去黑龙江省呼兰特产试验站（即陈宗懋工作的单位）工作，就要再次经历一个南方人适应更北的寒冷气候和调整饮食习惯的过程；不仅如此，还要接受高强度的研究工作。这一切并不容易，有不少困难摆在眼前。但是陈雪芬择善而定，早已打定了主意，尽其所能克服生活中的各种困难。她想着：只要能和陈宗懋这样志同道合的恋人一起工作，就是世间最幸福的事！

然而，现实生活中，往往不如意事十有八九。陈雪芬第一次填报分配志愿时，就不假思索填写了"黑龙江省呼兰特产试验站"。很遗憾，中间出了一些波折。陈雪芬有个女同学的爱人当时就在北大荒工作。她迫切希望能同爱人分配到一起工作，以便夫妻重逢团聚。虽然陈雪芬心中极为不舍这次机会，然而考虑到对方已经成家，确实比她更需要这个名额，就放弃了这个难得的机会。

最终，陈雪芬只好选择回到南方，在江苏省南通农业学校任教。事实上，江苏南通农校的这个名额，也还是北京农业大学对陈雪芬的照顾。学校考虑到陈雪芬本身是南方人，家在上海，江苏南通与上海又比较近，加之此时江苏的经济条件较之于全国大部分地方还稍微好一些，就把她分配到了南通农校，从事教学工作。那时，北京农业大学全校只有两个南方名额，其中一个就给了陈雪芬，另外一个则给了一位需要照顾患病母亲的同学。

1957年陈雪芬分配工作到江苏南通后，正好国内兴起应届毕业生到农村去锻炼的浪潮。陈雪芬与陈宗懋的结婚计划被打乱。原本两个人说好先工作，以事业为重，等稳定下来，一年半载之后再考虑结婚事宜。但当时到农村去锻炼，鉴于种种原因，一时间两个年轻人都觉得前途未卜。

因此，原本的婚礼计划也就随之提前了。陈宗懋先从黑龙江赶到南通，两个人再从南通去上海。如今半个多世纪已过去，但在两位老人的记忆中，1958年2月9日距今只不过弹指一挥间，仿佛就是在昨日的上海，他们登记结婚，组建了属于自己的家庭，两个人都觉得没有必要铺张浪费，因此婚礼办得相当简单。他们没有邀请同学和朋友，就简简单单地办了两桌酒席，双方亲属在一起吃了顿便饭，当作正式办了婚礼。

陈宗懋当时告诉陈雪芬，应当勤俭持家、节约度日。因为都在外地工作，没有购买任何家具来布置结婚的新房，一切从简。新房实则是陈宗懋父母的房间，腾出来给两个新人暂住而已。即便如此，这对新人能够共同生活在上海的时间也是少之又少。结婚两个星期不到，他们又面临着分别。一个往北，去到黑龙江省呼兰特产试验站；一个往南，返回江苏南通农校。

就像陈雪芬多年后所笑称的那样，从谈恋爱，到结婚，哪怕是再到后来一起调到位于杭州的中国农业科学院茶叶研究所，两个人共同生活的时间其实并不多。他们大量的时间和精力，都交给了工作，都交给了科研。

微风吹拂，湖水清漾，那些浪漫的情怀总是被其他事物打扰，草草收场。新婚即过。陈宗懋与陈雪芬还是经历了三年多南北分离的生活。其间，大家都希望能把工作调到一起。当时陈雪芬住在南通农校里面，条件很艰苦，特别是南通农校搬迁到如皋后。刚刚搬迁的时候，住房还没有盖好，她就住在用草搭建的房子里。草房子里是泥地，冬天又到处漏风，整个房子就像在风中颤抖，特别冷。上完课回到房间，经常发现早上洗脸用的毛巾已经冻得硬邦邦的了，像冰棍一样。那些年，陈雪芬的手每到冬天必长冻疮，冻疮遇水破损就开始溃烂，疼得都不敢碰。经常是老的冻疮还没有好，新的冻疮就又长了出来。对这样艰苦的日子，陈雪芬却丝毫没有怨言。她唯一的心愿就是能够早日与陈宗懋在一起生活和工作。

在农校教书的时候，尽管条件艰苦，陈雪芬却一直很认真勤奋。总是夜深人静时还在埋头备课，总在晨光熹微时就到了教室，通常比学生们还要早。扎实的专业素养，加上温和、有耐性的讲课风格，很多学生都非常喜欢听她的课。有这样一位好老师，农校的领导自然很开心，欣赏之余也想照顾她。因此想了不少办法帮助陈宗懋调回南方。起初，农校给陈宗懋安排了一份教学的工作，让他也调过来当老师，与陈雪芬一起教植保方面的课程。一连安排了两个学期，因为各种原因，都没能成功调回陈宗懋。

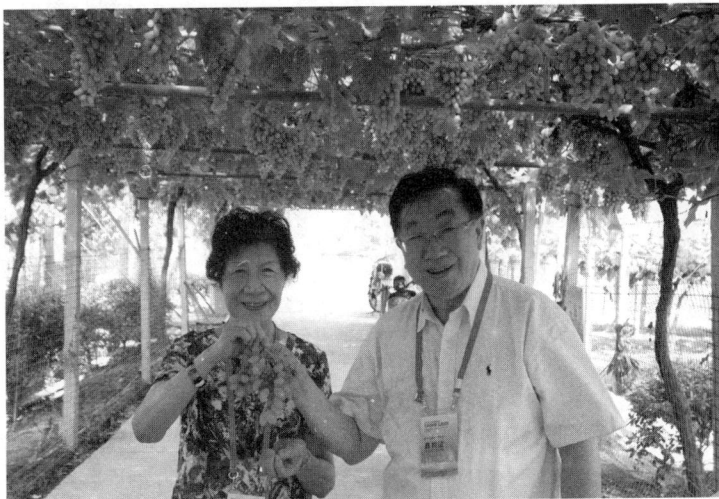

2005年，杭州市科学技术协会组织参观葡萄园，陈宗懋与爱人陈雪芬合影留念

直到1960年2月，陈宗懋在中国农业科学院的安排下，终于调到了位于杭州的中国农业科学院茶叶研究所。当时，有三个地方可以供陈宗懋选择：一个是南京的农业机械化研究所，一个是镇江的蚕桑研究所，一个是杭州的中国农业科学院茶叶研究所。事实上，除了这三家单位，中国科学院上海昆虫研究所也想让陈宗懋过去工作。陈宗懋很熟悉这家单位，就是读大学时严家显老师所在的巴斯德研究院。这几家单位都非常希望陈宗懋能够过去与他们一起参与研究工作。或许冥冥中命运自有定数，陈宗懋最终选择了中国农业科学院茶叶研究所，让自己的人生与"人在草木间"的茶结合在了一起。

调到杭州工作那一年，陈宗懋28岁。不久之后，爱人陈雪芬也调到了中国农业科学院茶叶研究所工作。自1958年2月9日登记结婚起，历经2年多的分居生活，两个人终于调到了同一个地方，在杭州肩并肩地开始了中国茶叶植保的研究工作。此后多年，他们夫妻二人皆为中国茶叶植保领域的研究做出了重大贡献。

在他们的生活中，或许没有象征爱情的玫瑰，却有着清香沁人的茶叶。

第 **五** 章

夫妻重聚
为茶下江南

　　1960年2月，陈宗懋的人生遇到了一个重大转折。继跟随复旦大学北上沈阳农学院后，他又要离开学习生活工作多年的"冰天雪地"的东北，重回"杏花春雨"的江南。"江南无所有，聊寄一枝春"，正是这个转折点，促使陈宗懋接触到了伴随他大半生的茶。

　　从当下的成果追溯历史的起因，某种意义上可以说，陈宗懋正是为茶下江南，也为茶奉献了自己的大半生。所有的青葱岁月，所有的汗水淋漓，所有的日夜辛劳，终化成了新中国茶产业的蒸蒸日上，中国作为产茶大国在世界上的地位越来越高。这一切，都离不开像陈宗懋这样的茶叶科学家在背后几十年如一日的辛苦付出。

　　命运的巧合总是不免让人惊叹。与爱人陈雪芬相濡以沫走过大半个世纪，两个人的大半生都与茶叶分不开。换言之，从北方回到南方，并不是陈宗懋一个人在"战斗"。与他一起为茶事业奋斗的，还有相伴左右的陈雪芬。夫妻二人再聚首，都是为茶留在了江南。

　　1960年，对陈宗懋夫妇来说是一个特别值得纪念的年份。这一年，南北两地劳燕分飞的一对夫妻终于生活到了一起。更重要的是，陈宗懋与陈雪芬都能全身心地投入到中国茶叶植保的研究工作中。此后，志同道合的两个人投身这份事业，并且通过数十年不懈奋斗，为新中国茶叶植保研究领域添上了浓墨重彩的一笔，也为中国茶叶植保研究在国际上占有一席之地做出了重大的贡献。

　　1960年2月，陈宗懋离开了毕业后工作的第一个单位——黑龙江省呼兰特产试验站，离开了气候寒冷的东北，乘着火车一路南下。看着窗外一闪而过的景色，陈宗懋内心颇为复杂。一方面，他对工作多年的呼兰特产试验站非常不舍。尽管自己的身体在严寒中极为不适，关节炎一度严重到走路都成问题，但他也忘不了试验站里的领导和同事们对自己的关怀和帮助，尤其是站长冯玉麟。另一方面，他也对未来充满了希冀，他希望能够对中国茶叶植保研究做出自己的贡献。越过黄河、跨过长江，终于来到了素有天堂之称、水光潋滟的江南名城——杭州。从此以后，陈宗懋心无旁骛、一心研究，在中国农业科学院茶叶研究所茶叶植保研究领域不断耕耘，直至今日。

茶，这片神奇的东方树叶，自此走进了陈宗懋的生命中。

让陈宗懋感到高兴的是，同年10月下旬，陈雪芬也从江苏南通农校调到了杭州的中国农业科学院茶叶研究所工作。陈雪芬到达中茶所的那一天，陈宗懋记得很清楚，正是杭州的最美秋日，气候温柔，阳光正好，路上飘落的梧桐叶在微风中发出沙沙的声响。此时，陈宗懋已经在中茶所工作了半年多，先前他根本不曾留意过，中茶所周围的景致竟是如此自然又美丽。中茶所就在西湖风景区当中，山谷的茶田，起伏的山峦，虫儿的鸣叫，鸟儿的啁啾，让一切都宛如画中风景。尽管中茶所成立之初生活工作条件都很一般，但是陈宗懋已经觉得这就是天堂，只要两个人能够在一起生活和工作，就比什么都要好。

2000年，陈宗懋（左三）与夫人陈雪芬（左四）在湖南茶市参观

陈宗懋刚到中茶所那段时间，所里还没有固定的宿舍，经常会因为各种调整，不停地搬来搬去。等到陈雪芬也调到中茶所时，所里的住房条件依然没有得到改观。所领导考虑到陈宗懋与陈雪芬作为夫妻开始家庭生活，若是不停搬家，会极为不便。当时，中茶所的楼按照1、2、3序列依次编号，1号楼是宿舍，原本陈宗懋就和同事拼住在这里；2号楼是家属楼；3号楼是集体宿舍。于是，所领导就想办法在中茶所当时的家属楼2号楼里腾出了一个小房间，让这对小夫妻暂时安顿下来。小房间位于2号楼的1楼，房间总共只有十几平方米，地面抹了水泥，四周还略微有些阴暗潮湿。

但是，对于陈宗懋与陈雪芬来说，这样的住宿条件已经算相当不错了。当时，两个人全心全意忙于工作，甚至连家具都没有时间置办。在中茶所一位姓葛的老师介绍下，两个人到中山路上的羊坝头买了一张床，运回来往小房间的角落里一摆，就凑合着过起了简单的家庭生活。在生活上，陈宗懋与陈雪芬想法一致，觉得没有必要花太多精力在此。两个人大部分时间都用在中茶所的实验室中，每次回到宿舍早已是夜幕低垂。

现如今交通便利，不会觉得中茶所所在的梅家坞荒僻。20世纪60年代，中茶所这片地方却实在过于偏僻，附近根本没有购物场所，就连一些生活用品也需要到外面很远的地方去采买。中茶所距离杭州市区也比较远，需要换乘两次公交车，大约需要半个小时车程才能到市区。调到中茶所后没过多久，陈宗懋有段时间又被派去杭州西北远郊的良渚大观山农场下放劳动。几十公里的路途，陈宗懋平时难得回中茶所一次，经常忙得连末班车也赶不上。每次周末回来，陈雪芬总是会去半路接他。当年的路大多是泥路，坑坑洼洼不齐整，两个人时常是深一脚、浅一脚才能走到中茶所。有一次，天气很冷，等到两个人走回中茶所，陈宗懋居然受凉发烧了。但是，烧才刚刚退下来一点点，他就又急切地赶回良渚大观山去工作。那次，同往常一般，陈雪芬陪着病情初愈的陈宗懋一直走到站台，她再一个人慢慢走回中茶所。等她回到所里，忽然觉得脚下冰凉——脱下鞋子一看，鞋底竟然已经破了一个洞，而她浑然未觉。时光流转，白驹过隙，很多年后两个人微笑着再回忆起这段"慢慢走"的路程，真是五味杂陈百感交集啊。

在中茶所的生活，的确因为地处杭州市郊而多有不便。陈宗懋回忆，那个年代没有煤气，取火、做饭都要靠烧煤饼。但是，买煤饼也不是件轻松的事。陈宗懋和所里的同事两个人想了个办法，找一辆板车一起去拉煤饼，把两个家庭在两个月里的使用量，一次性都拉回来，囤在宿舍楼楼道里慢慢使用，比起自己单独去买煤饼就能节约不少时间。就这样，两个人拉着一辆板车，一路走到杭州如今的南星桥一带购买煤饼，来回一趟就要花去两个多小时。煤饼拉回来，有时还要上山去捡松果引火。幸好，平日吃饭可以在食堂解决。后来条件稍好一些，所里还会组织送煤饼。日子飞逝，陈宗懋与陈雪芬也适应了在杭州的生活。

那时，中茶所不仅生活条件一般，研究设备及相关条件也相对比较简陋。陈雪芬研究的方向与陈宗懋一样，侧重于植物病虫害的研究。陈宗懋与陈雪芬经常去茶田，向茶农了解生产和病虫害等情况，常去的地方有绍兴、嵊州等周边地区。尽管当时所里没有特别先进的仪器设备，但陈雪芬还是在现有设备基础上做出了许多研究成果。

1958年，中茶所才刚刚成立。纵观全中国，研究植物病虫害的人也不多，专门研究茶树病虫害的人就更少了。陈雪芬到了中茶所，主要参加茶树病虫害的调查工作。通过调查，初步掌握了杭州龙井地区的病虫害种类。在这个基础上，她和陈宗懋开始研究，如何对不同的病虫害进行防治。那个时候中茶所里比较常用的仪器设备，最大的一个是高压灭菌锅，主要功能是用来消毒；此外，一般做微生物分析研究，需要有比较洁净的环境，所里当时用紫外线进行杀菌消毒。

于此条件之下，陈雪芬在茶树病虫害的预报预测方面做出了不少成绩。譬如，她研究了茶树的主要病虫害，对这些病害的发生规律、发展规律、传播规律以及如何防治等，都积累了相当多的专业知识。中茶所是个应用型的研究所，其重心是把科研成果投入田间地头，使科技真正惠及于民。陈雪芬经过不到两年时间的实践学习，对杭州地区茶树比较严重的病虫害，已经了如指掌。除此之外，她还对农药的使用进行了研究，无论是喷施农药使用的器具、农药的品种，还是如何合理使用农药，都有了一些系统性的研究成果。陈雪芬不仅参与，还主持了茶树病虫害综合防治的课题，这也是农业部的重点课题。

因为共同的理想、共同的研究方向，陈宗懋与陈雪芬在某种程度上，不仅是相濡以沫的夫妻，更是携手并肩的战友。他们都先后从事了跟茶叶有关的植保领域的研究，两个人互相学习、共同进步。在中茶所里，像陈宗懋与陈雪芬这样呕心沥血从事科研工作的人不胜枚举，但像他们这样同心同德共做科研的夫妻却并不太多。很多同事都来自五湖四海，因为同一个梦想聚集到了这里，为中国茶叶病虫害的防治工作，奉献了青春年华。这些人，是真正可爱的人。

刚到中茶所工作的时候，陈宗懋已经是国内小有名气的植保研究专家了。除了前文提及的几个科研机构，当时国内有不少学校也向他伸出了橄榄枝。中国现代植物病理学家、植物真菌和病毒学家林传光教授和裘维蕃教授就都非常欣赏陈宗懋，写信邀请他到自己的学校去做教学研究工作。林传光教授任教于北京农业大学，他也是陈雪芬的老师。还有非常熟悉陈宗懋的沈阳农学院的吴友三教授、南京农业大学的方中达教授都曾给陈宗懋来信，希望他能够到学校任教。这些学校都是国内著名农业院校，除了林传光教授，吴友三和方中达两位教授也皆为业界著名专家。

这里有个历史背景需要交代一下。1961年，陈宗懋在良渚大观山农场劳动了一年，当时的政策是下放人员不再回原单位工作，需要自己找新单位接收。那正是国家困难时期，工作十分难找。不得已，陈宗懋写信给以上诸位老师求援，因为了解陈宗懋的实力，因此他们十分乐于请他过去工作。后来，中茶所领导知道此事后，看到如此多的重要人物和好单位都看中了陈宗懋，觉得如此人才不能流失。于是想尽办法挽留，请其回原单位继续工作。毫无疑问，陈宗懋对中茶所是有感情的。他想，只要原单位愿意接收自己，他当然更愿意留在此地继续从事研究工作。

陈宗懋刚到杭州时，国内从事植物病虫防治研究的人不多，中茶所里当时基本只有陈宗懋一人从事这方面的研究，直到后来才慢慢有更多的人参与到这个领域中来。陈宗懋记得，自己最初在中茶所做的工作是调查研究，主要任务就是观察茶园里的茶树主要有什么害虫和病菌。这样的调查工作持续了两年半时间，调查范围并不局限在浙江，而是扩展到了全国，譬如安徽、云南、广东、四川、湖南等。茶园通常在山上，需要爬到山上去调研，用跋山涉水来形容一点都不为过。怪不得许多年过去，陈宗懋想起过往那些去茶园要走坡路、要爬山的经历，依然笑称"确实很辛苦"。然而，回忆起当年那些经历时，他又觉得这些辛苦都很值得，认为那既锻炼了自己的意志，也帮助了自己的科研更能落到实地。

在此期间，陈宗懋的足迹几乎踏遍了全国茶产业区。仅仅在浙江省的范围内，陈宗懋就一次次来到绍兴、嵊州这些传统茶产区。无论酷暑烈日，还是寒冬腊月，他都会在茶田里与茶农交流，观察与研究茶树到底得了什么病、有什么虫害并制定相应的解决方案。这些深入一线的实地调查十分不易，但是陈宗懋也因此获取了难得的第一手资料。这些实地调查获得的珍贵数据和资料，填补了当时国内茶叶病虫害研究资料的空白，也为陈宗懋及中茶所以后开展的茶树病虫害防治，提供了大量的基础数据资料。

刚到中茶所没多久，陈宗懋就面临着一个严峻的问题。当时，国内的茶叶农药残留超标，很多出口国外的茶叶都被退了回来。大约在1961年前后，有大批次茶叶在广州出关被退回，原因就是茶叶被检测后发现农药残留超标。这批在广州出口国外的茶叶，因为农药残留超标问题只能被烧毁，茶农因此损失惨重。当时农业部通知中茶所要解决此事，所里安排年轻、得力的陈宗懋前去广州处理。陈宗懋不辱使命，他从杭州坐了一天一夜的火车到达广州，第一时间赶到当地海关，把剩余的农药残留超标的茶叶样本带回杭州做进一步研究。陈宗懋从广州取样回到中茶所之后，便一头扎进了实验室中。他工作很认真，从早到晚基本都在工作中度过。有些实验需要连续性，所以连续一两天不睡觉，待在实验室里做实验也算是家常便饭。中茶所领导认为既然茶叶农药残留的问题已经出现，就要敢于面对问题并努力解决问题。陈宗懋最初的思路，是将农药残留与病虫害防治综合起来考虑，两个方面都要兼顾，把两者结合起来研究。事实证明，最初陈宗懋这个两手都要抓的思路是对的。病虫害防治与农药残留相互影响，关联颇深。

为了更好地研究农药残留问题，中茶所又派陈宗懋到中国科学院上海昆虫研究所（现在的中国科学院分子植物科学卓越创新中心/植物生理生态研究所）学习。在那里，陈宗懋系统学习了测定农药残留的方法，为后来的农药残留研究打下了坚实的基础。那个时候，中茶所因为刚刚成立不久，设备与条件都相对欠缺。当时国外已经有很多先进设备，譬如气相色谱和液相色谱仪器等。陈宗懋和同事们凭借着从中国科学院上海昆虫研究所学习来的测定方法，在当时艰苦的条件下，先后购置了先进的检测仪器进行农药残留测定，取得了不少研究成果。

1963年到1964年的两年时间里，陈宗懋在中茶所的主要工作就是两项：一是病虫害防治研究，二是农药残留研究。陈宗懋很清楚，如果中茶所没有掌握这种测定技术，话语权就完全控制在国外茶商手中，对方说农药残留超标就是超标，国内的茶农和茶商就会任人宰割非常被动。许多出口茶叶都因为农药残留超标被退回来，只能被大批量烧毁处理，实在使人心痛。陈宗懋认为，如果国内能够掌握这项测定技术，那么在茶叶出口前就可以进行农药残留测定，不至于让茶农损失如此惨重。

当时，新中国成立才十几年，一切科研方兴未艾，中国植保工作也才刚刚开始，植保设备仪器在整个国内都相对紧缺，再加上三年自然灾害，当时的中茶所里，所有的仪器设备就只有两台显微镜。可以想象，这样的仪器设备对于植保工作而言是远远不够的。理想总是丰满，现实却很骨感。在当时中茶所并没有先进测定设备的情况下，这些研究到底该如何进行？困境就像大山一样，挡在一心前行的人们面前。可喜的是，以陈宗懋为代表的研究人员从来不曾气馁，也从来没有被困境打倒，他们不到最后一刻绝不轻言放弃。

还有没有更好的替代方法？陈宗懋为此阅读了大量相关文献资料，终于在美国的一篇文献中找到了一条线索，文献作者发现：老鼠肝中含有一种酶，而这种酶对有些农药特别敏感。于是，他就想出用老鼠血液测定农药残留这个方法。而这与之前陈宗懋使用的测定方法相比，可以大大提高精确度。不得不说，这种方法实属机缘巧合（事实上他在文献基础上又进行了研究，从而解决了当时的难题）。可是，如果把这次"机缘巧合"理解为天外来喜却也是不客观的。实际上，巧合也罢，幸运也好，机会从来都青睐那些不懈努力的人。多年以后，陈宗懋还不时感慨，学习是一辈子的事。特别是作为一个科研人员，更要饱览世界上的各种书籍，时时像海绵一样吸收养分，扩展视野，以便在专业领域开展更为广泛和深入的研究。陈宗懋的阅读习惯，从年轻时开始保持到了现在。每到一个地方出差开会，他的第一站永远是图书馆，不是看书就是看杂志，陈宗懋总是抓住一切可能的机会学习新知识。他始终相信，只有放眼世界，科研才能更有境界。如果眼光局限于自身、故步自封，就算再埋头苦干，也只是闭门造车而已。譬如农药残留测定技术，当时没有可以精确测定农药残留的设备，在这种客观现实条件下，如果是一般人早就放弃了。但陈宗懋却做了一件在别人看来绝对不可思议的事：他要利用动物血液来测定农药残留。那么，动物血液从哪里来？换句话说，要从哪种动物身上提取新鲜血液呢？陈宗懋干脆抓起了老鼠。科研条件今非昔比，如今还会有专门的小白鼠用以实验。在当时，陈宗懋和同事们只能去抓身边那些本地老鼠来做实验了，经过一番研究后，成功提高了农药残留测定的精度。

这种方式的原理其实并不难懂。当时国内普遍使用的农药属于有机磷农药，而有机磷农药对动物血液中含有的胆碱酯酶的抑制作用特别强。陈宗懋利用抓来的老鼠，提取了它们的血液，经过几百倍的稀释之后，这些老鼠血液就成了测定农药残留的"秘方"。陈宗懋用两只本地老鼠提取的血液，经过稀释就可以使用大半年。过去的测试方式灵敏度很低，然而通过这种动物血液的测试方式，精度竟然提高了整整1 000倍！这对于当时的农药残留测定技术而言，无疑是个质的飞跃！其后，这种用动物血液测试农药残留的技术，自然而然地获得了浙江省科技成果奖。在检测技术上，也从薄层分析逐渐发展到用气相色谱仪进行仪器分析。

表面看似容易，内里实则艰辛。一切成功的背后都凝结着大量的心血和努力。在那个年代，想要查询文献资料并不像今天的互联网时代这样方便快捷，特别是国外的文献资料，查找起来更是难上加难。然而正如陈宗懋所言，长期养成的阅读习惯帮助了他。当时浙江省科委（现在的科技厅）专门设有一个图书馆，因为馆藏国外的文献比较多，陈宗懋就成了那里的常客，每周都去查阅资料。关于美国的这篇用动物血液测定农药残留的文献，并非来自浙江省科委的图书馆，陈宗懋先到浙江农业大学*图书馆查文献资料，再到浙

---

　　* 浙江农业大学的前身是浙江大学农学院，于1960年单独分出后，更名为浙江农学院，后改名为浙江农业大学。1998年，又经国务院批准，浙江农业大学与原来的浙江大学、杭州大学、浙江医科大学一起，四校合并，组建为新的浙江大学。

江农业科学院图书馆查阅，全都一无所获。最终，功夫不负有心人，他在杭州大学图书馆找到了这篇文献。

在用老鼠血液做农药残留测定的实际试验过程中，陈宗懋还改良了文献中提到的测定方法。从前测定农药残留用的是化学方法，化学方法的灵敏度没有生物方法的灵敏度高。陈宗懋虽然预计到了两种测试方法所产生的结果会有较大的差异，但他确实没有想到，中间居然会相差1 000倍之多。陈宗懋在简单的仪器设备上，利用生物测试方法，使农药残留测定技术一跃达到了国际水平，破解了中国农药残留测定的难题，实在是了不起的探索。通过阅读学习来解决科研过程中遇到的难题，这样的事在陈宗懋身上不胜枚举。

1964年，陈宗懋进入中茶所不久，也即刚踏上茶叶研究之路的第四年，他就参考了国际文献，在《中国农业科学》上发表了论文《茶树病害研究和防治的若干问题》。在这篇论文中，陈宗懋系统阐述了自己对茶树病害研究和防治的想法。能够写出这样一篇翔实有效的文章，离不开他夜以继日的辛劳。无论是在田间地头，还是在实验室中，流下的每一滴汗水都没有白费，都为推动中国茶叶研究做出了贡献。

据他的论文《茶树病害研究和防治的若干问题》可知，世界上已有记载的茶树病害有200多种，国内已有记载的有30多种，其中比较严重的有茶饼病、地衣苔藓类和云纹叶枯病，使茶叶的产量和质量都遭受了一定的损失。陈宗懋对此进行了深入研究，并分析这些病害导致茶叶产量、质量遭受一定损失的原因；对于如何防治，他也提出了自己的观点和思路。他意识到茶饼病是当时"世界上所有栽培茶树国家的一个最主要而危险的病害"，由于它直接损害嫩叶，而且病叶所制成的茶叶味苦易碎，因此影响较大。自从1898年茶饼病在印度阿萨姆地区被发现后，几十年间已蔓延至几乎所有的茶树栽植国家。在斯里兰卡、印度尼西亚和日本，每年由于茶饼病的严重发生，使茶叶产量和质量双双显著降低。在我国西南茶区，茶饼病也造成相当程度的损失。

陈宗懋仔细研究过这种病害发生的原因。他注意到云南西双版纳茶叶试验站的资料，云南勐海茶区1957—1959年平均被害率为53.5% ~ 87%，严重的100%被害。由于病菌的担孢子对于湿度的要求颇高，同时对于直射日光和高温的抵抗力较弱，因此病害多限于在高湿、多雾的山区发生；从重发病区的地理分布来看，多发生在海拔700米以上的地区。生产实践及研究结果均表明，在茶饼病的防治上应以改进栽培技术为主，化学防治和选用抗病品系为辅。因为茶树是一种多年生植物，一经栽植，很难在短期内更换，因此采用抗病品种这点受到了一定限制。不过，陈宗懋有着不同于常人的系统思考能力，他认为茶树是种饮用原料，而且直接采用它的嫩梢，因此在化学防治上必须考虑到药剂的残留量和异味残留这两个重要因素，这样也就必然缩小了化学防治的应用范围。

在这个难题上，陈宗懋提出了自己的解决方案。他认为，在栽培技术上，首先应该注意茶苗的选择，避免从病区调运种苗；其次要在发病的茶园中加强管理，清除杂草，提高植株的抗病性；此外，根据国外经验，在有遮阴树的茶园中，砍除遮阴树使阳光直接照射可以显著降低发病率；再次，摘除病叶也可以减少病源，无疑会对减少病害的发生起到一定的作用。适时修剪茶树和台刈后，所抽出的嫩梢不要出现在当地发病的盛期。譬如四川灌县茶叶试验站的经验，当夏至台刈时，茶丛发病最重，因此适当修剪可以作为一项避病的措施。在施肥和发病关系上，国内外均有资料报道，适当多施肥料能够提高茶树的抗病性。

通常情况下，化学防治受到一定限制。但在台刈茶园、未开采的幼龄茶园、苗圃以及采摘茶园的冬闲时期都可应用化学防治，尤其在重病园进行台刈后更需强调进行化学防治以杀灭残留的病源。陈宗懋不仅查阅了我国资料，还研究印度、斯里兰卡、日本、印度尼西亚和马来西亚等国的资料，发现化学防治的药剂种类中，铜剂是防治茶饼病的最有效的药剂。

陈宗懋在研究过程中，始终坚持用科学发展的眼光看待问题。他发现我国云南西双版纳试验站研究资料显示：采用0.5%～1%的硫酸铜液防治效果良好。但斯里兰卡、印度尼西亚、日本的学者则认为波尔多液效果好。除了铜剂，之后印度的Ram（1961年，1963年）又发表文章称，0.1%～0.2%的氯化镍、氢氧化镍、醋酸镍、硝酸镍液防治茶饼病效果显著优于铜剂。据他的资料显示，只需用相当于1/4铜剂浓度的镍剂，即可获得比铜剂好的防治效果，而且还具有一定的治疗作用。在陈宗懋看来，这是一个值得注意的问题。他也发现新近一种用抗生素来防治茶饼病的办法效果良好。在1956年以前，国外多侧重于研究药剂的浓度以及采用高浓度低容量的方面。但1956年之后，许多国家都开始研究茶饼病的预测预报方法，并获得了进展。陈宗懋觉得国内的研究思路也可以侧重预报预测，以便提高化学防治的效果。这样国际化的思路与陈宗懋在预报预测上的很多研究成果有着异曲同工之妙。

整个20世纪60年代，中茶所生活和科研条件都相当简陋，但是陈宗懋并没有放松研究工作。初入茶叶的世界，他是一个进入了一片新天地的年轻人，充满了对研究工作的热情。一方面，陈宗懋抓住一切可能的机会努力学习茶叶领域的专业知识；另一方面，他几乎走遍了浙江省的主要产茶地区，下到茶田地头，与茶农们在一起研究茶叶种植中遇到的各种难题，在有些地区，他甚至与茶农们生活居住在一起，被蚊虫叮咬，被日晒雨淋，简直是家常便饭。同时，他也因此获得了大量的第一手资料，为之后的茶叶植保研究打下了坚实的基础。

在中茶所最初的几年时间里，陈宗懋与陈雪芬也有共同研究的课题。1964年，他们共同研究了茶籽消毒技术，并在《茶叶科学》上发表了相关论文《茶籽消毒技术研究初报》。随着茶叶生产的迅速发展，国内外茶树良种的调运工作也日益频繁。优良的种子除应具有高的纯度和发芽率外，还要求不带有病菌和害虫。根据陈宗懋与陈雪芬的研究，用洗涤法进行茶籽带菌检查时发现茶籽常带有较多量的茶云纹叶枯病菌、茶褐色叶斑病菌、茶轮斑病菌、葡萄孢菌、青霉菌等真菌，其中前三者是茶树叶片上的寄生菌。因此研究茶籽的消毒技术，消灭种子上所带有的病菌，防止病害随种子进行远距离传播，这对新区发展茶叶生产和实现植物检疫来讲均具有重要意义。

他们夫妻二人都为中茶所建所初期的茶叶研究提供了很多研究思路。北上南下，这一对为茶拼搏在江南的伉俪，为了中国茶叶事业投入了毕生的精力。特别是陈宗懋，年纪轻轻就做出了自己独特的贡献，既是偶然也是必然。

为茶下江南，此心安处是吾乡。此后多年，他身体力行践行着中国科学家精神。这一切都让人深深敬佩。

第|六|章

做科研
舍小家顾大家

　　1961年，也就是陈宗懋和陈雪芬夫妻二人团聚在中茶所工作的第二年，陈雪芬怀孕了。当时，中茶所的茶叶植保研究工作很忙，陈宗懋还在外蹲点，两个星期才能回来一次，所以生活的方方面面都需要陈雪芬自己来打理，而她工作上同样一刻也没有放松。

　　陈宗懋与陈雪芬第一个孩子的出生场景颇让人感慨。那是1962年1月，这是杭州一年中最冷的时候。尽管预产期已经临近，陈宗懋却还在良渚大观山农场工作不能回来。陈雪芬也并未停止工作，依然成天待在实验室里做研究。1月5日那天，陈雪芬像平时一样在实验室里工作。大约上午10点，她忽然觉得身体有些不适，于是请假回到宿舍休息。就在那个约莫十几平方米的小房间里，陈雪芬突然感到巨大的疼痛。"难道孩子要提前出生吗？"这个念头闪过脑际，与之相随的是一丝惊慌与恐惧，毕竟是她头胎生子，完全没有经验也没人可以咨询。距离预产期分明还有17天，"孩子怎么会这么早出来呢？"这些问题随着越来越频繁的疼痛一起冒出来，却根本无法解答。原本他们两个人计划着，再过一阵子就请假回上海生产。毕竟那里有母亲和姐妹在，生孩子后坐月子也好有人照应。

　　此刻，这个小小的房间里却充斥着一阵一阵不断袭来的痛楚。那个本该守候在身旁的丈夫——陈宗懋，却还远在几十公里开外的大观山。有那么一刻，陈雪芬感到茫然无措。但是她很快意识到，必须坚强面对，必须让孩子顺利降生。母亲的本能让她顾不得多想，只能赶紧找中茶所的同事帮忙。幸好！中茶所医务室的同事就有住在隔壁宿舍楼的。那位同事一看陈雪芬的情况，就判断孩子马上要出生了。可是医务室的同事从未有接生的经验，不得已又找来了两个女同事，其中一个还未生过孩子，对于女人生产之事自然是一窍不通。尽管当时已经是冬天，陈雪芬却疼得满头大汗，加上过于紧张，完全感觉不到冷。一直到临产前，她心里还惦记着："孩子的衣服都没有准备好，这可怎么办？"

情急之下，中茶所同事都开始想办法。幸亏当时有一辆卡车在中茶所，大家手忙脚乱地把陈雪芬抱上了车子，陪着她一路赶到了杭州市区的医院。就在这种手忙脚乱的气氛中，陈宗懋与陈雪芬的第一个孩子在杭州出生了，是个健壮的男孩。多年以后，陈雪芬再回忆起此事时，不免感到有些后怕。当时全然地被工作牵引着，以致没有尽到一个女人作为母亲保护孩子安危的天职。可是，当第二个男孩于1963年出生在杭州时，陈宗懋与陈雪芬当时还是都在忙于工作，根本无暇过多顾及孩子。直到两个孩子长大之后，要面临上学的问题。那时，中茶所距离杭州市区较远，周边根本没有优质的教学资源，孩子们读书只能到农村学校就读。两个孩子的教育问题，对陈宗懋夫妇而言，是件迫在眉睫又极为棘手的事。经过几番考虑与讨论，最终决定还是让两个孩子跟着父母，就在中茶所附近的农村学校读书。

回望来时路，陈宗懋与陈雪芬夫妻二人共同的感受是：这些年亏欠孩子们太多了！孩子上小学后，他们夫妻二人依旧忙于工作，加之当时的生活条件较为艰苦。因此，他们不仅对孩子的学业指导得较少，在生活上的照顾也很不够。鉴于夫妻二人都没有太多空闲时间关注并照顾孩子，所以只好把他们都送到上海；大儿子养在外婆家，小儿子放在奶奶家，多亏了长辈们帮忙照看孩子。在念小学之前，两个孩子都不在父母身边。后来上小学时，又因为遇上了特殊历史时期，陈宗懋与陈雪芬两个人经常白天开会，晚上也要开会，再加上日常事务需要操心，已疲惫至极，几乎分不出更多的精力来照顾两个孩子。

陈雪芬多年之后再回忆这段往昔，既觉得遗憾又疼惜不已。作为父母，她一直愧疚于在孩子的教育上未曾提供足够耐心的指导，在生活中也从无给予孩子足够的陪伴。两个孩子生活在这样一个以科研为重的家庭中，父母取得的成就实际上也包含了他们所作出的牺牲。

在陈宗懋两个儿子的印象里，父亲的心中工作第一，家庭第二。有这样一位科学家父亲，加上母亲也是从事茶叶研究工作，从小又生活在中茶所里，他们对茶叶有种天然的亲近，却也看到茶叶夺走了父亲、母亲过多的时间。看到父亲陈宗懋从事科研时极为严谨的态度，平日里又总是一副比较严厉的样子，这让他们不由得感到父亲是个严肃的人，因而不免有些畏惧。其实他们特别爱戴、敬重和佩服自己这位了不起的父亲。直到今时今日，两个儿子对父亲陈宗懋的印象依然如故。

父亲母亲因为工作忙碌，几乎无暇顾及他们，因此把他们送到上海的爷爷奶奶和外公外婆家。但是无论多忙，在教育孩子为人处世这一点上，夫妻二人从不松懈。他们极少打骂孩子。如果孩子犯了错误，会通过严肃的谈话让他们意识到自己错在何处，又用自己的行为潜移默化地去影响孩子，告诉孩子们为人处世重在精神品格，不要攀比物质生活。在父亲母亲的熏陶下，两个孩子始终品行端正，长大后也都很有出息。大儿子如今在银行工作，诚实守信，稳重可靠，条理清晰，从不出纰漏；小儿子从事服装生意，言而有信，一心经营，也取得了相当不俗的成绩。

陈宗懋经常会和儿子们谈话，聊聊最近发生的事。在陈宗懋看来，两个儿子都为人淳朴，很实在。譬如大儿子平时话不多，却笃于思考，是个爱学习的人。也曾有人向他们感慨，两个孩子都太老实。陈宗懋和陈雪芬非但不为所忧，恰恰相反，他们觉得忠厚老实是种优良的品性，当今社会过于浮夸，正需要踏踏实实做事的人。孩子们性格温和、做事实诚、不喜争抢，这几点特征，其实与陈宗懋和陈雪芬的性格很相像——做人本本分分，做事认认真真。陈宗懋做事严谨、工作踏实，大家有目共睹。他在单位被评为优秀共产党员，这不仅与他的工作态度有关，还在于生活上，他总是为同事着想，把周围人的感受和利益看得极为重要。

中茶所的宿舍，陈宗懋一家人从1960年住到1986年，一住就是长长的26年。当时中茶所所在的梅家坞周围都是山，蚊虫比较多，散步还会遇到蛇，陈雪芬与陈宗懋却懂得苦中作乐，只愿记得那些最美好的事。譬如，这里的空气质量就非常不错。那时，陈宗懋也在尽力帮助陈雪芬一起操持家务。事实上，陈宗懋内心很顾家，只是因为工作太过忙碌，实在难以兼顾家庭生活，总是显得心有余而力不足。饶是如此，他还会尽其所能多做些家务事，譬如比较重的煤饼，他一定是自己去外面拉回家。后来使用瓶装煤气后，他也会尽量抽时间去换气瓶。有时候，稍微空闲一点，他就会去买菜。可惜，这样空下来的机会并不多。后来买房以及装修，陈宗懋都很难抽出时间来打理，全靠陈雪芬一人在操持。装修第一套房子时没有经验，所以在换第二套房时陈雪芬干脆决定简单装修，能满足基本居住需求就好。否则她一人担当，实在难以应付。

时间久了，陈雪芬就成了孩子们眼中的"超人妈妈"，大至装修房子，小如做家务，平日还得带孩子，工作也不能马虎，事无巨细全都要事事操心。加之工作缘故，她也经常需要到山上茶园去蹲点考察。在绍兴农村蹲点时，有一次因为路况不熟悉，竟然一不小心掉进了河里。那时天色已晚，陈雪芬一人孤零零地走在山间小路上，周围阒无一人、万籁俱静，几乎能听到自己的心跳声，不免有些害怕起来。尤其是不时听到背后有声音，却又不敢回头看。后来才发现，其实那不过是自己脚步的回音。

陈雪芬现在回想起来，依然有些后怕。毕竟，一个年轻女人独自一人走夜晚的山路，说不害怕未免太牵强。当时心中七上八下，一脚深一脚浅，一不留神就掉进河里去了，幸亏有惊无险。纵使遇到这样的事情，陈雪芬也从未在爱人陈宗懋面前诉苦。她认为支持他的科学梦想，就不应该让他有后顾之忧。再说，那个时候时间太珍贵，两个感情深厚的年轻人，也确实没有太多时间去抱怨。能见面，多说几句温暖体己的话，就已经知足了。等到家务忙完，往往夜已深沉。

刚实行改革开放时，像陈宗懋与陈雪芬这样做研究的科学家，收入并不高。陈宗懋每个月工资是82元，陈雪芬每个月工资是53元。关于陈宗懋工资高于爱人的事，是因为在黑龙江省呼兰特产试验站工作时，陈宗懋就喜爱研究，业务能力突出，做出了不少成绩，站里的领导特别重视这个优秀人才，于是给他加了好几次工资。

尽管如此，他们的收入加起来也不多，生活也并不宽裕。其中一部分还要寄给各自的父母。首先，两家长辈都在帮忙照顾孩子，他们应该给生活费。其次，当时陈宗懋的父亲已经不工作了。从抗日战争开始，原先做棉布行生意的父亲因为抵制日军，拒绝给他们制作加工军服，被日军查封了店。当时家族里有三家店，全部被日军强行关闭。从此以后，陈家的棉布行生意一落千丈，再也没有回到当初兴盛的时候。到了1949年之后，陈宗懋的母亲想给家里增加些经济收入，又开始行医并经营诊所，一直工作了很长时间。到后来，母亲的收入倒成了家中经济的主要来源。

当时，陈宗懋的母亲已经55岁了。陈宗懋懂得心疼父母，开始挣工资后，加上孩子也放在老人那边养育，所以每个月的开支中有一部分用来"孝敬"父母。陈宗懋给了自己父母，自然也要给岳父岳母。这既显得公平，也理当应该。那时工资不高，生活水平较低，除却不能很好地照顾两个孩子，陈宗懋与陈雪芬却觉得很满足——他们有着共同的志向和爱好。对他们而言，能够一起为中国农业科学事业奋斗，使他们既觉得幸福又倍感骄傲。

也正是因为两个人有着相同的理想和追求，陈宗懋与陈雪芬可谓是生活与精神上的双重伴侣。有一次接受记者采访，陈宗懋把记者约在自己家中，等到采访结束，已到了用餐时间。他带着记者来到附近一家新开的汤包店，与记者一行几人吃完饭，坚持付了钱，同时还打包了一份汤包回家。他准备把这些汤包带给陈雪芬吃，因为她当天要去老年大学上课，还未来得及吃饭。他觉得好吃，就想第一时间让爱人也尝尝鲜。尽管只是一个细节，但是夫妻二人相濡以沫的情感可见一斑。

在陈雪芬看来，陈宗懋热爱置办的物品就只有书——家中简直是书的海洋。对物质清心寡欲的他唯一热衷的就是科学研究，生活上完全就是另外一种态度，不喜欢铺张浪费，甚至有点过于简朴。譬如一件衣服可以穿上许多年。到商场好不容易看中一件衣服，一问价格很贵，就会默默走开。他觉得毫无必要为穿着花费太多。有时陈雪芬陪同他购物，有时是两个儿子，每每看到这种情况发生，就想要把衣服买下来送给他，但是几乎每次都被他拒绝。

陈宗懋经常笑称，他每个月的生活费除了购买简单的饮食和一些书籍外，几乎没有其他需求。关于此事，爱人陈雪芬还不时与他开玩笑，故意奚落他观念太陈旧；假若人人都像他那样不爱消费，内需如何拉动、国民经济又如何增长。这是纯粹善意的戏谑。毋庸置疑，两位科学家当然知道于人于己什么是有益的，什么又是自己真正需要的。

在家人眼中，还可用一个字来形容陈宗懋，那就是——忙！一旦忙起来，自然就顾不上家里。但是陈雪芬明白，爱人的心中始终是惦记着她的。哪怕到了现在，两个人年纪都大了，陈宗懋每次出门前都会叮嘱陈雪芬："一个人不要爬高。"他担心陈雪芬摔倒。有时候她做家务需要晒衣服、晾被子，免不了要登高爬低，他就特别担心。

事实上，陈宗懋很关心家人。因为工作关系，他经常需要出差，每一次他都会买礼物带回家，送给陈雪芬。其中有许多礼物都能带给陈雪芬惊喜，她收到之后，也会用心回赠礼物。两个人的亲密感情在这种你来我往中一直延续着。在这些礼物中，比重最多的就是书。

1980年代，陈宗懋在茶园做科研

　　陈宗懋一心工作，耽于学习，给人的感觉似乎是个文弱书生。实则不然！他从年轻时就是个热爱体育的人。他喜欢球类运动，各种球都能打，最擅长的是乒乓球，在复旦大学读书时还得过奖。在中茶所每个研究室互相比赛打排球，他也打得很好。

　　除了爱好体育，他也喜爱收集硬币，现在已经收集到了不同国家的硬币，但是苦于没有空闲时间来规整。他经常说，等他以后真正退休有了时间，就要静下心来好好整理。可是等到了退休的年纪，结果还是要继续工作，只好把整理硬币的事再往后推迟了。很多朋友知道陈宗懋有这个爱好，因此一般出国的时候，都会帮他收集各个国家的硬币。有趣的是，陈宗懋只收集硬币，而不收集纸币，仅仅因其太贵。他觉得实在没有必要为这个爱好花费过多。兴趣爱好，对于他而言，也是提供科研创新源源不断的动力。譬如他喜爱阅读伟人传记，也热衷于研读各种专业书籍。最近他就特别着迷昆虫声学方面的专著。因为这与他想做的绿色防控、声波防控领

081

域有关。他希望从这个方面着手研究，现在已经开始与一些从事声音声波研究工作的研究单位合作。

这样一些专门研究声音声波的研究单位，与中茶所相比，他们的研究设备更多、更新，也更专业。所以陈宗懋就通过与对方的合作，使用对方的实验室，来共同攻克一些科学研究方面的难题。某种意义上可以说，是陈宗懋对于科研的不懈追求打动了这些研究所的科学家们。并且对方还主动提出让中茶所不要特意去买设备，可以到他们那里去做实验。这些科学家们的慷慨精神值得赞颂。陈宗懋一专多能。在专业领域拥有着非常精深的学识，同时具有丰富的综合知识，总是能够把与专业相关的其他学科连贯起来，然后跟另外专业领域的部门机构进行合作，把科研项目做好，最大化产出科研成果。

在爱人陈雪芬看来，陈宗懋工作上确实聪明，但是生活中却很糊涂。除了研究工作，其他一概不讲究，吃喝用度无一放在心上，不管怎样他都是可以接受的。经常是刚刚同他说完要去何处吃饭，片刻之间他就忘记。如果不是陈雪芬提醒，他根本不会记得。这样的事发生得多了，陈雪芬难免会怀疑，是否他年纪大了记忆力不如从前了，抑或出了什么别的问题。她实在想不通，怎么那么简单的事情，他就记不住呢？与此同时，假若涉及与他研究领域有关的问题，他的记忆力就特别好。有时候陈雪芬陪同陈宗懋一起去开会，听他做报告，就会发现他的思路依然非常清晰，与生活中简直判若两人。可是，为何时而记忆模糊时而又那么思路清晰呢？后来通过她的仔细观察，意识到是因为陈宗懋太过于专注自己的研究领域，整天一门心思考虑的就是工作，无心顾及其他。

如今陈宗懋年龄大了，然而对科学研究的专注始终不曾放下，对本学科发展轨迹依旧了如指掌，并且紧跟趋势。人的精力是有限的。如此一来，他在生活上容易健忘也就在所难免了。目前，陈宗懋依然工作在中国茶叶植保领域，所以还是腾不出太多时间来关注自己的爱好，也没有更多精力照顾家庭。所有这一切的成就，假若没有陈雪芬的鼎力相助，根本不可能做到。俗话说：成功的男人背后站着一个女人。由此而知，在陈宗懋的心中，最感激的人莫过于爱人陈雪芬；没有她这个坚强的后盾，他就无法心无旁骛地奋斗在科研的前线。也正因为如此，他特别珍惜难能可贵的闲暇时光。但凡有空，他们夫妻二人就会一起去买菜，为孩子们准备可口的饭菜，全家人吃个团圆饭。有时候陈宗懋早上也会热牛奶，准备好稀饭，等着陈雪芬一起吃早餐。虽然终究因为工作缘故，他家务做得很少，但总想着，尽其所能，做一点是一点。

陈雪芬与陈宗懋两个人都是植保专业毕业的学生，后来又同在中茶所工作，从事的也都是植保方面的研究工作，还共同组建了家庭。这样一个家庭，注定比较特殊。两个科学家组建的家庭，在外人眼中，既了不起又不乏神秘。那么在真实的生活中，两个科学家是怎样生活的呢？他们会经常在饭桌上探讨科学问题吗？

事实上，陈宗懋与陈雪芬并非过着一般人想象中那种科学家的家庭生活。有关专业的问题，双方都秉承着一种尊重对方、不干涉对方的原则；偶尔会探讨一些有关科学的思路和观点，算是互通有无、共同促进，但互不影响。夫妇二人的关系既联系又独立，保持着一种特别有趣的"中立"状态。

就拿最近陈宗懋担心一些省份的茶产业发展现状来说，这样的忧虑，陈宗懋就会与陈雪芬讨论。作为一个茶叶领域的专家，陈宗懋从来不会以自身的利益为出发点考虑事情，而是以一个科学家和学者严谨负责的态度，以研究为依托、以事实为基础，提出自己的观点。近几年来，两个人讨论得比较多的是与农药残留相关的话题，因为陈宗懋非常关注这个领域的发展趋势。譬如他就会不时提起水溶性农药在茶产业中的应用问题。长期以来，人们根据茶叶中残留的农药信息建立了茶叶中农药的最大残留量值。而对于茶和其他饮料作物来说，在水中冲泡饮用是其一般的消费形式。如果从水溶性农药的源头去考虑茶叶摄入的农药残留标准，才是真正对人体健康负责任。

陈雪芬有时觉得，陈宗懋也许是年纪大了，竟然变得啰唆起来，偶尔一件事情会反复提及。这在过去是不可思议的。用陈雪芬的话来描述："翻来覆去叨唠。这次讲过了，下次又来讲。"可是，陈宗懋何曾会注意到自己反复在说一件事？他日有所思、夜有所想，时常从心中流向嘴边的那些话语已经讲过无数遍。从中可以凸显出一个事实，那就是陈宗懋的心中时时都不忘中国茶叶的发展前景。

在陈宗懋担任中国农业科学院茶叶研究所所长的时候，陈雪芬与陈宗懋的相处方式又与如今大为不同。他们两个人很少有空待在家中，更不用说时常在茶余饭后提起与工作有关的事情。一位是中茶所所长，另一位是中茶所科研人员。两个人都不想因为夫妻关系，影响了正常工作。陈宗懋当了所长之后，有些涉及所里或者其他同事利益的事情，都不会在陈雪芬面前提及。就这样，他们两个人在不知不觉间，越来越少谈论中茶所的事情。另外，陈宗懋也不希望因为他做了所里的领导，影响到陈雪芬的研究发展。他更希望两个人都能有独立的思考能力和不一样的研究思路，在各自的研究领域里辛勤劳作、开花结果。

所以当时中茶所里就有人评价，陈宗懋是一个低调的所长，而陈雪芬则是一个更加低调的所长夫人。直到后来，陈宗懋当选为中国工程院院士，这是我国工程技术界最高学术称号，陈雪芬也从未以院士夫人自居。事实上，她在茶叶植保领域，本就是一位出色的研究员，有梦想，并为此奋斗了一生，她不需要借助任何人来美化自身，即便是自己那位充满了光环的爱人。陈雪芬与陈宗懋虽然同在中茶所工作，甚至都在一个植保研究室，然而真正在一起做研究的时间并不多。陈雪芬毕业后，从南通农校刚刚调到植保研究室的时候，因为资历浅所以无法主持项目。那时陈宗懋已经主持项目，陈雪芬作为成员参加，他们并不会因为夫妻关系而特别关照彼此。

所以陈雪芬都是独立做研究，从设计方案开始到具体执行再到最终产生结果，全部都是由她一人完成。在科学研究上，他们都默契地保持了一种相对独立的状态。虽然两个人也会在一定程度上互相交流，但更多是互相尊重。

在我国，陈雪芬从事茶病防治研究的时间比较早，也是这个领域的权威专家，她与陈宗懋有时也会就专业方面的问题，表达各自的观点。但往往此时，陈雪芬更愿意做一个倾听者，让陈宗懋多说一些。抑或说，她更愿意做那个藏在背后的科学家。虽然两个人都是植保系毕业的，后来的工作范畴也是植物保护，但两个人研究的分支不同。陈雪芬研究茶病防治比较多，而陈宗懋后期把精力主要投入在茶树虫害和农药残留领域。

在国内，农药残留研究领域，陈宗懋属于比较早的研究者。也因为研究工作的缘故，他需要经常在外面的茶园蹲点以研究茶树病、虫、药等多个方面的问题。只有科学考察茶园中的实际情况，才有可能帮助茶农解决问题，那就必须蹲点。蹲点对体能要求很高，因为茶树通常种在山上，爬 1 000 米也是常事。

陈雪芬直到70岁时还在爬山。有一次，她和陈宗懋到广西蹲点调查，山上还未开发，茅草疯长，有一人高，把脸都割破了。蹲点不仅辛苦，而且也危险，频频会遇到各种野生动物，其中不乏蛇。

当年就是这样的条件，但是陈宗懋和陈雪芬都不以为苦，反而觉得不错，认为这不仅锻炼了身体，还在与茶农同吃同住的过程中，更真实地了解了茶农的生活情况。

陈雪芬那时下乡就住在农民家中，床是竹子编起来的，连床架都没有。有一次，中茶所组织农业学大寨，双职工家庭也要有人参加，陈雪芬就报名了。到了当地，才发现样样都要自己做；除了病虫防治，还要和同事们组合做研究，跟其他的栽培、育种、加工专业的同事一起蹲点研究茶园出现的各种实际问题。有时候不仅仅是科研，连采茶、制茶都要去学习。但是蹲点的好处也显而易见，可以更加全方位地了解茶产业,能够获得很多实验室和课堂上没有的知识。

曾经有人问陈雪芬,陈宗懋那么忙,她会不会觉得很寂寞、很辛苦?陈雪芬丝毫不这么认为,因为她自己也是一个把科学研究放在家庭前面的人。陈宗懋经常出差,留下她独自在家中。每到晚上,她就把房门一关,门窗也关起来,留下阳台的窗户,透着凉凉的夜风。天热时,就把空调打开,再把电视机也打开。一个人安安静静做自己的事。

退休以后,陈宗懋依然坚持在一线工作,陈雪芬就有了更多时间发展自己的爱好。她喜欢上了摄影,有时候一个人在家里,就会通过手机或电脑处理照片。她学习的是手机摄影,学了260天,建了一个微信群,群友们互相讨论、切磋技艺。她非但不会觉得寂寞,有时还觉得时间不够用。这足以证明,一个人有自己的兴趣爱好是多么重要!陈雪芬觉得拥有独立的人格对整个人生而言极为关键。她如是说,也如是做。她曾笑称,有人说退休之后日子难熬、实在久等,而她觉得自己的退休生活很充实:玩相机、爱摄影,"咔嚓"一声,用镜头记录美好的生活。她从不抱怨自己的爱人。只是偶尔,陈宗懋会让她有点不知所措。陈宗懋一旦遇上工作的事性子就特别急,科研是头等大事,总要把它放在优先地位。有时需要她帮忙,总是刻不容缓,立即就要办到,催得她哭笑不得。

退休后热爱摄影的陈雪芬,某种程度上变成了陈宗懋的助手。譬如,合作单位需要陈宗懋的一些视频或相片资料,这时他就会求助陈雪芬,让她帮忙拍照、拍视频。研究专业需要制作PPT和课件,陈宗懋就自己学习,然后亲自动手做。家中电脑里都是他的各种资料。陈雪芬考虑到陈宗懋的工作,会细心地把自己拍摄的照片整理好,再拷贝到U盘里,避免放在电脑桌面上影响他查找资料。这份细致入微的关怀,是他们夫妇在婚姻生活里长久以来所养成的习惯。陈宗懋与陈雪芬夫妻二人伉俪情深,也有着共同的科学梦想，这样的家庭，让人肃然起敬。

2001年，陈宗懋在家中为孙儿庆生，与孙子孙女合影，享受天伦之乐

　　如今让陈宗懋牵挂的，还有一个孙子和一个孙女的学习。尽管生活中表现得很严肃，但是陈宗懋实际上很为孩子们着想，尤其是对孙辈们特别爱护和关心。每次出差，都会挑选合适的礼物送给他们；逢年过节，不让晚辈为他破费，只要他们自己过得好就行。

　　陈宗懋的孙子出生于1993年，是个独立自主的"90后"，不喜欢受人约束，哪怕是出于关心。他最不喜欢的是别人把两顶帽子扣在他的头上：其一，留学生；其二，爷爷是院士。在他看来，他有着自己的追求，不需要靠任何外在的名头给自己增光添彩。想来，这是一个有为青年的心声。

　　陈宗懋作为一个奋斗了大半辈子的科学家，自然会对子孙辈的学习更加关注，当然也会关心孩子们未来从事工作的方向。孙子在读高中的时候化学成绩很好，后来出国念大学时，读的也是化学专业。通常情况下，既然爷爷是茶叶植保方面的权威专家，而且还是院士，孙子走同样的研究道路，得以继承爷爷的衣钵，似乎是理所当然的事。但是陈宗懋的孙子不这么认为。虽然他在国外继续深造了化学专业，却意不在此。

要说陈宗懋心中不曾有失落，那不现实。就拿一个比他大一届的老同学张国樑来说，其孙女学习的专业就是制药，从事制药研究方面的工作，大学毕业前夕还到中茶所实习。其实，当初在选择大学专业的时候，陈宗懋也希望自己的孙子可以像老同学的这个孙女一样，能够报考药学。他觉得这个专业的前景很好，只要努力，势必有前途。然而遗憾的是建议无果，孙子早已打定主意，根本不愿意学习药学，或与之相关的专业。

长期以来，每个寒假和暑假的周末，陈宗懋的孙子都会到家中陪他们两位老人度过，不时会听到他们讲茶叶植保的事；他也经常到中茶所，数个小时沉浸在实验室里，仔细观察爷爷和他的团队成员们如何做研究。纵使如此，他依然志不在此。他非常清楚自己的人生目标和追求，那就是经济领域，并且期望大学毕业之后，能够从事经济方面的工作。

陈宗懋秉承的是科学家和学者的思维模式，对经济方面与其研究领域通常不是很在意，他在意是攻坚克难，解决科学问题，这才能给他带来成就感。但是儿孙辈们有自己的追求和想法，作为长辈，无论愿意与否，他必须给以支持。

正在美国旧金山艺术大学读硕士研究生的孙女，因为爸爸（陈宗懋的次子）从事服装业务，所以读研时选择了服装设计，也没有进入茶叶研究领域。陈宗懋的大儿子大学毕业之后进入银行工作，同样是远离茶叶研究领域。如此说来，陈家三代人除了陈宗懋与陈雪芬二人，再也没有一个人从事与茶叶植保研究相关的工作。

这不失为一种遗憾。陈宗懋也曾因此感到非常难过。然而他最终还是想得很通透。他意识到，自己有科学梦想要追求，儿子孙子孙女们也有自己的理想要追求。古人云"人各有志"，只要孩子们葆有志向、不断追求，至于从事什么职业，那都是次要的。因此，他们夫妻二人并不强求儿孙辈们非要继承自己的研究事业。陈雪芬还认为，对待孩子们的选择，作为家长理应宽容与通达。

回溯过去，生活艰辛，种种不易，陈宗懋与陈雪芬都一一经历，走到如今。陈雪芬记得，那段时间陈宗懋在良渚大观山劳动难得相聚，而她总是来回走路送他。日子久了，以至于连棉布鞋都走出了一个洞，关乎青春、美好和梦想，这一幕幕往事都将永生不忘。那时候的日子虽然清贫，但一家人同心协力渡过难关，也并不觉得特别艰苦。若非得和现在的生活比较，陈雪芬由衷地感到：人生至此，夫复何求？

陈宗懋同样觉得，能够安安心心、继续从事科学研究，很幸福。

做科研舍小家顾大家

第七章

良师相伴
勤勉求学路

人的一生，见惯阴晴圆缺，走过万水千山，终归会发现这样一个道理：个人的成长，无论自己如何独立、如何努力，必定离不开他人的帮助和扶持。陈宗懋也不例外。尽管自己是中国茶叶领域第一位工程院院士，但陈宗懋始终觉得，能够取得今日如此丰硕的成果，得益于许多人的帮助。有幼年时期来自父母的谆谆教诲，成家立业后来自爱人的悉心关爱，工作中来自同事的不懈支持。

从小求学，到如今成为名满中国茶学领域的院士，陈宗懋不时感喟，在他人生成长路上，竟会如此幸运，有这么多人都是他的良师益友。不可否认，这一路上对他影响最大的，莫过于自己的父亲母亲。出生于上海中产阶级家庭的陈宗懋，父亲继承祖业经营棉布生意，母亲行医开诊所。一家人的日子，虽然随着时局动荡而不乏波折，但总体上过得既平稳又充实。陈宗懋父母对孩子教育的重视，使得他从小就接受了较为严格和正规的教育，为他日后的学习和工作奠定了扎实的基础。陈宗懋小学在管理和教育方面皆很严格的致行小学里度过，中学在教会学校清心中学就读，为他的英语水平打下了良好的基础。父母还为他请了家庭教师补习古文课程，又另外给他请了家庭教师补习英语、美术和毛笔字等。总之，在学校还不曾开展某门课程的学习之前，他就已经预先学过了这些课程。这种既全面又严苛，兼有计划性和目的性的学习，对他日后的成长和整个人生都影响极大。

父母如此用心，可想必是望子成龙。陈宗懋依稀记得在小学期间，考第一对他而言理所当然。但也曾考过第二名，那时就不敢回家，怕父母怪罪。因此可以想象，陈宗懋中小学期间的生活几乎都是在紧张的学习氛围中度过的。母亲对他的学业十分重视，把他送进最好的学校，接受最好的教育，为他的人生做最好的规划和铺垫。母亲对教育的重视程度，也直接影响了他对于学习的态度。学习是一件持久且需要全身心为之投入的事，他小小年纪便明白并且践行了这个谁人都知却不易完成的道理。

尽管母亲对其学业要求严格，然而在生活上却始终无微不至地照顾自己的孩子。当陈宗懋被分配到黑龙江呼兰工作的时候，母亲依然在行医。这既是学以致用治病救人，同时也是为了补贴家用。母亲平日对自己极为节省，不舍得多花一分钱；节约下来的，都寄给了陈宗懋。陈宗懋深深知晓和体会到母亲对自己以及对整个家庭的爱。母亲既要日日操持家中诸多繁杂之事，又时刻牵挂远在千里之外的他，且还要坚持行医工作，这对那个时代（抑或说任何时代）的女人而言，绝非易事。也正是因为如此，陈宗懋内心之中始终把母亲放在最重要的位置。母亲，不仅给予了他宝贵的生命，还是他人生中最好的启蒙老师——教他如何为人，如何处事，如何做一个有理想、有追求、有抱负的于社会于自身皆有益的人。

在每一个关键的选择时刻，母亲总是默默地站在他的身后支持着他。原本从小见母亲行医而一心一意向母亲学习的陈宗懋，曾经因为排错了队伍，改变了人生轨迹，报考了农业专业，父母却并未干涉。特别是母亲告诉他，要秉持"学什么不是重要的，重要的是专心致志。要学什么爱什么，爱什么就做好什么！只要认真、努力，行行都可以出状元"的理念，把本领学好才是头等大事。1952年全国院系大调整，陈宗懋就读的复旦大学农学院整体要搬迁至沈阳，他也跟着学校迁到了沈阳。当时那种室外冰天雪地、寒风萧萧，室内几无所物的艰苦岁月，虽使生活不易，却也磨砺人生。在那段难熬的日子里，陈宗懋与母亲之间，纵使远隔千山万水，却从未真正分开。母亲依旧像从前一样，默默支持并时常鼓励他要勇于面对困难、刻苦学习、奋发图强。

有这样一位无私、励志，又有远见的母亲，陈宗懋一直觉得自己很幸运。母亲爱孩子，哪个不是心头肉！陈宗懋的母亲不仅疼爱他，也同样在他兄弟们的成长过程中，费尽了心力，皆为他们选择了所能选择到的最好的学校和教育。与之相关，为他们创造了和睦友爱的家庭环境。在他看来，父母二人皆重视教育，但母亲更甚。母亲经历了战乱，并体会过其后经济匮乏的困苦。然而纵使这般，她却表示，再艰难，哪怕借债读书，也要送陈宗懋和他的兄弟们上学。陈宗懋深深地爱着敬着自己的母亲！

阴差阳错地与农业打上交道的陈宗懋，进了复旦大学农艺系。在学农的过程中，严家显教授和吴友三教授都对陈宗懋影响深远。他曾坦率地表示过，初入学时确实觉得学农没有意趣，曾经一度还想转化学系。后来因为各种原因，没有转成，也就只好安下心来学习。当时农艺系有两个专业：一个是农学专业，主要学习农作物等方面的知识；另一个是病虫害专业，顾名思义是学习如何治理植物病虫害等方面的知识。后者，有一位从事卫生昆虫研究的老师，其人非常好又极有学问，名叫严家显。陈宗懋最喜欢听严老师的课。于是，他跟随严家显老师的步伐，走上了农业病虫防治的道路。

由于学校由南至北搬迁的原因，陈宗懋入学在复旦大学农学院农艺系，毕业却是在沈阳农学院植保系（至于换系，是因为合并，专业方面几无差别）。四年的大学生活，陈宗懋感激老师们的谆谆教诲和他们所教授的丰富知识，同时庆幸学校里勤奋的学习风气，以及同学间相互友爱的氛围。这一切，包括其间种种磨砺，对他的整个人生产生了深远影响。他切实感到，大学不仅让他学到了专业知识，还学到了如何生活。在以后工作的几十年中，他时常会忆起四年大学生活的美好时光。

在陈宗懋的成长过程中，除了前面提及的严家显老师，还有复旦大学另一位老师吴友三对他影响也很大。吴友三教授是著名的植物病理学家，对我国农业发展有过重大的贡献。他出生于1909年4月21日，是浙江省余姚县人。中学时早先在南京第一中学就读，后转入金陵大学附中。大学时就读于金陵大学农学院植物系。1935年毕业后留校担任助教。在学习期间，他对植物病理学和作物育种学产生了浓厚兴趣，也深得我国著名植物病理学家戴芳澜和俞大绂的赏识。1938年随校迁到重庆，在任教期间，对小麦、大麦和蚕豆的病害做了较多的调查研究，发表综述文章数篇。1940年离开金陵大学，先后到成都金塘县铭贤农工专科学校、湖北农学院任教。1944年回到重庆，在中央农业实验所病虫害系任荐任技佐（这是中华民国时期的一个官职）。

在俞大绂教授的指导下，吴友三在大麦、小麦品种抗黑粉病菌方面做了不少研究，首次将小麦秆黑粉菌在人工培养基上培养成功。在当时国外同行均认为这是不可实现的事情。为了进一步提高自己的学识，他于1948年赴加拿大萨斯喀彻温大学（University of Saskatchewan）深造。在著名植物病理学及育种学家J.B.哈灵顿（Harington）博士的指导下，开展了远缘杂交选育抗锈病品种的研究。1949年获加拿大萨斯喀彻温大学理学硕士学位，同时受聘为该校农学系助理研究员。

让陈宗懋极为感动又一直作为榜样的是，吴友三教授怀着一腔热血，全心全意报效祖国。中华人民共和国成立后不久，吴友三接到恩师戴芳澜教授的来信，希望其早日回国。戴芳澜（1893—1973）是中国真菌学的创始人，也是中国植物病理学的主要创建人之一。当时，中国百废待兴，万事冗繁待振，各项条件皆不可与今时同日而语。早早就步入繁荣经济的加拿大，生存环境和发展空间与国内堪称殊异。吴友三毫不犹豫地放弃了国外的"远大前程"，奔赴一个满目沧桑的"故国"。可以想见，那是怎样的一种爱国情怀在支撑着他做这个决定！

1951年，他辞去了加拿大萨斯喀彻温大学的教职，回到上海，在复旦大学农学院任教。也正是在这里，陈宗懋成了吴友三的学生，日后深受他的熏陶。这些影响不仅仅体现在学业上，更体现在为人处世与品性格调上。吴友三老师教"植物病理学技术"，在讲课时总是把该学科世界上最新的科学进展讲授给学生们。他上课的内容颇为艰深，形式却灵活多变、非常生动，往往使理论和知识深入浅出，尤得同学们的喜欢，被认为是"讲课最好的老师"。1952年9月复旦大学农学院大部分北上，转而并入沈阳农学院。吴友三服从国家安排，带领亲人举家迁至沈阳。临行前他还十分风趣地鼓励有顾虑的教职员工要不畏严寒。从此以后，吴友三数十年如一日把心血奉献在东北的农业科研和教育事业上。吴友三，在他终生从事的所热爱的教书育人和农业科研领域中，开出了绚烂的花朵，而他用来浇灌的是他早已消逝的绚烂的青春和永不熄灭的报国之心。

耳濡目染，浸润深厚。陈宗懋在随同吴友三教授学习时，已立志要成为像吴友三老师那样既有扎实的专业学识又拥有为国作出真正贡献的情怀。纵观陈宗懋进入农业专业之初到如今高居院士之位，始终在践行着吴老师当初教育他的话："一个人的一生不必太计较生活和地域的差别，一辈子要多干些事业才是主要的。"

喜爱一个人或一个物件，最好莫过于相互之间充满天然的吸引力。陈宗懋自然是敬爱吴友三老师，而吴老师也很喜欢和欣赏陈宗懋这个学生。每逢周日，吴友三就会叫陈宗懋去家中吃饭。吴老师是个具有博大胸怀、充满柔和之光的人。他喜爱陈宗懋，但不偏私。因此，每每叫陈宗懋去家中时，也会慷慨地邀请其他学生们一同前往。当时很多学生家庭条件并不宽裕，有些甚至可以用"贫穷"来形容。吴友三老师每次从新华书店、外文书店买书回家，就让学生们挑选；而买书的钱都由他付，以此来鼓励他们多多阅读、广长见闻。他不仅让学生们学习他教的课本，还语重心长地鼓励大家多看别的书，看"无用之书"，看杂书。他觉得：书于人生，总是有益的。

正是受了吴友三老师的这些影响，原本从小就爱学习的陈宗懋，此后更加坚定了他学习的信念：多看书，多学习。陈宗懋践心中所诺，言出必行。尽管后来他已毕业，参加了工作，也从不曾放弃读书、学习。而吴友三老师，始终是一位值得敬重的师长，不辜负教书育人的使命。在那些物资匮乏、政治动荡的困苦岁月，吴老师唯恐陈宗懋无心继续学习，于是就一封封书信寄过来，叮嘱他千万不要荒废学业，务必坚持读书。假若找不到需要的书籍，就通知他——让他来想办法解决问题。因此，陈宗懋深知刻苦工作之余，唯有埋头读书才对得起自己以及老师的期望。这段师生情谊难能可贵、感人至深。再后来，吴友三从沈阳迁调到上海，陈宗懋还会经常去看望他。

除了吴友三教授对陈宗懋的成长和学业上的进步具有重要的作用外，据陈宗懋回忆，还有一位老师使他印象极为深刻且受益匪浅。这位老师就是李进，北京人，硕士毕业于北京农业大学，是一位农药专家。陈宗懋如今还记得，李进老师（当时是副教授）讲授农药学，学生们都很喜欢他，对他的评价非常高。他不但上课效果好，而且每次课后，会给每个学生发一叠从国内外资料上收集的表格和图解。这些资料在陈宗懋看来具有很高的学术水平，使学生的学习更加深入。那时，当地的新华书店和外文书店不定期给学校送来一些书籍，李进老师会用他的工资购买一些中、外文专业书籍送给学生。李进老师为人师表，时刻不忘教育者的本职工作，会不时告诫学生们，大学毕业只是学校课堂知识暂时结束，而全部人生的学习才刚刚开始。李进老师对学生的所言所行，陈宗懋看在眼里记在心中，深受感动。觉得对于老师的关心和爱护，做学生的只有用更加努力的学习才能够回报。可以说，陈宗懋做到了！再则，如今他对待自己的学生，何尝不是李进作为师者的延续。李进老师如今已近百岁高龄，享耄耋之福慧。

因为吴友三老师的叮嘱，陈宗懋学习好外语的决心也变得更加坚定。认识陈宗懋的人都知道，他的英语口语很好，在国际上与外国同行交流，几无障碍。陈宗懋曾这样评价自己："陈宗懋的外语从来不靠吹嘘。其中，英语是比较好的，因为能看、能写、能说、能听。"陈宗懋从小学二年级就开始学习英语，为他的英语打下了良好的基础。他中学在清心中学就读，这是一所教会学校，非常重视英文教课。到了高中，除了语文课、政治课是中文教学，其余的课程，譬如物理、化学等皆是英文授课。因此，待到他中学毕业时，英文日常的听说读写，皆已不在话下。

除了能够娴熟地运用英语，陈宗懋还学习了其他几种语言，并且能够较好地为其所用。先说日语。学习日语对陈宗懋而言，也没有太大的难度。其一，自然是他一生都在学习；其二，也受到国家时局变化的影响。譬如他小学的时候，恰逢日本侵略中国，日方要求中国学生（至少上海当时是如此）学习日语。陈宗懋的日语基础正是在那个时候打下的。他本就聪慧又爱学习，而且学的东西到现在都能记得。这就不难理解，陈宗懋今时今日依然可以看懂日语书籍。到了大学时代，中苏关系友好又给他带来了学习俄语的契机。新中国甫一成立，出于对当时国际形势和国内需要的综合考量，就开始实行向苏联"一边倒"的对外政策。苏联也由于内政外交上的需要，给了中国多方面、多领域的支持和援助。中苏两党、两国经历了一个将近十年的友好合作时期。那时陈宗懋跟随学校北上到达沈阳。经过了从小学二年级直至大学二年级经年累月的学习，英语已经非常好的陈宗懋就开始学习俄语，学了两年。实际上那个时候读大学，大三、大四的学生都需要学俄语，陈宗懋也不例外。他从零开始，把这门课程补回来。当时俄语作为学校里的外语课，有专门的老师教授。陈宗懋学习速度非常快，在学习俄语的路上也未曾出现多少障碍。

毕业之后，陈宗懋依稀记得，因为受到国际关系的影响，当时国内很难找到英语书籍和学术期刊等资料。事实上，大体上西方国家的学术资料在国内均难找到，很多论文是俄语的。陈宗懋明白，如果在那个阶段学习好了俄语，就意味着能够看到更多国际上前沿的文献资料，因此他学习俄语也非常努力。功夫不负有心人！尽管只有短短两年的时间，但陈宗懋已经能够较为熟练地运用俄语，俄语是除英语之外他掌握得最好的一门外语。

即使后来大学毕业了，陈宗懋仍旧不曾放弃俄语的学习，一直会买书持续地自学。也正是得益于他的不懈努力，在搜索外文期刊的时候，他可谓如鱼得水，得到了很大的助力，成就了他日后的科研工作。在刚毕业工作那段时间，俄语在他的工作当中使用很多。那时候他经常需要查看苏联的文献，阅读很多东欧国家俄语的书。陈宗懋不但看，而且还翻译。这对他初入研究领域提供了许多便利。直至现在，与英语、日语一样，他也能用俄语轻巧地通读文章。

除了英语、日语、俄语，陈宗懋还懂捷克语。为什么会与捷克语结缘呢？这与陈宗懋的一段工作经历有关。那是20世纪50年代中后期，刚从沈阳农学院毕业分配到黑龙江省呼兰特产试验站不久，陈宗懋因为工作关系接触到了捷克语。那时的陈宗懋是在从事甜菜研究工作。有一次捷克斯洛伐克甜菜研究所的所长到陈宗懋工作的呼兰特产试验站来参观，站里外语好的人不多，特别是和俄语有些关联的捷克语，更没有人懂。于是领导要求陈宗懋用俄语写两幅标语，欢迎对方的到来。

陈宗懋自然不会捷克语，就用俄语写了几句欢迎的话，衷心欢迎这位捷克斯洛伐克甜菜研究所所长的到来。结果这位女所长到地方一看，很开心，这里竟然有懂得俄语的人，当即就问此人是谁。因缘际会，陈宗懋从此与这位本是远在东欧的捷克斯洛伐克甜菜研究所所长成了朋友。在之后的交流学习中，这位国际友人就一直鼓励陈宗懋学习俄语。而他那时已经可以用俄语做简单的交流，看俄语的书籍就更为方便。这位捷克斯洛伐克甜菜研究所所长临走的时候告诉陈宗懋，等她回国后将会找一些适合他看的捷克语的书寄给他。因为她相信陈宗懋能够看得懂捷克语的书籍。捷克语与俄语很接近。假若陈宗懋再稍微用功学习，兴许很快就能够学会。果不其然，这位捷克斯洛伐克甜菜研究所所长没有食言，回国后不久，就给陈宗懋寄来了一大包书，都是她本人写的与甜菜研究有关的书籍。

陈宗懋很感动。为了不辜负这位国际友人把这包捷克语的书籍跨越千山万水送达他手中的一番真挚情谊，他决定好好学习捷克语。怎么学？首先，陈宗懋到外文书店买了一本捷克语字典和一本捷克语语法书。除了依旧认真完成试验站的日常工作外，他心无旁骛，埋头就学。一边看书，一边对照字典，翻译书籍。让人感到惊讶的是，不到半年，陈宗懋就把捷克语都看懂了。当时呼兰特产试验站里的同事们都很惊奇，认为他很了不起，但是陈宗懋本人并不感到意外。他发现懂俄语后再学捷克语，其实不难。此后，陈宗懋跟这位捷克斯洛伐克甜菜研究所所长保持着长久的通信。也因为学了捷克语，双方在甜菜植保领域的交流更加顺畅，这为陈宗懋的甜菜研究提供了来自国外的新思路。至今，这位捷克斯洛伐克甜菜研究所所长所送的书还保留在陈宗懋的办公室中。

除了以上那些外语，陈宗懋还自学过德语。陈宗懋之所以学习如此多的外语，与他的性格不无关系。他始终是个爱钻研、爱学习的人，对于新鲜事物或未知领域总是充满了好奇。他觉得学习外语，重在多看、多写、多听、多说，所谓熟能生巧。总而言之，就是多运用。对于一个从事科学研究工作的人而言，语言不但是一种可以交流的应用工具，同时还提供了一种学习知识的广阔前景。陈宗懋形容，习得一门新的外语，就像打开了一扇通往新世界的门。可见外语在他眼中的重要性。

之所以花费那么多精力孜孜不倦、终生学习，实乃吴友三教授对陈宗懋影响至深。从陈宗懋大学时代开始，到后来从事研究工作，他们一直保持着联系。吴友三老师经常对陈宗懋谈起外语的重要性，诸如"外语要多学。你英语是很不错，但德语也要学。植病方面需要关注的问题非常之多，我们终其一生都未必能看得过来、学得过来。"陈宗懋觉得吴友三的话非常在理。很快，他就买来学习德语的书籍，对照着德语词典开始学习。随着时日的累积，他也逐渐掌握了阅读德语资料和书籍的能力。

英语、俄语、日语、捷克语、德语……尽管已经多门语言傍身，陈宗懋却从未停止学习的脚步。中国古人云："书山有路勤为径，学海无涯苦作舟。"关于前者，陈宗懋从无懈怠，日日精进。而关于后者，他可说"苦"中作乐，并且乐此不疲。所以，可以想像他在人生最苦闷的阶段，非但不随波逐流，还抓住一切时间学习，用以夯实知识的大厦——他竟然又学习了法语。

那场声势浩大的运动波及全国。陈宗懋的单位中茶所自然不能幸免。那时，中茶所里面也开始进行政治思想工作。正常的研究工作却变得越来越清闲。陈宗懋突然觉得时间多了起来，已经习惯了忙碌工作的他，感到颇为不适；并且被身边的政治氛围侵扰，他甚至开始变得有些迷茫。就在这个时候，吴友三老师的建议给他提供了一个新的方向。吴老师心中始终记挂着这个优秀的学生。在长期保持联系的过程中，他时不时鼓励陈宗懋要好好学习。吴友三教授为了切实督促与鼓励陈宗懋学习，给他寄来了一些外文书籍，其中就包括自己青年时代在加拿大学习德语时用过的语法书。还特地叮嘱他，无论情况如何变化，千万不要放弃学习，必须始终保持学习的动力。他认为学无止境，乃毕生之事。唯有静下心来学习再做些实事才是人间正道。

尽管当时国家各个领域几乎都处于一种较为疯狂的状态，然而他始终坚信，一切都会好起来。纵观人类历史，万事不可一蹴而就，总在曲折变化发展当中。历史总会褪去重重迷雾，终将拨乱反正。只是这个未知的时刻，还需假以时日。当下唯一能做的，就是耐心等待。等到拨云见日之时，国家真正需要的那些具有真才实干和满腹学识的人，就可成为国之栋梁、一展抱负，为社会建设作出自己应有的贡献。

正是在吴友三的循循善诱之下，陈宗懋充满迷雾的心开始变得明朗起来。于是他开始利用这段空闲时间，在学习和掌握了诸多外语之余，又自学了德语和法语。纵使在当时那样不安定的岁月中，他也并未虚度年华，不曾浪费光阴。关于陈宗懋学习法语，这与他有看报的习惯息息相关。某日他在看一份上海报纸时，发现中缝里面刊登了一则小小的广告。这是一家上海广播频道的通知，开办法语课。陈宗懋有个收音机，他突然意识到可以趁着这个机会多听听法语电台，以便学习法语。然而根据当时的现实情况，陈宗懋不免有些顾虑：要是被人发现自己偷偷摸摸听广播电台，而且电台还是外文的，极容易被人误会。

然而无所事事，不听不学，他哪里耐得住这份"清闲"。想学习法语的劲头一上来，如何都拦不住。经过几番考虑，最终陈宗懋还是买来了4节1号大电池，装进了收音机，开始跟着这个电台学习法语，一学就是几年，不曾间断。

那时他每日午休时间，悄悄躲进宿舍房，把门紧紧关上，自己一个人开始收听法语广播。他听得很认真；边听，还会边做补充笔记。话说水滴石穿，通过一点一点地学习，他居然真的开始慢慢看得懂法语了。可是电池消耗太大，一次装满收音机需要4节1号电池，通常一周或最多两周就要更换，每个月大约要用12节电池。因此一个月仅买电池就得出去两三趟。当时陈宗懋的工资是82元，爱人陈雪芬的是50元，两个人一共就132元。况且那时他们的第二个儿子也已经出生。夫妻俩所有的生活开支，加上养两个孩子的各项费用，平日几乎没有余钱，日子过得有点拮据。此外，陈宗懋还要负担他父母家中的一些开销。因为父亲年纪大了不再工作，每个月他都会寄回15元给父母，以尽子女之孝。所以剩下的钱并不多，日子自然不会宽裕。尽管如此，陈宗懋依然认为学习法语所花费的那些钱很值得。陈雪芬对陈宗懋勤奋学习的精神也非常支持，在经济上和时间安排上支持他。坚持就是胜利。陈宗懋深谙这个朴素的道理，坚持了下来，学会了法语。

就这样，陈宗懋坚持了几年，完全靠听上海法语广播电台，就再次掌握了一门外语。直至多年后回忆，还叹息这事绝不轻易。当时他一直处于紧张的状态。中午宿舍房间的大门时常紧闭，他害怕别人怀疑他在收听"敌台"。事实上，陈宗懋向来不愿过问政治，只对业务即自己的研究工作有兴趣。人不会劳而无功！陈宗懋学习了那么多个国家的语言，自然对他有帮助。举个例子，所里当时有篇法语文章需要人翻译，却找不到懂法语的人。中茶所里有人听说陈宗懋会法语，就求助于他。仅仅花了几天时间，他就把文章顺利翻译出来，同事们忍不住啧啧称奇。

陈宗懋运用了常人几乎难以想象的意志力来学习外语，由此也收获了相应的果实。除去母语中文，他还通晓英语、日语、俄语、捷克语、德语、法语六国语言。如若不是依靠非常人的毅力，莫说六国语言，就是一门外语也难以学到。在学习语言的过程中，陈宗懋绝不刻板，灵活运用、有的放矢。他深深知晓，语言作为一种工具对于他而言：能看，远比会说重要太多。于是他钻研外语的时候更加注重"看"，尤其是能看懂生涩的专业类外语书籍。懂得权衡利弊，明白轻重缓急。这方面，令他身边的人都极为佩服。

1975年1月13日至17日，第四届全国人民代表大会第一次会议在北京举行。周恩来总理在政府工作报告中，重申在20世纪内全面实现农业、工业、国防和科学技术四个现代化的宏伟目标，把全国人民的注意力再次引到发展经济、振兴国家的事业上来。这是饱受那段"特殊时期"之苦的中华民族最强烈的愿望。

陈宗懋始终不曾忘记吴友三老师的教导："勿要荒废学业，必须坚持学习，切不可随波逐流。"那一时段结束后，恰如当初恩师吴友三所说，国家开始需要大量真正的科研人才。陈宗懋正是在他的再三督促和鼓励之下，于此期间非但不曾荒废自己的专业，还又学到了多种本领。为此，他极为感念吴友三老师。

面对任何价值观念，会有人赞同，自然也会有人反对。对于科学研究人员来说，精通外语与业务能力是否存在关联，以及何种程度，这一问题大体上可以确知：精通外语对于科学技术的研究起着至关重要的作用。换言之，从事科研的人，不光要懂得外语，而且要懂得运用。

陈宗懋曾对自己的学术研究有过一个总结。他认为自己所取得的成就，与所掌握的多种外语密切相关。在他看来，不会外语的人业务难以精专。他为何如此笃定呢？试想：假若对国外的科研成果到了何种先进程度、世界上又有哪些最新研究成果出现，诸如此类，统统都不知晓，而仅仅了解自己国家的研究现状，不过井底之蛙罢了。现在中国科技已经进入快速发展阶段。某种程度上，国内的确不乏在某些研究领域已是山中之巅、世界之最。然而陈宗懋认为，从事科学研究的人依旧需要全球的思路与国际的视角。概言之，外语在陈宗懋大半辈子的学习和工作中，一直都占据着重要位置。

陈宗懋认为中国的科研人员需要重视外语。因为科研工作永无止境，作为一个领域中高级的专业人员，既要了解中国的国情和科研水平，又要知晓全世界的最新科研成果和趋势，这样才能更好地发挥作用，赶超世界水平。作为一个科研人员，不懂他国语言，就无法得到他国最新资讯，多半在原地踏步，难以大步前进。我们若想要赶超世界水平，世界水平到了何种程度都不知道，如何赶超？

陈宗懋的爱人陈雪芬曾感慨，认为陈宗懋所带领的团队之所以能够长久以来一直处于世界水平，与他倡导的与世界接轨的科研理念不无关系。他们这支科研团队随时掌握学科发展的动态和趋势。然而有时一些年轻学者掌握的资料，未必比陈宗懋多。究其原因，恐怕是其他学者外语水平不高，而陈宗懋借助多门外语的强大实力，能够最大限度地掌握世界茶叶科技动态并与之俱进。

最大限度是什么程度？说出来都使人惊奇：陈宗懋对国内外的科研文献素来重视，仅外国文献一年就要看1 000篇（几乎年年如此），平均下来一天要看3篇外文文献。如今陈宗懋的电脑中已存有6 000篇外文文献，这是他数十年以来，从看过的不计其数的外文文献中精挑细选出来的结果。他把这6 000篇极有价值的外文文献，毫不吝啬地分享给年轻一辈的科研人员，以此作为自己退休后留给这些青年学子们的礼物。毫无疑问，这是一个巨大的外文文献资料库。以趋势论，基本上10年，抑或20年植保领域国际进展都被囊括其中。这些是知识的财富，也是无价之宝。

陈宗懋感到，纵观自己一生的成长历程，多半有赖于幸运，使他遇到了如此多良师益友，借助他们的善言和善行，一路得以顺利前进。他能够回报的，唯有更加努力的工作，为中国茶树植保事业和茶叶质量安全献计献策，以尽自身一份绵薄之力。

第 **八** 章

独行者速
而众行者远

　　陈宗懋曾说，他这一生的求学路都很幸运，走得颇为顺遂。除了父母和恩师，还有不少领导、前辈和同学们，也都帮助过、激发过他，让他在前行路上从不孤单，也从实质上对他产生了相当大的影响。而这正是"一个人走得快，一群人走得远"的道理。

　　陈宗懋是一个重视情谊的人，总是乐于助人。陈宗懋与老同学张国樑的友谊并没有因为毕业的分离而结束。张国樑大学毕业之后一直在北京工作，1976年才调到杭州。而陈宗懋因为经不住北方寒冷对身体的侵袭，不得不于1960年调回杭州。于是，两个由南至北后又分离的同窗好友，竟然在多年后再次同城共聚。对于长久的友谊，这是多么值得庆幸的事。张国樑分配在粮食部浙江省粮食科学研究所（简称粮科所），从事粮食储藏的研究工作。两个人虽说研究领域不同、行业不同，但是颇为巧合的是陈宗懋耕耘于茶叶植保领域，从事茶叶病虫害的防治，其重点是农药，核心是研究农药残留量分析；张国樑调到浙江省粮科所以后，粮食部下达一个任务，需要他负责粮食应用的新药剂。如此一来，两个人行业不同，但是专业却相同。陈宗懋与张国樑的同窗情谊就这样延续到了工作中，某种程度上又变成了工作伙伴。

　　实验室工作是为了更好地将科研成果应用于实际。陈宗懋和张国樑工作涉及的都是有害生物防治和农药的安全使用研究。他们研究农药残留量分析，研究分析的结果应用于实际以解决农药残留量的问题，所不同的是一个是用在茶叶上，一个是用在粮食上。热爱钻研的张国樑经常跑到陈宗懋那儿去和他一起讨论。事实上，从20世纪50年代起一直到20世纪末，50年来两人相互学习，共同讨论。即使张国樑退休后，甚至现在，两人还在就专业领域不断进行探究、交流。不仅如此，在生活方面他们也情同手足，而他们的子女之间也情谊深厚，亲如一家。

张国樑认为陈宗懋的研究之路发展得非常好。在他印象中，除了农药残留分析方法以外，陈宗懋对仪器的掌握也很好，譬如高精仪器——气相色谱仪。最早的时候，张国樑常常亲自去找陈宗懋讨论，但是后来实在苦于被其他一些业务缠身，就让年轻同事跟陈宗懋去学习。另外，张国樑要开发新药剂也会和陈宗懋商量，讨论国外高效、低毒的新药，因为粮食跟茶叶一样，涉及食品安全，关乎人命，不能有一丝一毫的马虎。

陈宗懋做过一件事，让张国樑印象极深。以前在沈阳农学院时，陈宗懋这样从小衣食无忧的人，假若衣服扣子掉了需要缝补，都会找人代劳。但是到了杭州以后，开始适应当前较为艰苦的生活，许多原先根本不会的事，也都逐渐会做了。陈宗懋与张国樑两个人的工作都在延安路（现早已是繁华地段的武林广场）附近，有一次，陈宗懋到张国樑家里，那日正好是端午节，要吃粽子。没承想，陈宗懋竟然开始教张国樑包粽子。张国樑不由得惊叹："陈宗懋脑子很灵光啊——原来扣子都不会缝的，现在连粽子都会包了。"其实这种赞叹并非表明会包粽子就是聪明，而是因为谁也不曾料到陈宗懋专注科研之余，竟然也可以料理家务生活。因为在人们的固有印象中，专注科研的人，往往不大会关注生活琐事。然而，万事万物皆在运动。人也并非一成不变，往往受到周围环境影响，处于运动变化之中。陈宗懋不仅会做科研，还懂得生活。中茶所就在郊区，陈宗懋那时还饲养了家禽，有时会邀请朋友到家中吃饭，偶尔还会亲自下厨、小试身手。对于一个从小生活在上海富裕家庭的年轻人而言，陈宗懋从南方到北方，再辗转回南方，实属不易。然而值得庆幸的是，生活的磨难非但没有吞噬他，反而使他宛如夜空中的星，因为夜幕而熠熠生辉。

在很多人的印象中，陈宗懋极为聪明，学任何东西都学得又快又精。关于陈宗懋的聪慧，还有这样一件趣事值得一提。陈宗懋有个习惯，在家吃完晚饭后，往往一边开着电视，一边写字或阅读，两边内容都能记住。朋友半信半疑，难以相信一个人会有这样的本领，想要陈宗懋当场展示。他就把写东西时电视中播出的内容向朋友——陈述。耳听为虚，眼见为实。朋友这才相信他真的可以一心二用。

生活上有包粽子，"一心二用"的事，工作上更是了不起，尤其在农药残留分析这个领域。同为农业专家的张国樑谈起陈宗懋在这方面的研究水平，也会立刻竖起大拇指。陈宗懋不仅自己在专业领域攀登高峰，还不忘提携后进，将自己平生所学传授给年轻人。他就曾帮助过张国樑的一个孙子和一个孙女。张国樑的孙子和孙女就读的分别是食品检测和制药专业，两者跟研究分析都密不可分，最终都到了陈宗懋那里去实习。

事实上，陈宗懋不仅对后辈非常关照，对朋友和同学也关怀备至。陈宗懋大学的同学，在杭州工作的有六七位。因此大家也经常聚会，互相交流一些生活中和工作上的事情。今时今日大部分同学都已退休，陈宗懋也经常会邀张国樑一道去看望他们。尽管工作很忙碌，但他始终能兼顾这些事情。在这些老同学眼中，陈宗懋是个"喜欢买单"的人，这并非意味着他富裕，而是展示了他性情中慷慨的一面——总是倾向于照顾他人。

虚心向他人学习，也是张国樑认为陈宗懋具有的很重要的品质。张国樑从事农药工作，不时也有分析任务。单位曾经邀请一位专门研究农药残留的澳大利亚专家到杭州来。这位名叫斯戴夫·麦瑟的专家研究出了一套方法，能够找出粮食里面农药的降解规律。譬如，用了农药一个月之后，粮食作物中的农药残留会达到什么标准，一年后，会达到什么标准。这套标准与世界粮食计划署规定的标准相结合，符合这个标准就可以出口。因此，这套研究农药降解的方法对粮食进出口帮助非常大。有一次，张国樑跟陈宗懋提到这位澳大利亚的专家，也提到这位专家研究出了一套农药残留预报预测的方法。张国梁问陈宗懋是否感兴趣。陈宗懋一听，连声说有兴趣。因为茶叶也需要这方面的研究信息。与粮食作物农药降解同样的道理，在茶树上打农药以后，经过多长时间、留有多少残留，有了这套方法诸如此类的信息就可以准确地掌握。陈宗懋向来虚心好学，后来发表了《化学农药在茶叶中的残留降解规律及茶园用药安全性指标的设计》一文，专门就主要化学农药在茶叶中的残留降解规律、影响茶叶中化学农药降解的主要因素以及茶园用药安全性选择指标的设计做了深入研究[5]。这种精神也影响到了张国梁。他对中国的农药残留分析开始充满了信心。以前，中国在农药残留分析方面水平不高，但是自从有了像陈宗懋这样的科学家的不懈努力，中国在这一领域的国际地位已得到大幅提升。

复旦大学与陈宗懋同时代的许多同学对课业和工作均很重视。譬如同学徐正泰，宁波人，从小生活在上海，是陈宗懋所在班级的班长，直到复旦大学农学院迁到沈阳时也还是班长。大学毕业后，徐正泰留校任教，最后位至沈阳农业大学（1985年10月由原来的沈阳农学院更名而来）党委书记。徐正泰主要从事农药研究，陈宗懋研究的重点也包括这一内容，因此两个人经常在专业研究方面进行深入交流，互相碰撞出了不少思想的火花。后来，徐正泰调到了上海农学院，任农学院院长，也教授农药课程，与陈宗懋有了更多的共同语言。现在徐正泰定居上海，两个人约定，一年最少见面一次。除了他，陈宗懋还与当初回到上海、苏州、杭州、南京的同学们相继约定：同学们一年也争取聚会一次。直至今日，徐正泰与陈宗懋一直保持着联系。

除了老师和同学，陈宗懋在工作的过程中也遇到过不少对他有知遇之恩的领导和导师。刚工作就有幸遇上的黑龙江省呼兰特产试验站的站长冯玉麟，就是其中之一。呼兰特产试验站是陈宗懋大学毕业后最早开始工作的地方。1954年夏日毕业的陈宗懋，8月金秋之时就去了黑龙江省呼兰特产试验站，直到1960年2月调到浙江杭州中国农业科学院茶叶研究所。其间数年，陈宗懋都在此处兢兢业业从事甜菜和亚麻的植保研究工作。

自小生活在黄浦江畔的陈宗懋，从东北的沈阳到了更北的哈尔滨呼兰。遇到的最大挑战是寒冷。冬天来临，当地温度最低可降至零下40～零下30摄氏度。天不由人，这个本是风华正茂的年轻人因此得了严重的关节炎，到了冬天全身就疲乏无力，对这种极度寒冷的天气很不适应，因此，陈宗懋最终选择调回南方。事实上，当时调动工作绝非易事，特别是呼兰特产试验站的科研人才十分紧缺，陈宗懋在试验站里已然是植保的主力军。对于作为试验站领导的冯玉麟而言，肯定舍不得让这样一位人才离开。

尽管呼兰特产试验站的工作需要陈宗懋，但是站长冯玉麟思虑再三，最终还是同意了陈宗懋的调离请求，决定让他回到更加适合他生活的南方。假若他不批准，这位饱受严寒困扰的年轻人根本不可能调动工作。由此可见，冯玉麟是一个通情达理的人，同时也是一位爱惜人才的领导。陈宗懋心中充满感激，回忆这番往事，仍旧一再说起"冯玉麟站长是位好领导"。他深深地明白，假若站长不同意他离开东北，当时他绝无可能回到南方，自然也无法与日后凝结了毕生心血同时也成就了他的茶叶结缘。

还有一位中国农业界的泰斗人物，也在陈宗懋初入农业研究之时，给予了他很大的信任和帮助，两个人甚至共同完成了一项世人瞩目的科研。在北方生活的几年时间里，特别是在黑龙江省呼兰特产试验站的日子里，陈宗懋对国内的甜菜研究作出了不少贡献。当时受到国内著名的植病专家裘维蕃教授的指导和培养，并于20世纪60年代初期相继共同发表《论甜菜品种对于褐斑病菌（*Cercospora beticola* Sacc.）抗病性的机理》和《甜菜褐斑病的流行规律及其化学防治问题》两篇文章，在业界引起了很大的反响。依据两篇文章内容可知在20世纪50—60年代，甜菜褐斑病在我国各个甜菜产区分布普遍。几乎凡是有甜菜种植的地区都出现了这种病。在甜菜生长的季节中，多雨而且气温较高的地区，这种病的发生就更加严重。根据1957年全国农业展览会的材料，此病可使产量降低10%～20%，根中糖分下降1白利度左右，而有些发生严重的年份，损失当超过此数。1958年据东北农业科学院调查，根据不同的病情程度，单位面积甜菜的产糖量可下降10%～65%。因此当时甜菜褐斑病的防治显得非常重要。

当时甜菜是东北地区重要的农作物之一。但是甜菜容易得褐斑病，这种病流行很广，菜农深受其害。[6][7]

一心想要解决我国甜菜褐斑病问题的陈宗懋，为此潜心研究了许多年。从1954年沈阳农学院毕业分配到黑龙江省呼兰特产试验站，大约6年时间里，陈宗懋在甜菜褐斑病的研究上付出了大量的心血。想要解决褐斑病的问题，陈宗懋的思路是研究甜菜发生褐斑病的发病规律，先研究病害发生与气候间的关系，根据一些气象条件，可以预测这个病在当年会不会发生以及发病程度。这个研究思路，也得到了当时北京农业大学教授裘维蕃的支持。

裘维蕃（1912—2000）是中国科学院院士、著名植物病理学家，在真菌学上，是国际上最早发现异核现象的科学家之一，在真菌生理和食用菌分类及其栽培的基础研究方面均做出了重要贡献。事情追溯至1959年。陈宗懋听说裘维蕃教授当时也在考虑这种预报预测方式，于是给他写信，并告之自己的研究方法和思路。虽然陈宗懋因为专心学术有了一些实地发现和科研成绩，但是毕竟较之于当时已经享誉国内外、鼎鼎有名的植物病理学专家的裘维蕃教授而言，他还是个名不见经传的小青年。所以他也不敢抱有太大希望，只是怀着试试看的心态给裘维蕃教授写信。出乎他意料的是，裘维蕃教授不但回了信，而且十分重视他的研究思路，认为其想法非常可行，甚至指导他开展这方面的研究。之后，陈宗懋一方面在裘维蕃教授的指导下开展研究工作，另一方面还大量查阅国外种植甜菜的国家的文献资料。最终与裘维蕃教授一起成功研究出了甜菜褐斑病的预报预测技术，提出了采用喷施微量元素提高植株的抗病性，必要时利用药剂防治甜菜褐斑病的重要措施，之后还有待丰产抗病的新品种的育成。

陈宗懋依然清晰记得，那篇由两人共同发表的论文——《甜菜褐斑病的流行规律及其化学防治问题》，就被收录在庆祝新中国成立十周年的《中国植物保护科学》那本厚厚的论文集中，以此作为新中国成立十周年的献礼。

至今，陈宗懋都很感念裘维蕃教授当初对自己的信任。同时，他也极为敬重裘维蕃教授对中国农业植保科研的执着与付出。在他看来，若不是如此，裘教授绝对不会毫不在乎自己的身份地位，与一个初出茅庐的年轻小伙共同研究课题。这在任何时候，都是难以想象的！这件发生在陈宗懋从事科研工作初期令人感动的事，更加坚定和激励了他好好研究我国农业植保的信心。陈宗懋在工作上得到了裘维藩教授的悉心指导，因此他在1957年决定报名投考裘维藩的研究生，而且已经接到北京农业大学的录取通知。但因为形势的变化，国家决定该年停止招收研究生，所以他想要继续向裘维藩教授学习的愿望也就无法实现了。

大凡有所成就者，除了自我奋斗，往往不乏良师益友的帮助。在中国茶学领域同样成就斐然的刘仲华认为陈宗懋与自己亦师亦友。而陈宗懋也同样非常敬重这位优秀的后辈学人。刘仲华是继陈宗懋之后，中国茶学领域的第二位中国工程院院士。谈到跟陈宗懋的相识，刘仲华的记忆回到了20世纪80年代。他第一次认识陈宗懋是1987年，那时他刚本科毕业，还是湖南农业大学在读的硕士研究生，陈宗懋是中茶所的所长。他读茶学专业，主要研究茶叶加工，跟陈院士的植保专业其实关联性颇少。中茶所是我国茶学最高级别的研究所。陈宗懋跟他的导师素来交好，而湖南农业大学也寄希望能与之合作。因此，刘仲华有机会去参加第一届茶–品质–人体健康国际学术讨论会。陈宗懋主持国际论坛，组织这个国际平台。通过第一次认识，刘仲华就发现陈宗懋有敏锐的洞察力，能够触及学科研究的前沿。1995年，陈宗懋又组织了第二次茶－品质－人体健康国际学术讨论会，刘仲华再次得以参加。

2018年7月23日，陈宗懋（左二）与刘仲华（左三）一起赴湖南云上茶叶有限公司基地调研

据刘仲华所知，在陈宗懋众多重要贡献中，有一点尤其值得一提，那就是陈宗懋是中国科学家中第一个把国际上研究茶与健康的成果进行整合与梳理形成系列文章连载发表在《茶叶文摘》上的人，由此使得中国科学家开始高度关注茶与健康的研究，并引领了中国茶叶健康消费的热潮。今天在中国，多学科交叉的茶与健康研究做得风生水起，茶叶深加工研究与产业化也是建立在茶与健康研究成果的基础之上。陈宗懋尽管并非医学专家，但他从20世纪80年代开始就高度关注茶与健康的研究，并尽可能从国内外文献中吸收茶与健康的最新研究成果，每年都会整理出若干篇茶叶与人类健康研究进展的文章，在全国性的茶叶学术论坛或产业发展论坛上就

茶与健康这一主题做专题报告。他的这项工作对推动茶产业链延伸和促进茶叶消费皆具有重要的作用。

陈宗懋自己说当了中茶所所长以后才开始关注整个茶叶产业，发现我国茶叶产量过高，仅仅依靠出口根本销售不完，所以就想鼓励大家多喝茶，才开始进行这方面的研究整理。因此，到今天为止，他一直在关注饮茶与健康的最新研究成果。可见陈宗懋的开创性思维，同时也是他洞见之所在。刘仲华后来聚焦茶叶深加工和茶与健康研究，也是得益于陈宗懋茶与健康的学术思想启迪，因为茶叶深加工产业发展主要依赖茶与健康研究成果的驱动。由此，他跟陈宗懋学术上的交集因茶与健康关联在一起，接触就越来越多了。

刘仲华与陈宗懋第一次项目上的合作是在2009年，这时陈宗懋已是中国工程院的院士。陈宗懋牵头承担了中国工程院关于中国茶产业可持续发展战略研究的咨询项目，刘仲华负责中国茶叶深加工产业可持续发展战略研究这个板块。刘仲华与陈宗懋第二次项目上的合作是在2012年，陈宗懋再次牵头承担中国工程院战略咨询项目"茶叶保健功能评估和茶叶市场发展战略"，刘仲华负责"茶对人体代谢综合征的预防效应和作用机制研究进展"和"茶叶中矿物质元素积累规律及与人体健康的利弊关系"两个内容，并参加了陈宗懋、甄永苏院士主编的《茶叶的保健功能》一书的编写工作。刘仲华与陈宗懋第三次项目上的合作也是中国工程院战略咨询研究的项目，即"中国茶产业国际竞争力提升战略研究"。此次，刘仲华负责我国茶叶出口产品创新、结构优化和价值提升的战略研究内容。正是通过以上三次中国工程院战略咨询项目与陈宗懋进行的深层次合作，刘仲华亲身感受到了陈宗懋作为一位大科学家所具有的学术视野与前瞻性思维，以及其对中国乃至全世界茶叶科学发展方向与产业发展趋势清晰把控的能力。刘仲华对此钦佩不已，也感到受益良多。平时，陈宗懋作为长辈和老师，刘仲华遇到问题就会随时请教他。再加上陈宗懋是中国茶学领军人物，刘仲华也会经常邀请他出席学术与产业方面的重要论坛并作报告。在一次次的接触中，刘仲华感到陈宗懋总是能够传播新知识、新技术，新思路也层出不穷。也正是在这种科学交流互动中，刘仲华对陈宗懋有了更多的了解和更全方位的认识。

刘仲华认为，在陈宗懋身上不仅看到了强大的学术背景、雄厚的创新实力、敏锐的学术眼光、前瞻性的国际学术视野和产业化的学术思维，而且陈宗懋身上充满着杰出科学家的精神与风貌，激励着同行与晚辈为茶叶科技创新与茶产业发展不懈努力。陈宗懋就是这样一个学术多面体，在不同的层面和维度上都熠熠生辉。

第一，科学精神。严谨、客观、公正，这也是陈宗懋做学术的最大特征。他尊重科学，讲究务实严谨，以事实为依据去研究所有茶叶的生命现象。遇到突发事件，从不妄言，一定秉承严谨、公正、客观的态度表达观点，从来都是以科学数据为依据，做科学的事，讲公正的话。不会因为从事茶叶研究而罔顾事实地维护行业形象。假若遇到有争议的行业问题、学术问题，抑或产业现象，譬如农药残留的问题、稀土的问题、普洱茶黄曲霉毒素的问题等茶行业里的大事件，他都会秉持科学、公正、客观的态度，以数据为基础第一时间出来发声。2019年初，陈宗懋和刘仲华一起在 *NATURE* 上发表了一篇关于中国茶叶科学研究成果的文章，其中包含茶叶农药残留方面的研究进展。众所周知，这本国际顶级杂志要求极为严苛，论文中的每一句话都必须建立在科学研究、国际文献、国际标准基础之上。因为美国和中国有时差，陈宗懋经常是凌晨一两点钟还在为文中图表里的一个数字或文献中某个表述与远在大洋彼岸的杂志编辑沟通交流。他在担任《茶叶科学》编委会主任时，每一篇在这个刊物中发表的文章，他最后都会亲自把关、审核，这种严谨的科学精神无不让人敬佩。

第二，创新精神。创新往往与打破常规并行。陈宗懋一路走来都在引领我国茶树病虫害防治领域的发展方向，持续不断地创新，掌握时代前沿技术。在刘仲华看来，作为茶树植保和茶叶质量安全领域的国际权威专家，陈宗懋主要做了如下一些行之有效而又影响深远的创新与突破。首先，陈宗懋一直致力于茶树病虫害发生规律研究及防治技术创新。从20世纪60年代开始，他就一直在攻克茶树病虫害防治的相关技术，为我国茶园病虫害防控技术进步做出了卓越的贡献。随着时代的变迁，害虫在变，病害在变，绿色壁垒的指标也随之在变，陈宗懋几十年如一日持续创新，从化学农药防治、物理防治、生物防治到综合防控、绿色防控，实现了一次次的创新与突破。

其次，陈宗懋在茶叶农药残留研究领域取得了国际领先水平的创新成果，为保障我国茶叶质量安全做出了卓越的贡献。他从20世纪60年代起在国内外率先开创茶叶农药残留研究，揭示了不同类型农药在茶树上的降解规律，建立了各类农药在茶树和茶叶中降解的预测模型。他在全世界创造性地提出用茶汤而非干茶作为茶叶农药残留检测对象来制定标准，改变了长期以来国际上制定茶叶中农药残留标准的错误传统，使一些脂溶性农药的国际标准通过这个意见放宽了100倍，同时也极大地有利于我国茶叶的出口。陈宗懋还向农业农村部（原农业部）和有关部门提出了停止在茶产业中应用水溶性农药（包括吡虫啉、啶虫脒、噻虫嗪、呋虫胺）的建议。同时，他大力推广和应用浙江大学研制成功的茶叶中水溶性农药残留的快速测定技术，即用速测卡快速检测茶叶是否施用了水溶性农药。茶农花10～20元就可以通过这种速测卡快速检测一个茶叶样品。这是个两全其美的好办法，既可以让茶农立刻知道自己采摘的茶叶质量是否合格，又能让茶企在收购茶叶时轻松判定茶叶是否有水溶性农药残留，这样大家都一目了然，做到心中有数。陈宗懋及其团队所做的这些研究成果具有重大国际影响，为保障饮茶者的健康和茶叶质量安全做出了突出贡献。因此，他的这项成果在2019年被授予国家科学技术进步奖二等奖。

再次，陈宗懋在茶树害虫化学生态学方面的建树颇深。他开创了茶树害虫化学生态学研究领域，进行了茶树—害虫—天敌三层营养关系的化学通信联系研究，为进一步提高害虫综合治理提供理论基础。该领域的研究成果在当下的茶树害虫绿色防控中发挥了重要的作用，譬如茶园害虫性信息素诱捕技术，就是根据雌雄昆虫之间的性信息素化学通讯原理来设计的。雌虫能够释放出具有特定气味的性信息素吸引雄虫，一旦雄虫被引诱过来，就可以用粘板把雄虫给粘住使它无法逃生，这个过程叫性诱，这是一种绿色、安全、高效、低耗的茶树害虫化学生态控制技术。陈宗懋通过不断创新为中国茶叶安全生产尤其是茶叶质量安全做出了卓越的贡献，这种精神值得年轻一辈科学家学习。

第三，奉献精神。他的奉献主要在两个层面。首先，奉献给了中国茶产业。众所周知，他是中国茶业界的学术泰斗，各方皆有求助，无论是政府的重要论坛、企业的技术援助，还是行业技术培训，只要时间允许，他往往都是有求必应。陈宗懋一向是宁愿累了自己，也绝不辜负他人，一年中绝大多数时间都在为茶产业的发展而奔波于路上。有时候出差刚刚回来，行李还没安放停当，就要赶下一个行程了。刘仲华说："我记得陈院士为了在湖南湘西产茶区推广他们团队研发的绿色防控新技术，夏天冒着40摄氏度的高温，他全身都已出汗，就戴了个草帽往茶园里跑。当地的政府领导和专家都熬不住了，他却一直在坚守。在2018年寒冬时节，突然下起大雪，他不顾飞机晚点，顶着严寒都要赶到湖南湘西参加绿色防控技术推广示范启动会，并给当地农民做技术培训。如今，湖南古丈、吉首、安化、石门等地区已全面推广陈院士的绿色防控新技术，有效保障了茶叶质量安全。把这个技术推广应用出去，对他而言，既有一种成就感，又能乐在其中，更体现了一个科学家的职责与情怀。"

其次，他也把自己奉献给了中茶所、奉献给了团队。他甘为人梯、从来不计个人得失，培养了一大批优秀的茶叶科技工作者。陈宗懋已近90岁高龄，原本这个年纪的人，都早已退休，正是在家含饴弄孙、安度晚年的好时候。而他依然活跃在中国茶叶科学与茶产业的第一线，为了中国茶树保护学科领域的发展，为了培养一批批优秀的年轻专家，为了给中茶所的发展增添新的重大科技成果，他倾尽全力，不惜放弃自己宝贵的休息时间。他每周要去单位上班几天，下午四点后才回家。作为一个资深院士，加之如此高龄，完全可以不去办公室上班待在家里遥控指导。可他仍然每天都坚持去上班，这是一种怎样的精神和力量在支撑他啊！

关于陈宗懋的奉献精神，刘仲华称还可以举出多个亲身经历的例子。譬如在2019年9月，他们二人都在云南勐海参加中国茶叶学会主办的2019全国茶学学科发展研讨会。陈宗懋的飞机晚点了，到达酒店时已是夜里十二点多，而他第二天上午还要做题为《茶与健康研究进展与展望》的主会场报告。为了准备好PPT，他一直熬夜到凌晨三点多才睡觉。当时，刘仲华就住在他隔壁，也在赶做报告的PPT。但他不知道隔壁住的就是陈宗懋，他一直很纳闷，这个人也不睡觉的吗？第二天开门一看，才知道是陈宗懋在熬夜工作。作为比他年轻30多岁的晚辈，熬几个小时还能熬得过去，但陈宗懋如此年纪，为了把报告做好，不让别人失望，居然也同年轻人一样，熬夜做事。在刘仲华看来，陈宗懋完全可以向主办方反映自己的实际情况，说因飞机晚点需要好好休息，把报告时间挪到下午或者再往后推一天。但他没有！他不想因为自己一个人调整时间而影响其他所有人的安排。再譬如有一次，陈宗懋从贵阳飞到湖南参加会议。为了赶上开会时间，不打乱别人的计划，飞机晚点5个小时，机票还是经济舱，他也没改，就那么等了5个多小时坐经济舱赶到长沙。以他这样的地位和年纪的科学家，完全可以提出要求换成更舒适的公务舱。但他就是这样，宁愿苦着累着自己，默默付出，也不麻烦他人。

第四，学习精神。陈宗懋作为一位资深的科学家，学习精神令人称道。刘仲华认为陈宗懋之所以能紧跟时代潮流、不断创新，具有超前的思想、了解国际前沿科研成果和理论，其根本原因就在于他永不间断地学习，把国际上最新的基础科学理论结合自己的专业和理念，然后再拓展延伸。还有一些新技术，不是他原本研究的领域，他也在通过读书和查阅文献，丰富自己的知识结构。如今，他依然站在科学的最前沿，了解日新月异的新理论、新技术、新方法，很多晚辈一时尚不能及。他为了更好地掌握国际上的科技发展，给自己规定了每天要阅读3篇国外文献，这样一年能读1 000多篇文献，几十年他一直坚持这样做。和他一起出差的同志发现他在火车上、飞机上也坚持在看国外文献。因此，他做的报告经常涵盖茶树分子生物学、茶树育种、茶叶加工、茶与健康、茶叶机械等领域，简直包罗万象，传播的依然是新知识、新技术。正是因为这种超强的学习能力与孜孜不倦的学习精神，使得他成为一名又专又广的科学大家。

第五，协作精神。陈宗懋作为科学家本身是行业领军人物，但是他在产业体系里从不摆架子，而是平易近人，经常配合国家茶叶产业技术体系其他岗位科学家和试验站长，为区域茶科技创新去做一些有意义的事。显然，这是一种协作精神，愿意帮别人作嫁衣。刘仲华说："我跟陈院士同在国家茶叶产业技术体系，他跟我的导师是同一辈的人。他作为我国最著名的茶叶科学家，为了中国茶科技创新与茶产业发展，他仍然愿意与年轻专家一道协作攻关，即使当配角也毫不介意。再譬如，像我们国家茶叶产业技术体系年度汇报，他一贯都是从始至终坐在那里仔细听取每一位专家的汇报，然后提出合理建议使其完善。这也是很多人都做不到的。"在刘仲华看来，陈宗懋就是喜爱帮助他人，和蔼可亲。他不是刻意低调，而是秉性谦虚，天生就没有架子，哪怕一个根本不认识的农民到办公室里去找他，他也会亲切接待。反之面对专业问题，他就很严谨、严苛，团队里的年轻人都很敬畏他。

"陈宗懋院士除了以上几个精神，还有两个'力'我想提及。"刘仲华接着说。首先是精力过人。茶与人体健康的研究体系很复杂，发表的SCI论文很多，只要有新的研究文献发表，陈宗懋就会花时间、费精力去查阅。如今他已是近90岁高龄之人，但做起报告来却能够一两个小时一直站着滔滔不绝地讲下去。若没有一个好身体，何以支撑？刘仲华认为其中缘由，莫过于喝茶——陈院士实在是一个饮茶养生的极好范例，堪为形象代言人。其次，陈宗懋有超强的凝聚力。他身边的年轻人绝大多数都是由他一手栽培起来的。他根本不在乎自身名利，唯有对茶叶的痴迷推动他不断地去学习、去研究、去培养新人。他现在研究的绿色防控新技术均是跨学科的新领域，对自己过去没有涉及的新知识、新技术，他都要去学习钻研。他的这种精神一直在鼓舞和凝聚着身边从事研究的同仁与学生。

科研的最终目的是生产应用。今时今日，陈宗懋及其团队在茶科学的路上依然步履不停，一路向前。陈宗懋很注重把科技和产业结合，产学研一体化，一直很关心茶产业发展。他如果想做一个纯粹的研究者，可以高居象牙塔中怡然自得，而不必如此田间地头、舟车劳顿。他总是紧盯重点产茶区、相对贫困地区的茶产业，曾无数次前去考察指导产业发展，推广示范绿色防控新技术，希望可以借此惠及于民。

自20世纪80年代中期我国实施外贸体制改革以后，茶叶出口放开经营，出口市场管理混乱，加之国际茶叶市场急剧变化，我国茶叶出口贸易一路滑坡，走得跌跌撞撞。进入21世纪，我国全面发展茶叶生产，茶叶种植面积扩大、产量快速提升，国内茶叶消费尤其是名优绿茶消费快速增长。但是，我国茶叶出口遇到了新的瓶颈，即2000年前后开始，欧洲、日本、美国等对我国茶叶出口设置越来越严苛的绿色壁垒，尤其是越来越多的农药残留限量标准出台，导致我国茶叶出口贸易增长受阻。从此，我国茶界就开始高度重视茶叶的质量安全了。

1998年，陈宗懋（中）到访中国茶叶进出口公司，与公司副总经理危赛明（左一）及副总经理管爵杉（右一）合影

陈宗懋的专业核心领域为茶树保护与茶叶质量安全。陈宗懋及其团队在我国茶叶质量安全问题上可谓举足轻重，对减少质量事故，避免出口退货，使我国茶叶在国际市场上能够扩大份额做出了无可替代的重大贡献。即便一些国家不断制造新的绿色壁垒提出新的严苛要求，陈宗懋及其团队也能够不断紧跟时代的步伐、抓住国际市场最前沿的变化，为我国茶叶出口扫清所有障碍。现在，我国茶叶的内销合格率超过99%，对外贸易已极少出现质量安全问题。所有这一切，很大程度上归功于陈宗懋及其团队多年来在我国茶园中孜孜不倦地耕耘。

进入21世纪，我国茶叶种植面积快速扩大、产量不断提升、产品日益多元化、国内消费快速增长，但是出口增长一直比较缓慢。面对这个难以突破的局面，我们面临如下一些痛点：由于我国人口红利逐步消失，采茶工短缺，名优茶的采摘与加工成本快速上升，我国中高档名优茶昂贵的生产成本和售价是国际市场的消费水平无法接受的，而出口茶叶大多是国内几乎不消费的中低档茶，这就使得国内市场与国际市场茶叶品质与价格形成了巨大的反差。众所周知，春天的茶园病虫害极少，几乎不打农药，质量安全基本可以得到保障，但是茶叶成本很高。另外，中低档茶往往采用中低档的夏秋茶为原料，因而可能存在质量安全隐患。因为夏秋茶园一般病虫害发生较多，需要使用农药控制。一旦打农药，就必须符合国际农药残留标准，达到质量安全要求，否则无法出口，由此给我国茶叶对外贸易带来了重重压力。面对我国茶叶出口遭遇的质量安全瓶颈，陈宗懋团队通过技术攻关在突破绿色壁垒过程中起到了关键的作用。他们通过不断创新茶园病虫害防控技术，逐一解决茶叶质量安全问题，而且使茶叶生产成本降低，满足国际市场的消费要求。显然，既要满足国际市场质量安全的严苛要求，要满足国际市场的低成本诉求，这是一对有很高技术门槛的矛盾。如何突破、怎么解决这个难题，摆在了陈宗懋的面前。他率领团队创建了以光诱、色诱、性诱为核心的茶园绿色防控新技术体系，高效低耗实现了技术瓶颈的突破。陈宗懋团队的技术突破，使我国出口的中低档茶在较低的成本下，保障了质量安全。

陈宗懋在勇攀科学高峰的同时，也不忘著述书籍给后人阶梯。我们所知，茶叶产业是一个完整的产业链，不仅包括品种、栽培、植保、加工、深加工等领域，还涉及贸易、文化、健康等方面。一般从事茶学研究的科研工作者，除了本人的主要研究领域，通常不太关注产业链中的其他节点。但是陈宗懋实在非常人可比，作为中国茶叶科学的泰斗，他著作颇丰，主编的《中国茶经》和《中国茶叶大辞典》，均是中国茶叶科学研究和茶叶产业从业者的"葵花宝典"。刘仲华对此不无感慨，他认为今日中国，一个外行人想学茶并入其门道，就必须先要阅读这两本书籍，这样才能对茶叶相关知识有所了解。

以年龄和资历论，陈宗懋与刘仲华算是两代人。但科学家之间惺惺相惜，学科知识互通有无，为国争光齐心协力。

陈宗懋将大半生心血投注在中国茶叶研究工作中，由此也取得了许多令人瞩目的成就。作为院士的他，依然很谦逊。他向来认为，能够取得今天的成绩，离不开身边人的帮助和支持。这当中就有年轻时就相知相遇，一辈子都相濡以沫的爱人陈雪芬。她兼顾家庭、照料孩子、努力工作，免去了陈宗懋的后顾之忧。又因为有着共同的研究方向以及对农业发展的一致追求，夫妻二人还是并肩作战的"战友"。

陈宗懋始终认为，爱人在生活和工作等诸多方面皆对他帮助甚大、助益良多。半个多世纪任潮起潮落，他们一路走来，并肩而行。如今爱人陈雪芬在退休之余开始钻研中医保健、养花、摄影，有了丰富多彩的别样人生。

年年春水东流去！陈宗懋记得，到杭州那一年，自己刚好28岁，如今，他已经近90岁了，人间又过去了一个甲子轮回。人生如白驹过隙，转眼60多年光阴已飘忽而逝。陈宗懋已成为让人们敬佩的中国工程院院士，但他从未忘记那些在他人生、科研道路上给予过温暖和帮助的人们。

第|九|章

青春激扬
共创中茶所

2013年6月4日上午，浙江省副省长黄旭明专程到中茶所看望陈宗懋（左三陈宗懋，左四黄旭明，右三杨亚军，右一姜仁华）

中国农业科学院茶叶研究所是我国唯一的国家级综合性茶叶研究机构，坐落于浙江省杭州市西湖风景区梅灵路。1956年经国务院科技规划委员会批准筹建，1958年9月1日挂牌成立。2001年6月加挂"浙江省茶叶研究院"牌子。经过半个多世纪的不懈努力，特别是进入21世纪以来，中国茶叶发展迅猛，中茶所也取得了许多可喜的成绩，成为世界茶叶研究领域的领军科研单位。中茶所从成立之初的陈旧简陋到而今的发展，所有的成长和进步，都离不开每一位像陈宗懋这样为此奋斗终生的科研人员。

光阴荏苒，六十载转瞬已逝，抚今追昔，往事历历在目。

1960年，陈宗懋和陈雪芬先后来到了杭州这座城市。从此，就在中茶所，展开了此生对茶叶病虫害防治和农药残留的研究工作。

他们把大半辈子的精力都投入在这份事业中。中茶所的成长，集结着陈宗懋青春年华的记忆。从零开始，到取得了一项项喜人的科研成果，再到如今国际领先的茶叶科研水平，中茶所走过了一条漫长的道路。在此过程中，陈雪芬在中茶所工作到退休。而陈宗懋则成为中国工程院院士。退休之后，至今依然奋斗在中国茶叶植保领域。他们所有美好的青春年华，都挥洒在这片散发着茶香的土地上。

　　陈宗懋自1960年2月从黑龙江省呼兰特产试验站调到杭州中茶所，已是悠悠半个多世纪。陈宗懋到中茶所后，最早从事的是茶树害虫防治的研究。如今年近九十，却依然坚持在一线做研究，请病假的次数也是屈指可数。这简直无法想象！这种自律又有担当的科研精神，很多老同事看在眼里、记在心中，其中就包括曾经与陈宗懋共事多年的俞永明。

　　俞永明，既是陈宗懋的同事，也是其知交好友。俞永明是国内知名的茶学家和茶树栽培育种专家，其长期从事茶树栽培与育种研究和管理工作，在丰产栽培和种质资源研究中，建立了茶资源综合评价体系，筛选出一大批适制红茶、绿茶和乌龙茶的优质资源。他曾主持全国茶树品种审定，组织首次全国茶树品种区域试验，参与筹建中茶所，对中茶所和中国茶叶学会发展皆作出了重要贡献。俞永明与陈宗懋一样，把大半生都贡献给了中国的茶叶研究事业。1957年，俞永明被指派到浙江农学院拜庄晚芳教授为师，在校进修。正逢国家准备筹建全国性的茶叶研究所，同年下半年，俞永明一边在浙江农学院进修听课，一边参加建设筹备中国农业科学院茶叶研究所的工作。陈宗懋与俞永明共事多年，成为志同道合的好友。

　　俞永明与陈宗懋认识，始于1960年。那时自陈宗懋1954年毕业分配到呼兰特产试验站，已近六年。因身体之故，陈宗懋于1960年2月从东北调至杭州的中茶所。此时，中茶所正是建所之初、用

陈宗懋任中茶所所长期间，与浙江农业大学庄晚芳教授合影

人之际。同年3月，全国茶叶科学研究工作会议第一次会议在杭州召开，刚到中茶所的陈宗懋正好可以参加此次会议，他还被指派了任务，负责会议的筹备以及相关事宜。会议期间，俞永明与陈宗懋匆匆见了一面。俞永明认为，他与陈宗懋的缘分，起源于1956年浙江农学院毕业以后，被分配到中国农业科学院工作。陈宗懋1960年才开始调到中茶所。此后，俞永明与陈宗懋在工作当中有了进一步接触。当时中茶所组建了一个大的研究室，包括三个部门：育种、种植、植保。两个人就分在同一个研究室，但是研究的专业不同：陈宗懋研究植保领域，俞永明则研究其他方向。两人的办公室正好相对。

俞永明与陈宗懋只相差四岁。俞永明刚认识陈宗懋的时候，觉得陈宗懋跟其他人的研究水准相差无几。但是通过更深入地接触后发现，陈宗懋是个很不一般的人。其中有几件事情特别值得一提，它们颠覆了俞永明原先对陈宗懋的印象。

第一件事发生在1964年，彼时中国茶叶学会刚刚成立。中国茶叶学会由中国科学技术协会领导，挂靠在中茶所，是由茶叶科技、教学、推广、生产、经贸、文化等领域的会员组成的一个国家一级学术性社会团体，是推进中国茶叶学科进步和茶产业发展的重要社会力量。那时的理事长是李联标，秘书长是中茶所时任副所长刘家坤。当时大凡中国茶叶学会举办的活动，中茶所都会安排几个年轻人参加，其中就包括陈宗懋和俞永明。几人经常在一起工作、起草文件和撰写稿件。有的时候大家会进行分工，一人负责一个部分，以便尽快把所需文件准备好。在协同合作的过程中，俞永明发现陈宗懋组织能力特别强，语言概括能力也很突出，比一般人要高明许多。在后来工作接触过程中，俞永明愈发觉得陈宗懋聪明、有能力。譬如遇到一些很复杂、烦琐的事情，其他人往往束手无策，一旦交到陈宗懋的手上，他就能三下五除二果断地把情况概括出来，并找出相应的解决办法。也正是因为他的工作能力强，所以中国茶叶学会举办活动时，中茶所时任所长就会经常带上他，协助完成起草文件等诸多事宜。事实证明，俞永明的判断没有错，共事越久越能够感到陈宗懋的综合能力非常强，绝非一个普通的科研人员所能比拟。从20世纪60年代中期一直到80年代末，中国茶叶学会的活动一直在进行，俞永明与陈宗懋合作了很多年，两个人似乎理所当然地成为好朋友。

第二件事，俞永明发现陈宗懋是一个非常善于思考的人。俞永明有段时间在办公室负责科研管理，那时中茶所在做老茶园改造，研究人员都要去茶园蹲点，他与陈宗懋等人分到龙坞。老茶园改造也包括防控病虫害。老茶园当时有一种叫长白蚧的害虫，虫体全身雪白，外面背着一层蜡壳。虫子在蜡壳里面吸食茶树汁液，一旦发展起来就会迅速蔓延，生虫的茶树将会停止生长。长白蚧很难消灭，因为它的外壳可以隔离农药。陈宗懋在观察研究的时候发现，长白蚧刚孵化没多久外壳还未长出来时，这个阶段的虫体用农药一喷就会死亡，要是错过了孵化期，之后就难以控制。负责病虫害防治的陈宗懋想到了一个玻璃试管预测法：用一个透明的玻璃试管，可以正确掌握害虫的孵化时间。在此期间喷药，效果极佳。通过此事，俞永明发现陈宗懋是一个很会独立思考的人。

在那段特殊历史时期，中茶所里面的很多科研工作被暂停搁置。但不幸中的万幸是，中茶所还是给科研人员提供了一些实验室课题，大家仍然可以找到机会从事研究工作。当时中茶所里的科研人员每天都要参加半天劳动。所里给每个人都发了很厚的山袜、草鞋、手套等劳保用品，大家白天都去劳动。特别在1971—1972年的两年时间里，陈宗懋和俞永明大部分时间都是在茶园中度过。这就关乎第三件事，俞永明觉得陈宗懋有魄力，执行力强。

俞永明依稀记得，中茶所前面有一片20世纪60年代种的茶园，但不知为何茶树一直都无法好好生长。所以大家参加劳动时，就决定对这个老茶园进行改造。经过研究，大家一致决定把这片地（18亩丰产茶园）全部深翻80厘米，好让茶树得到更充分的养料。陈宗懋与俞永明也一起参加了翻地，最终花去整整两年时间，才把这块地改造出来。其间，也经历了诸多波折。按照原先的计划，深翻这块地只要一年时间，但在实施的过程中一度遇到了阻力。1971年，很多事情都要经过单位革委会决定。陈宗懋那时刚好在办公室负责部分科研管理工作，就参与了决策。大家都知道这片老茶园十多年来一直长势不良，如果不深翻土地，茶树或许永远都这样，影响茶叶产量和质量。但当时有人反对深翻，认为深翻需要把茶园都重新挖掉再种，肯定不行。如果谁敢去挖掉茶园，谁就是在"造反"，就要被贴"大字报"。这样一来，"生死攸关"，中茶所只好妥协。虽是"特殊时期"，但科学家仍可曲线救国。以陈宗懋为代表的领导们想了个折中的办法：提出先改造半块地，视成果而定，再行考虑是否把整块地都深翻。

其实，陈宗懋很清楚这块地是必须要翻新的，如若不深翻茶树也活不长了。后来真正深翻的时候大家才发现这块地确实有问题。这块茶园是1958年开发的，时逢"大跃进"，人们根本没有细致侍弄，马马虎虎把地整平就种上茶树了，土层下面石块密布，地基上全都是石头瓦砾，难怪那么多年以来茶树都生长得不好。陈宗懋和俞永明都参加了深翻改造，把所有的石块统统都挖了出来，之后种下的茶树一直长势良好。陈宗懋坚持改造的理念得到了成功的实践。事实上，假若一个人获得了相当可喜的科研成绩，那么他除了具备超强的科研智慧，一定也与他自身强大的执行力有着千丝万缕的联系。

三件事情虽然都并非大事，但是见微知著。所谓细微处见真章也！陈宗懋身上具备了聪明灵活、善于思考、综合能力强的特质。尽管那时陈宗懋还未获得院士头衔，但中茶所里面很多同事都觉得，他是个非常了不起的研究人员。当时所里有100多位研究人员，在这些人中，陈宗懋当属佼佼者。两人共事久了，俞永明愈发感到陈宗懋精力旺盛，像有使不完的劲儿。此外，他有远见又有魄力，想到新的研究方向也敢于尝试。

陈宗懋到中茶所后，在开展茶树害虫防治研究的同时，也逐渐开始了农药残留的研究。据陈宗懋回忆，新中国的农药残留研究，严格意义上来说，是从20世纪60年代中期开始发展起来的。此前因为经历战争，新中国成立初期经济不发达，生活水平低下。天下大事，归根到底莫过于衣食住行。其中吃饱是一切的前提，因此当时人们更加关注"先吃饱"这一问题。相对于粮食，投入茶叶科研的经费并不是很充裕，可想而知，中茶所最初成立时，各项条件都很简陋。但是像陈宗懋这样的科学家不会被眼前困难所束缚。怎么办？没有仪器设备，陈宗懋和同事们就绞尽脑汁、想尽各种办法，譬如用玻璃板，用薄层层析法。这样的"传统"方法确实可以检测出一定的农药指标，但是误差很大。

没有专业的测定农药残留的仪器设备，陈宗懋不得已就去抓老鼠提取血液。利用动物血液中的酯酶对农药非常敏感，研究出一种茶叶农药残留量的快速测定法。最初测试成功后，陈宗懋又反复几次改进技术，越改越好，此后更是获得了浙江省科技成果奖。尽管这种用动物血液测定农药残留的方法能够将测定精度提高1 000倍，但毕竟这种测定方式比较原始，不是用国际上认可的精密仪器所做，得出的实验数据误差可能较大，因此测试出来的结果国际上并不承认。但在茶叶的实际生产中，内部解决测定茶叶是不是符合国际上农药残留的标准以及能不能出口等问题。虽然这种检测方式对茶农的帮助非常大，但陈宗懋还是忧心忡忡。

如果茶叶通过这种农药残留标准进行了检测，出口的时候遇到精度更高的国际级设备仪器，先不论质量是否合格，这种经济命脉完完全全被他人掌控的事，就让人憋着一口气，想想都很委屈。陈宗懋实在心有不甘！试想，一个人在面对自己的命运时，生杀大权却由他人掌握。这个比喻也许有点言过其实，却不无道理。这成了陈宗懋心中的痛。想要与国际水平接轨，显然需要采购更好的设备仪器。如果要做农药残留分析，就需要有气相色谱仪，但这样一台设备哪怕在当时也要几十万元。这对当年的陈宗懋和同事们而言，不亚于一个天文数字。思量再三，陈宗懋认为无论如何必须向中茶所提出购买气相色谱仪的建议。

这事发生在1964—1965年。基于以上种种原因，陈宗懋当时非常渴望能够得到一台国际通用的测定农药残留的设备。但这种仪器设备价格昂贵，而当时中茶所初创经费异常紧张，难以负担这笔费用。就在这个时候，陈宗懋遇上了一个他至今想起仍会感谢的人，这个人就是当时中茶所的副所长刘家坤[1]。他从部队转业而来，办公室就在陈宗懋办公室对面。尽管他分管的不是业务工作，但是

[1] 1960—1965年中茶所归属浙江农业大学党委领导，所长一职空缺，最高行政领导就是副所长刘家坤。

他对陈宗懋和中茶所里其他做研究的人以及在做的研究都很熟悉。同时他也相当清楚，中茶所里如果没有气相色谱仪，就会让研究测定的精度大打折扣。相反，如果有了这台仪器设备，研究员们就可以提取成分，气化后再进行研究，通过这种方式，研究农药残留的测定精度可以达到一百万分之一。

当接到陈宗懋和同事们提出购买这个仪器的请求时，刘家坤起先也顾虑重重，但是为了推动中茶所科研水平的大幅提高和科研工作的长久发展，考虑了很久之后，最终还是同意购买气相色谱仪。与此同时，他向陈宗懋提出几点要求：首先，必须最大化利用这台仪器，发挥出它应有的作用；其次，做研究必须有研究成果，而且要获得优秀的成果；再次，得出的成果既要对茶叶生产有用，也要对农药残留的测试有推动作用。刘家坤提出的要求，陈宗懋毫不犹豫地一口答应了。他对自己和研究团队人员都有信心。有了好的仪器设备，对研究而言如虎添翼。从此以后，中国的茶叶出口贸易一味受人约束的被动局面也得以改变。中国开始走上国际化的农药残留研究道路。

如前所述，当时在国内，气相色谱仪并不多见。陈宗懋记得，浙江省最早买这种仪器的单位，除了中茶所之外就是浙江农业大学了。中茶所这台仪器是从意大利进口的，当时花了20多万元。买来后，迅速投入研究工作中。陈宗懋借助这台设备，很快把农药残留的测试精度提高了几百倍。而且此后，中茶所检测的农药残留结果也达到了国际上认可的标准，这对中茶所的农药残留研究来说，可以被称为里程碑式的大事。所以直到多年后，陈宗懋回忆起当时副所长刘家坤对研究工作的支持，依然心存感激。刘家坤在中茶所的这一举措，直接推动了中国农药残留标准研究的进程。

关于抓老鼠提取血液以测定农药残留方法的事情，陈宗懋不由得想起一位同事。那还是陈宗懋自己刚刚进入中茶所时。起初中茶所把科研人员分成小组，到了1965年以后就变成了研究室。那时科研人员很少，在陈宗懋印象中不足10人。其中有一位同事名叫韩华琼，北京师范大学毕业，学的化学专业，与他配合共同研究茶叶农药残留的测定。当陈宗懋想到并提出了动物血液测定农药残留的办法时，她也很支持并积极参与到实验中，最终这一研究取得了相当的成果，陈宗懋认为韩华琼功不可没。不同专业人才通力合作，碰撞出更大的智慧的火花，这样的事在陈宗懋一直以来的科研道路上实在有据可循，同时又可以放眼到较为久远的未来。譬如在后来陈宗懋担任所长期间，从事管理工作时就产生了积极的效应。这是另话。

回顾历史会发现，20世纪70年代中期，中国茶叶植保领域已经相当程度地紧跟国外的步伐在前进。这时茶叶植保研究领域主要涉及农药残留。中国农药残留理念逐渐与国际接轨。国外的农药都要进行安全测试，譬如这个农药施用多久风险才能消除，采下来的农产品是否依然还有农药残留，以及这种残留具有多大的毒性，它对人体健康是否产生影响，等等，诸如此类的问题都被囊括在安全测试之中。当时陈宗懋的研究即便有了些成果，也不敢发表文章，甚至也不想发表文章。他担心将来万一有不可预料的坏事发生，到时连研究工作都做不了，岂不是得不偿失。以如今社会发展的趋势与人们相对开放的思维，恐怕难以想像当时的情境，甚至觉得陈宗懋当时的想法是否是杞人忧天、危言耸听。然而历史就是历史，如滚滚洪流，早已东流去。

尽管陈宗懋在中茶所取得了卓越的成就，然而他始终诚挚地认为，中茶所今日之所以风华正茂又硕果累累，是中茶所历任所有科研人员经年累月付出的心血和智慧的结晶。万物生长，是茶最理想的生境，同样也是人最理想的生态。

第|十|章

任所长敢创新促改革

　　陈宗懋在工作中竭尽全力，是个善于思考、敢于创新、勇于担当的人。他不仅科研能力强，人品还优秀，让人肃然起敬。很多事实证明，陈宗懋相当具有远见卓识。十年"特殊历史时期"结束后，像陈宗懋这样的知识分子重新得到了为党和国家做贡献的机会。那个时候，很多老干部开始退居二线，中茶所里新一批的研究人员走上了领导岗位，陈宗懋的科研水平和综合能力更加展露出来。

　　陈宗懋于1984年5月—1994年8月担任中国农业科学院茶叶研究所所长（1983年9月—1984年5月担任了副所长），此时正是中茶所取得科研成果的高峰时期，各种奖励接踵而至，其中包括国家级奖励。这正是得益于陈宗懋勇于探索、敢于创新、促进改革的精神，并以此带动了中茶所科研团队的进步和成果的转化。当时国家正在推行改革开放政策，讲究"稳住一头，放开一片"，全面进入快速发展阶段。与此相关的是科学技术的革新。经过了较多行之有效的尝试，中茶所得以成为改革的试点所。大家翘首以盼，充满积极性，努力进行研究，适时把研究的成果投入实践应用，促进了科研成果的转化。后来中茶所的发展思路及与之相关的实施办法，其雏形就是从陈宗懋担任所长时所倡导的创新做法演变而来，大抵都是在原先的框架上进行调整，譬如计算方法、提成的比例等。

　　陈宗懋担任所长期间，在提升中茶所整体科研能力和改善职工生活质量两大方面皆提出了一些新的意见和想法，也解决了许多当时面临的困境和问题。

　　第一，对人才招聘不拘一格。陈宗懋做了中茶所所长之后，发现中茶所里新招进来的人绝大部分都毕业于茶叶系。乍一想，也无不可，从事茶叶研究，当然是专门学茶叶的最好了。但是陈宗懋很快发现事实并非如此。譬如讲农药，既牵涉到化学，也牵涉到植保，如果仅仅是学茶叶专业的人很难做得好。陈宗懋认为中茶所的人才不能都是同一个专业出身，要有各种头脑和各种知识汇聚在一起，才会有新的思想、新的创意。茶叶里面本就包括很多学科，譬如茶叶的化学，茶叶为何有香气，这个香气是什么，它由什么成分构成，科研人员需要创造什么条件才能让这个成分形成，等等，诸如此类的问题，皆需要各个专业的人才汇聚一起以便于展开研究。茶的香味，它属于化学成分。虽然人人都知道茶香，但是某种茶香具体包含什么成分依然需要由对应专业的人来加以研究。譬如茶香中包含了芳樟醇，芳樟醇要与什么醇混合起来形成香味，才能让人闻起来感觉到舒适惬意；此外，有一些醛类化合物、醇类化合物相结合就会产生香味，但是要研究出是什么化合物，就必须开展严谨的科学的实验。

经过全盘考虑之后，陈宗懋就此决定在中茶所进行一些必要的改革。首先就从招聘人才开始——他决定招聘一批具备综合性专业素养的人才。中茶所开始招聘综合性大学毕业的学生，譬如有一年就从杭州大学、武汉大学、厦门大学等几个大学共招聘了8个化学专业的学生。当时中茶所也有部分人不理解陈宗懋的做法，感到被冒犯，认为他如此行事，对学习茶叶专业的人才有轻视之嫌。陈宗懋为了中茶所的团结气氛，也为了打消同事们的顾虑，为此还专门找他们谈话，反复强调自己绝无轻视之意，所有决定都以中茶所的良性发展为宗旨。

中茶所，自然需要学茶叶的人才。要说了解茶叶种植等方面的内容，非茶叶专业的人才莫属。反之，学化学的人才也有他的独特作用。人各有所长，又各有所短。唯有集合众人的力量，用个人之长补他人之短，使不同专业的人才进行学科交叉研究，才能够更好地提高中茶所的研究效率，方能显出卓著的成效。由此，那些有过误解的同事也就理解了陈宗懋敢为人先为大局着想的良苦用心。

第二，为创收屡出奇招。所谓奇招，在于罕见又出人意料，往往需要借助创新思维。陈宗懋从不固守传统，勇于创新，"科研必须大胆创新"乃其座右铭。陈宗懋担任中茶所所长期间，所里科研经费不充裕，因此他时常为科研经费操心。对于解决科研经费短缺的问题，可以说，陈宗懋不仅是个敢于创新的科学家，还是一个敢于创新的领导。

那时大家不怕艰苦，生活上的各种困难几乎都能够自己克服，但假若遇到像科研经费紧张这样的情况便束手无措。陈宗懋想了很多办法。中茶所曾经办过一个茶多酚厂，从茶叶当中提取对抗癌有帮助的茶多酚。陈宗懋鼓励大家对这个领域进行研究。这几乎是国内最早的茶叶综合利用方面的尝试，为了让茶多酚技术推广到市场，中茶所另外还办了一个生产袋泡茶的厂，想通过两个厂搞联合创收，赚来的钱用作研究经费。尽管后来由于各种原因两家厂都关闭了，然而这种创收的思路和探索的精神，似乎永无止境，日后一直伴随着陈宗懋的科研之路。在中国农业科学院下属的所有院所中，中茶所的创收名列前茅，因此两次获得了中国农业科学院颁发的科研成果转化奖。在陈宗懋担任中茶所所长的十年时间里，中茶所自己开发创收收入有时甚至超过了中国农业科学院批给中茶所的科研经费，为科研提供了较为充裕的支持。由此，也直接促进了中茶所在科研上的进一步发展。

陈宗懋为创收而创新思路的事，有个题外话值得一说。与陈宗懋共事良久的俞永明有两件事直到今日仍记忆犹新。一件事与中国茶叶学会有关。俞永明与陈宗懋俩人在中国茶叶学会共事的十年间，陈宗懋是学会的理事长，俞永明担任秘书长。学会和研究所不同，虽然听上去名头很大，但是没有活动经费，所以举办活动时常常会遭遇经费不足的尴尬问题。为此陈宗懋想了一个很实际的办法：大家一起收集报纸去卖。当时，每个单位都会订报纸，一般看完了就随手丢弃。他发动大家收集旧报纸去卖，换来的钱用于活动接待。虽是杯水车薪，但也解决过燃眉之急。然而，这终究不是长久之计。20世纪90年代开始，俞永明与陈宗懋二人开办培训班，通过办培训积累经费。直到现在，中国茶叶学会仍然还有许多培训班。开始办培训班纯属巧合，香港有位研究茶文化的叶惠民先生，想要开设茶文化相关课程。于是，叶惠民提出希望跟中国茶叶学会合办一个培训班，让香港人来学习茶文化。以此，再延伸到后来的茶艺班、品茶班。时下，中国茶叶学会每年会组织二三十个针对社会招生的培训班，由此积累下来的收入非常可观。这些作为中国茶叶学会主要收入来源的培训班，都是在陈宗懋和俞永明创办的培训班的基础上发展起来的。

　　另一件事就是从1985年开始举行的名优茶评比活动。举办这个活动，一方面是为了推动名优茶的发展，另一方面是出于创收的考虑。这个评比活动的举办也是机缘巧合。1985年，俞永明去北京中国农业科学院开会，碰到了农牧渔业部农业局的副局长。他问俞永明，作为基层干部，对中国茶叶发展有什么计策。俞永明就介绍，中国茶叶学会想举办名茶评选活动。当时还没有名茶概念，中国茶叶学会已经在超前地计划名茶评比。这位副局长一听欣然同意，当即提出农牧渔业部跟中国茶叶学会联合起来共同举办这个活动。俞永明回来后跟陈宗懋汇报，陈宗懋也觉得这个主意非常好。就这样，由农牧渔业部和中国茶叶学会举办的首届名茶评比就开始了。名茶评比需要收取一定的费用，除去必要开支，结余部分作为中国茶叶学会的活动经费。此后，名茶评比每两年举办一次，截止到2017年共举办了十二届。每次评比都有800～900份茶叶样品寄到中国茶叶学会。可想而知，其间定是会有相当的收益。通过当初陈宗懋、俞永明创立的培训班、名茶评比等活动，中国茶叶学会现在再也不必为经费而发愁了。

第三，大力栽培和提携年轻科研工作者。杨亚军从20世纪80年代初起与陈宗懋同事至今，对此有切身体会。杨亚军出生于1961年，江苏如皋人，1982年毕业于华南农学院（现华南农业大学）茶学系，曾任中国农业科学院茶叶研究所（浙江省茶叶研究院）所（院）长、党委副书记，农业部茶叶质量监督检验测试中心主任，是国家茶叶产业技术体系首席科学家。

杨亚军是我国恢复高考后的第一届大学生，他读大学前与茶叶就颇有渊源。1977年，高中毕业时，他父母在海南岛的一个国营茶场工作。同年9月，恰逢茶场招聘，他就到了茶场参加工作。这就意味着，在1978年报考大学前，他在茶场工作已逾半年时间，对于茶叶种植、采摘等都有了不少了解。用他自己的话来说，那个时候就已经是拿工资的"茶农"了。这段工作经历对他日后产生了较大的影响。

刚进入中茶所的时候，杨亚军是所里年龄最小的。时光如白驹过隙，转瞬就快四十年。而今中茶所里除了陈宗懋，杨亚军就是最年长的了。在这些年里，有的人退休了，也有的人工作调去别的单位，恢复高考后第一届毕业的大学生中，算起来，中茶所里只剩下杨亚军一个人了。在来杭州之前，杨亚军对杭州的印象是西湖很美。但在前往中茶所的途中，一路所见皆是农田，进中茶所的那条路是单行道，很窄。到了中茶所，杨亚军听前辈说起，这条路已经是修整过的柏油路，早些年更加窄小。杨亚军所读的华南农学院位于广州。广东沿海一带是中国改革开放最先行的地方，是改革开放的春风最先沐浴的地方。可想而知，与广州相比，中茶所四周的山林和田地，使他似乎又有了回到乡村的感觉。但是很快，一想到自己学习的茶学专业，能在此处有用武之地，可以为中国茶业尽些心力，实在是一件自豪又幸福的事。遂而杨亚军调整了自己的心态。之后的工作也让他觉得，自己当初的选择是对的。

在中茶所工作了大半辈子的杨亚军，与陈宗懋有着超越一般同事的深厚感情。他心目中的陈宗懋，又是怎样的一个人呢，这样的一个人又将为中茶所的发展做出怎样的贡献？时光回溯到1982年3月，杨亚军从华南农学院毕业分配到了中国农业科学院茶叶研究所。他在大学期间学习的专业是茶叶，分配到中茶所后进入了育种研究室，主攻育种领域。因此刚到中茶所的时候，他并没有和陈宗懋分到同一个部门，当时陈宗懋在做植保研究，两个人研究的方向自然也就不一致。

陈宗懋自20世纪60年代初期进入中茶所，经过二十多年在茶叶领域的不辍耕耘，已然是业界较为知名的专家，对此杨亚军也早有所闻。尽管当时的陈宗懋还不到50岁，但是在年轻的杨亚军看来，陈宗懋已经是所里非常厉害并且德高望重的老专家、老先生了。所以起初面对陈宗懋的时候，他总是怀着一种敬畏心，甚至因此有些害怕而极少主动交流。加之当时两个人研究领域不同，因此接触的机会并不多。这就导致杨亚军像其他新到中茶所里的年轻人一样，觉得陈宗懋是个不苟言笑的人。然而一旦实际接触，这些固有印象就会顷刻消失，甚至有些会被完全颠覆。杨亚军也是在有一次向陈宗懋求助后才发现，陈宗懋其实是个颇为风趣的人，为人非常和善，丝毫不会因为对方是新人而摆专家架子。

在杨亚军这一届毕业生中，对于学习英语非常重视，学好英语在当时也是学科研究的必备条件。某次，他看到一篇英语文章，其中有句话令他百思不解，后来有人提醒他，陈宗懋的英语水平很高，可以帮助他。杨亚军虽然有些顾虑，但是考虑到问题摆在眼前必须要解决，最后还是鼓足勇气去请教陈宗懋。结果陈宗懋十分平易近人，不但很耐心地给他做了讲解，还热情地给他推荐了更多的资料以供研究学习。据杨亚军回忆，这次交流令他印象极为深刻，他也因此知道了陈宗懋的英语水平之高且通晓多国语言。

初到中茶所的时候，所里科研项目比较少、科研经费也不多，种种条件与今日相比，自是不可同日而语。当时杨亚军在负责中茶所酶领域的研究，遇到了难题：缺少电泳仪。听说陈宗懋带领的研究团队里有一台这样的仪器，于是前去向他求助。陈宗懋欣然同意，却不承想会出意外。这台仪器由日本原装进口，匹配电压为110伏，而国内用电的电压是220伏。杨亚军一时疏忽，既没有弄清楚电压要求，也没有仔细看说明书，直接使用了这台仪器，导致其损坏。此事被陈宗懋知道以后，他较为严肃地与杨亚军进行了一次谈话，直接指出对方之所以操作过程失当，是源于并未按照仪器的规程来合理操作。简而言之，今后仪器在使用之前一定要事先仔细阅读说明书。纵使多年后杨亚军再忆起当日情境，依然很感激陈宗懋给他的那次"教训"。这个教训对他而言很深刻。从此以后他深切明白了无论是做研究还是平日做事，必须要克服自己不够仔细、不够严谨的缺点，务必要认真、切不可马虎。

尽管当时中茶所的各项条件有限，育种室仪器也没有如今这么多，甚至还有人讲风凉话——搞育种的没什么水平，无非测测量量。在很多外行人看来，育种这项工作仅仅借助表面观察，再量一量、称一称，如此简单。实际上，育种是一门博大精深的学问。做育种研究，需要观察每一个品种的形状、芽的长短……种种细致分析却不为外人所知。就算在那样的环境下，杨亚军并不曾因为他人的误解而沮丧，反倒埋头苦干专注于研究。他明白做好育种对于茶叶研究的重要性，经过多年的不懈努力，也取得了相当可喜的成绩。

在20世纪80年代，整个中茶所的仪器设备都比较少，并且只有一个生理生化研究室。要做生化检测时，大家都得到生理生化研究室做实验。杨亚军所在的育种研究室还未有较大的项目支持，所里就尽其所能拨些经费，让大家的研究可以进行下去。大约在1986年，中茶所得到农牧渔业部40万元的项目支持经费。然而这笔钱要供全所5年的各种用度，分摊下来，一年不足8万元，这其中还包括每年6至7个小课题的研究经费。茶树的育种就是其中课题，可想经费捉襟见肘，科研条件十分艰苦。尽管如此，中茶所领导依然当机立断，花费五六万元购买了一台日本进口的紫外可见分光光度计。

据杨亚军回忆，购买日本紫外可见分光光度计大概是在1987年。此事让杨亚军感受到了当时作为中茶所领导的陈宗懋对年轻人培养的重视。因为刚得到农牧渔业部批准项目经费的消息时，杨亚军就和陈宗懋说起了设备短缺的困难。谁料说者无心听者有意，陈宗懋把这事记在了心里。等到有了经费，马上解决了仪器的问题。

还有一件事，令杨亚军印象深刻。当时中茶所的课题研究实行招标制度。课题公开招标，其中有一个大项目是茶树新品种选育专题。杨亚军对其中的茶树育种品质早期化学鉴定技术研究特别感兴趣，于是就申报了这个项目。陈宗懋与所里其他领导一致决定将此项目交给他和另外一位同事。那时候，他们两位的职称还只是初级，能够竞标成功的可能性不大。但是陈宗懋非常重视培养年轻的科研带头人，大胆启用年轻人，尽可能地给他们提供科研项目以使其有更多崭露头角的机会。因此，由当时中茶所里最年轻的两个课题主持人——杨亚军和另外一位育种室的同事，各自主持一个课题。此前，杨亚军还未曾有过申报经验，向同事们打听之后又在他们的指导之下做好方案，鼓足了勇气才提交到所里。因此，他并未抱多大的希望。所以当得知自己竞标成功，可以独立主持该课题时，感到既欣喜又意外。那个时候他才意识到陈宗懋用心良苦。当时与杨亚军一起获得主持课题机会的同事，也才研究生毕业不久，只比他稍微年长几岁。尽管往事如风，转眼间多年已过去。然而每当回忆起此事，杨亚军无不感慨，除了感谢陈宗懋多年以来对自己的关照，也很佩服当年他栽培和提拔年轻人的观念和勇气。

　　杨亚军自己担任中茶所所长后，对陈宗懋的敬佩之情尤甚。大多数人在80岁时，早已退休在家含饴弄孙、颐养天年。陈宗懋虽然已是耄耋之年，却仍在为中国茶产业东奔西走，亲自到一线去做大量的推广工作，其出差量堪比年轻人，有时甚至更多。几年前杨亚军曾看到院士团队成员发的照片，使他极为感动：炎炎夏日，陈宗懋戴着草帽在茶园现场指导，调查诱虫效果。在中茶所的同事们看来，陈宗懋不是在出差就是在所里做研究、指导学生。而出差，都是为了推动茶叶研究成果的科普推广。无论产业还是地方政府，只要有需要，他都会有求必应。有时候，杨亚军担心他的身体，就建议让年轻人去做那些事，希望他只出点子、出思路，不必事事躬亲。但是他不忍心拒绝那些求助，还是亲力亲为，坚持去第一线。他始终认为，只要是自己力所能及的，就应该尽量帮助对方解决问题。在他的带动下，中茶所里的人都被这种忘我的工作气氛所感染，个个成了工作狂人。

　　第四，与时俱进调整科研方向。陈宗懋对中茶所的整体建设，发挥了很大作用。在陈宗懋接任之前，中茶所的研究方向重点在研究茶叶的产中，即只研究茶叶怎么种。陈宗懋接任领导工作后，把研究方向分别向产前、产后延伸，建立了综合利用研究室。从1983年开始，茶叶产量增加了，需要做综合利用方面的研究，甚至像"茶叶怎么消耗掉"这样的问题也要考虑进去，这势必要求研究员们把茶叶综合利用起来。1985年，时任中茶所所长的陈宗懋非常重视这一点。他坚持开展资源研究，把产前、产中、产后三者整合起来，作为一个产业链条开始研究。

　　当时研究所里还制定了一套制度：每一年每个人必须有一个年终报告。年终每个人都要发言，讲解自己这一年的工作内容和心得体会。每年把这些东西印制成册，其中包括各种数据图表，并将其称为科研工作总结。这样的做法一直延续到了20世纪90年代。陈宗懋曾说过，这些材料有两个方面的用途：一方面，作为交流资料，包括高校在内的科研人员非常需要这种第一手的研究资料；另一方面，可以提高科研人员的水平，积累资料、获得经验，促使大家做出更多的科研成果。事实证明，这个办法行之有效。这些资料，对外也着实给高校提供了很多研究上的便利和帮助，对内也为研究人员本身的资料积累提供素材，并且提高了所里研究人员梳理整合资料的综合能力。经过这样的锻炼，中茶所里的很多研究人员迅速成长起来，他们中不少人从大学毕业只知道理论知识，到经过实际磨炼具备了丰富的实践经验，某种意义上，这促使他们的研究之路产生了质的飞跃。

陈宗懋任职中茶所所长期间，对推动龙井茶的育种工作，也是功不可没。西湖龙井市场需求度一直很高。20世纪80初期，中茶所临近的西湖龙井产区就在一个很小的范围内。为了保证正宗西湖龙井的口味，其产区限制得很严格，西湖龙井一级产区面积极小。后来龙坞被列入了西湖龙井产区，被称为二级产区，总共有不到3万亩的茶园。总体上西湖龙井产量很少，但知名度却很高。

市场上不时会出现西湖龙井茶打假的新闻。中茶所包括陈宗懋在内的许多专家，也为这等事情费了不少心力。到底该如何保护真正的西湖龙井？中茶所专家们认为，对消费者而言，无非希望喝到质量上乘的茶。为了鉴别市面上的茶叶是否为西湖龙井，中茶所做了相关研究，用客观的指标来判断，那就是茶叶是否出自核心产区。陈宗懋一直提倡喝茶就要喝好茶，人为地用产地限制茶叶品质，也未必合适。尽管包括茶叶在内的农产品品质好坏，跟它所生长的地理环境的确有很大的关系，但也不能一概论之。社会上有过这样一种说法：除了西湖，其他地方找不到类似的环境，种不出上好的龙井茶。在这一点上，陈宗懋、杨亚军等中茶所的专家们，以科学发展的眼光，认为这样的说法未免太过武断。

中茶所在龙井茶的育种上做了很多研究工作，可谓卓有成效。譬如曾获全国科学大会奖的龙井43号，自1960年开始选育，于

1987年被全国农作物品种审定委员会审（认）定为国家品种。当然，也有人认为龙井43号的品质不够优良，缺少传统龙井茶的品质特征。而在陈宗懋、杨亚军等专家们看来，这个说法颇为牵强。因为用龙井43号炒制的茶，现在已经广泛地得到了消费者的认可。原产地保护标准中，也把龙井43号列入龙井茶系列。

从科学研究再到作用于实践，其间不乏各种困难与波折。就在六七年前，还有人向西湖区农业局提出，让农民把已经种好的龙井43号砍掉，换成群体种（传统龙井茶种）。因为在他们看来，群体种是唯一正宗的西湖龙井，而这么做的目的是为了保护传统。但是杨亚军获悉后认为，保护茶农的利益才是最重要的，强迫茶农把已经种上的龙井43号树种换掉，并不可取。这一点，也得到了陈宗懋的支持。他认为保护传统与科技进步并不相悖。换言之，保护传统

　　1987年，陈宗懋（前排左五）担任中国农业科学院茶叶研究所所长时，特别邀请澳大利亚专家Desmashler（前排左七）来中茶所参观、做讲座

没有必要排斥科技进步。对于人们说保护传统西湖龙井茶品质，但是他们也许并未考虑到制茶工艺也在不断改进。以前，龙井茶采摘下来，立刻就要炒制。随着时间变化，后来工艺也发生了诸多变化，譬如首先要摊一摊，俗称摊青。由此可见，传统也在曲折发展。传统既有糟粕，又有精华。好的传统需要保留下来，糟粕之物就要剔除。另一方面，流传下来的事物并非皆为精华。有些技艺曾经确实产生过好的效用，但是随着现代科学技术的进步，带来了更好、更合乎当下发展需求的工艺。那么，与之相关的事物就要更新迭代。总而言之，传统与创新非但不相悖，处理得宜，反倒会硕果累累。对中茶所的专家们而言，初心永远不变，那就是：把一杯更好的茶叶奉献给消费者。

此外，为了中茶所的科研水平能够跟上时代步伐，挺进科技前沿，陈宗懋大力推动中茶所的国际交流活动，并且自己也积极参与到地区与他国的交流活动中。譬如1987年，陈宗懋就邀请了澳大利亚专家Desmashler到中茶所来参观、做讲座。1989年，邀请了日本著名茶叶生物化学研究专家竹尾忠一到中茶所进行学术交流。1993年，陈宗懋前往中国台湾参加第三届中国饮食文化学术研讨会，其间还不忘到台湾茶叶改良场参观、学习，讨论茶叶加工工艺以及茶与健康等相关知识。

虽然经过许多年卓有成效的研究工作之后，周遭的鲜花与掌声不断，但是陈宗懋自己却极为清醒，从不贪功。他认为任何一个人的能力都是有限的，无论是作为领导做决策抑或作为科研人员从事研究，单打独斗往往难出成果，必须要组织团队，形成多方面成员的配合。通力合作，才能更容易出优秀成果。在俞永明的印象中，平常大家都各有各的工作，与陈宗懋的接触并不多。但是一旦有需要共事的时候，两个人总是配合得很好。也因为有着这样团结互助的风气，在众多研究所中，中茶所取得的科研成果比较多。获得国家级重大奖项最多的时间正是他们共事、搭档组建领导班子的时

1989年，日本茶叶生物化学研究专家竹尾忠一（右）到访中国农业科学院茶叶研究所，陈宗懋（左）陪同其在西湖边参观游览，两人在"日中不再战"纪念碑前合影留念

1993年，陈宗懋（左五）与台湾茶叶改良场场长等合影

候。当然，这也与包括陈宗懋在内的中茶所历届领导在建所后创造的一整套的组织管理方式有着莫大的关联。

俞永明自 1960 年开始就与陈宗懋共事。而后从 1984 年到 1994 年，两个人又搭班子做了两届中茶所的领导。根据 1998 年的《中国农业科学院茶叶研究所所志》，1984 年 5 月 23 日，农牧渔业部（84）农发字第 114 号文通知，任命程启坤同志为所党委书记，免去其所长职务，陈宗懋同志任所长。陈宗懋所长负责中茶所的科研管理，俞永明副所长负责中茶所的行政管理，此外程启坤书记负责党务管理。当时中茶所就他们三位领导，分别管理政治、行政和科研三个方面的工作。三人各自独当一面，共同将中茶所里所有工作管理和运营起来。陈宗懋担任所长的近十年时间里，为中茶所培养科研人才、提高科研水平以及科研成果转化，做出了一个有资历的科学家、一个有担当的领导应有的贡献。

那么在改善职工生活方面，陈宗懋与当时的领导班子又做出了哪些成绩呢？

首先，极大地改善了科研人员的饮食问题。话说"民以食为天"，在科研人员的饮食一事上，陈宗懋也有所作为。1977 年我国恢复高考，1982 年第一届大学生毕业。而在此前约十年时间里，中茶所几乎没有引进过正规的大学毕业生，科技人员出现了断档的局面。直到 1982 年第一批大学生毕业，中茶所才陆续进来了十多个大学生。陈宗懋发现新来的大学生都是单身青年，住在集体宿舍。当时中茶所的食堂只供应午餐，他中午都跟大家在一起吃饭。陈宗懋 1983 年担任中茶所副所长时，情况并无太大改观。吃饭时他依然会听到一些新来的年轻人诉苦：中茶所食堂为何早晚不开？陈宗懋就提出，食堂早餐和晚餐一定要有，也就是一日三餐都要供应，同时要给这些青年每个月补助两斤鸡蛋，来增加营养。这个补助只针对新毕业的大学生，其他人（包括陈宗懋自己）一概没有。中茶所专门调出这部分经费，是为了让他们能够安心留在中茶所里工作。这一举措是陈宗懋担任中茶所领导期间提出的，足以看出他对青年学子的关爱以及对中茶所良性发展的长远规划。

关于饮食问题，还有一事值得一提。那时中茶所由于位置偏僻，所里的许多研究人员每到周末，都会去转塘买菜。有时候几家凑在一起，把茶场里的手推车或大板车借来，去转塘的供应点拉煤饼。那时候大家的生活都很艰苦，需要克服各种生活不便的问题。因此自家做饭不是很便利，大家都习惯在单位食堂解决吃饭问题。但食堂饭菜是大锅饭，味道肯定比不过自家小炒，菜式的选择性也较少，因而总是有人提出各种意见。陈宗懋很重视同事们的吃饭问题，当时中茶所基本都是靠上级部门拨款，经费很紧张。陈宗懋灵机一动，想出一个办法：用成果转化的方式搞开发，补贴食堂。这在当时是非常超前的想法。陈宗懋担任中茶所所长伊始，就鼓励大家把科研成果进行转化，做技术服务来进行创收以解决经费不足的困难。由此，既能提高职工收入，又能增加中茶所的收入。实乃两全其美，何乐而不为。杨亚军后来担任了中茶所所长之职，继续秉持老所长陈宗懋的做法——按照一定比例将开发所得奖励给项目完成人，从而进一步改善了大家的生活条件。

其次，极大地改善了职工的住房条件，连带解决了职工子女的教育问题。中茶所的住房条件与办公环境，也跟着中茶所科研发展的脚步，一步一步改善起来。中茶所从1958年创建到七八十年代时，不仅宿舍楼一直紧缺，科研楼也一直不够，大家挤在一起生活和工作。可以想见，在20世纪70年代末，副所长刘家坤对这些亟待解决又很难解决的问题何尝不是一筹莫展。所幸的是，1977年，中国农业科学院本来有要分给灌溉研究所的基建项目，但是灌溉研究所没有接手。副所长刘家坤在中国农业科学院开会时，听到他们谈论这些遗留下来的基建项目的事，他赶紧就承接了这个项目。于是乎，科研实验楼建起来了，就是现在的中茶所2号楼。八十年代中期后，作为所长的陈宗懋做实验时，也要像其他科研人员一样，四五个人一起挤在一间约20平方米的实验室中工作。当时中茶所的几位领导都意识到，需要加建科研楼，但鉴于职工住房紧缺的现实情况，建科研楼只能暂且搁置，盖宿舍楼已迫在眉睫。

为了解决中茶所职工的住房问题，陈宗懋在任所长期间也曾竭尽全力。据杨亚军回忆，当年刚到中茶所时，单位宿舍还是七十年代末建造的旧楼。但是即便如此，这样的宿舍也并非人人都能够申请得到。很多新人都只能住集体宿舍。杨亚军刚结婚时，就住在中茶所一间只有16平方米的单身宿舍里，他的儿子也出生在这个小小的房间。

到了1986年、1987年，考虑到必须要改善职工的住房条件，所里好不容易才盖起了新的宿舍楼。为了这个宿舍楼，所长陈宗懋可没有少费心血。他到处奔走，想尽各种办法，最终得偿所愿争取到一笔经费，才把大家的住宿条件改善了。1987年，在陈宗懋的努力下，单位宿舍条件有所好转，而且开始有房子可以分配给职工。杨亚军也分到了一套小房子。房屋的门口原本有个小水沟，陈宗懋也找人把它填好了。住宿条件得到了很好的改善，大家都很满意。

今非昔比，时人很难想象彼时彼境建一座楼是何等不易。陈宗懋就和俞永明商量，一起去北京中国农业科学院争取基建项目的名额。中国农业科学院下属共有30多家研究所，每年只有几个基建项目名额，不可能都轮得到。陈宗懋就跑去中国农业科学院给领导汇报中茶所的状况，一路奔走，几番诉求，最终争取到了建造宿舍楼的项目，解决了科研人员的当务之急和后顾之忧。这个可喜的成果是陈宗懋、俞永明和程启坤领导班子三人共同争取而来的。

谈起中茶所这次盖宿舍楼的事，不得不提所里科研人员子女的教育问题。实际上，中茶所盖新的宿舍楼，不仅存在建设经费短缺的问题，还有因科研人员子女教育而产生的选址问题，一度产生了颇大的分歧。很长一段时间以来，它都是困扰中茶所科研人员的重大问题。因为中茶所位于梅家坞附近，地处偏僻，实乃乡下，根本没有配套的优质教育资源。这些科研人员几乎都是受过高等教育的人才，自然极为重视子女的教育。并非他们对农村的学校存有偏见，只是更加希望让自己的子女们尽可能地接受最好的教育。天下父母心，谁不望子成龙！因此这些孩子们大多不就近读书，而是被送到杭州市里读书。当时中茶所里有100多名工作人员，当陈宗懋找人做调查时发现：中茶所职工的孩子中，有40多个在读中学，而他们却分布在杭州十四所不同的中学。为了解决孩子的读书问题，大家通常都是各找门路，自己托关系、想办法。

了解了这个情况后，加之当时住房条件确实不尽如人意，陈宗懋作为心系中茶所发展的领导，面临着重重困境，感到了深深的压力。他非常清楚，这些后勤问题如不及时解决，科研人员难以安心工作，长此以往，必将影响中茶所的发展。当时，中茶所到九溪这段路没有公交车，每天只有早中晚三班从梅家坞发出的车，乘坐很不方便。当时许多研究人员的孩子都要从中茶所骑自行车到九溪，放下自行车后，再搭乘公交车到杭州市区，一路奔波，十分不易。这也是当初陈宗懋想着把宿舍楼建到城里的原因之一。基于以上这些情况，陈宗懋和所里其他领导商量后决定，这次宿舍楼一定要建在市区，那里的教育资源更为优质，只有这样才能真正长久地解决科研人员的后顾之忧。

在建造宿舍楼的过程中，大家也碰到了诸多困难。其中就有这样一个小插曲。当时中茶所不少年轻的科研人员提议，要把宿舍楼建在牛坊岭（现在的宋城景区），认为这样买菜、上班方便就行，不曾把未来子女教育的问题考虑得那么周全。鉴于之前经历的各种艰苦，尤其是孩子们上学难的问题大家都有目共睹，必须优先考虑下一代的教育问题，如果这个状况得不到改善，中茶所恐怕难以留住优秀人才。于是，陈宗懋、程启坤和俞永明都极力反对，他们一致认为，这次宿舍楼应该盖在杭州城里。较之牛坊岭，有些人认为把房子建在市区，对于工作而言，位置过于偏远。

尽管有时候针对一个问题，陈宗懋和俞永明两个人可能争得面红耳赤。但是一旦做了决定就会坚决执行，分工合作，逐步克服困难。陈宗懋和俞永明在这样的工作环境中，一路走来总体上配合得十分默契。俞永明向来认为，陈宗懋在任中茶所所长期间，先民主、再集中，发挥民主集中制这一方面贯彻、落实得很好。当时遇到什么问题都要讲究大家民主讨论，为此有段时间中茶所内部争论不休。陈宗懋不会端所长架子，而是耐心细致地跟大家做思想工作，一个一个与他们谈话，讲出利害得失，不断开导大家。陈宗懋后来又根据实际情况告知各位：牛坊岭周围环境比较乱，小偷很多，房子即便建好大家的安全也得不到保障。经过几番讨论和商洽，才最终说服了其他人。

房子若要盖在市区，首先需要找杭州市政府批地。市里批给中茶所的土地位于现在九莲新村的附近。如今日新月异，无法想象那时九莲一带的情况——不是池塘，就是水洼，地势不是特别适合建造房屋。于是大家齐心协力，首先把水塘填起，然后再造房子。基建的时候要打桩，但是地基下面全是水，桩打进去也无法支撑。中茶所的研究人员主要研究农业，对于建筑行业而言，属于外行。但是俗话说人多力量大，大家受到山地测量平板仪原理的启发，想出了一个好办法：在水塘上面先浇筑一块平板，再在平板上盖房，这样压力将被平均分布，房屋就很稳固不会下沉。得益于大家的通力合作，九莲新村的两栋房屋拔地而起，也算是科学作用于实践的活学活用了。中茶所的宿舍终于搬进了城。从此，科研人员的住宿条件得到了根本性改善，生活的便利性也得到了极大提升。尤其值得一提的是妥善解决了工作人员子女的教育问题，因此大家都很满意，能够更好地安定下来专注于科研。

再次，适时地解决了交通不便的问题。除了解决宿舍楼及连带的教育问题，对于交通不便的事，陈宗懋也花费了颇多心力。

20世纪80至90年代，中茶所所在的梅家坞附近，依然处于偏僻的乡村，生活上方方面面都受到不同程度的影响和限制。在担任中茶所所长的十年时间里，陈宗懋不仅仅在科研工作上关注年轻人的发展，给更多人机会，在生活上他也是一个细心周到的人。杨亚军记得自己初到中茶所工作时，生活上有许多不便之处，尤其是上下班的交通问题亟待解决。当时中茶所到杭州市区还未通车，如果要去杭州市区，只能先走到九溪，再乘坐公交车。而且，一天只有早晚两班车。当时陈宗懋意识到大家出行不便的问题，联合中茶所的其他领导想了不少办法。其中有一项措施是安排大客车接送同事们上下班，而且在休息日也可以乘坐。这趟车给许多经常往来市区的科研人员提供了极大的便利，大家都很高兴。

陈宗懋任所长、程启坤任党委书记、俞永明任副所长组成的领导班子，三人不仅要管理研究所的日常事务，同时还都要处理好自己的研究课题，平日一有间隙，都在生理生化研究室工作。比起别的单位，中茶所的领导离不开实验室与自己的研究领域。

陈宗懋自然也不例外！陈宗懋从1983年9月担任中茶所副所长，1984年5月升任中茶所所长，直到1994年8月卸任。他在担负一个领导者的使命，尽心竭力解决职工各项问题的同时，也不曾忘记自己作为一个科研工作者的本职——他对研究工作没有一丝松懈。在当所长的十年时间中，他做了40多种农药残留的分析，其中有18种作为国家标准颁布，有成果获得了国家科技进步奖。除此之外，还在做品种资源的研究。他就这样有条不紊地进行着科研工作，走过了"七五""八五"规划的十年。

中茶所经过了20世纪60到80年代近30年众多科学家们的不懈努力，科研成果陆陆续续瓜熟蒂落地出来了。由于陈宗懋、俞永明和程启坤组成的这套中茶所的领导班子团结友爱、配合默契，中国农业科学院先后两次把他们评为优秀领导班子。在此期间，中茶所获得了多个国家级的奖项，也造就了中茶所科研成果大爆发的辉煌的90年代。

陈宗懋担任中茶所所长期间，工作尽职尽责无愧于心，作为科学家也取得了骄人的成绩。杨亚军作为年轻一代科研工作者，对时任所长陈宗懋的印象颇具有代表性。他认为陈宗懋不为名利所驱使，只为科研争朝夕。客观上，在整个国家农业研究领域，茶叶与水稻这样的主要粮食作物相比，属于一个小众的科研领域。而国家级奖励数量有限，茶叶科研成果评奖的难度可想而知。行业内有人做过统计，育种科研成果获奖的概率较高。譬如，水稻科研获得的大奖，大部分跟育种有关。但茶树是多年生作物，生长周期较长，往往一种就是数十年，几乎不可能随便挖掉又重新栽种，经常需要数年时间才能获得研究成果。农业科研成果在申报奖项时，通常有两个方面的考量：一是成果技术水平，二为成果应用范围。由此可知，中茶所的很多项目在评奖时就处于劣势。让杨亚军感到敬佩的是，陈宗懋一心一意钻研学术，从不为任何奖项和名利所动。恰如他所言，陈宗懋是"一个非常扎实的人"。

近年来，陈宗懋专注于茶树植保的绿色防控技术与茶园生态研究。在这个学术领域内，他的研究始终处于非常前沿的位置，获奖概率很大，因此有人建议他把这个项目总结一下去报奖。但是他秉承一贯的严谨态度，认为目前的研究还处于偏理论的方向，实际应用成果不够丰富，推广面积也不够广泛，因此没有申报，选择继续研究。而中茶所也很支持他进行这类前沿的科学研究。

那么，当时同为青年科技工作者的江用文又是如何看待陈宗懋这位所长的呢？"陈宗懋总是走在科技最前沿。"这位现任中茶所书记兼中国茶叶学会理事长如是道来。江用文1965年出生于安徽怀宁，1986年毕业于安徽农业大学并分配到中茶所工作至今，在茶叶加工领域深耕30余年，2002年被评为浙江省跨世纪151人才工程学科带头人，2007年被授予浙江省有突出贡献中青年科技专家称号。

"敬佩"，江用文就用这分量很重的两个字来形容陈宗懋。江用文认为陈宗懋眼界与格局皆非同一般，在茶树研究的多个领域都很超前。无论是从20世纪60年代起就开始研究农药残留，还是从90年代初就开始从事化学生态学研究，陈宗懋在国内外也都是最早一批人，可谓开拓者。在他看来，陈宗懋作为中茶所所长和茶叶领域专家，善于通过调研，及时发现和总结茶产业目前存在的问题，而且能够把这些信息凝练汇总成重大科技问题向上级提出建议。作为一个具有前瞻性又心系产业的科学家，陈宗懋始终非常关注整个茶产业的发展。他不但专注于自己的植保学科，而且纵观全局，从中茶所学科发展的角度着手考虑发展问题，全面了解其发展态势。

有一件事让江用文印象极为深刻。20世纪90年代，一直关注国际茶学研究的陈宗懋捕捉到了国外茶产业研究的风向，其中有一项就是茶叶新产品开发。他综合国内的科研及产业现状，提出了茶叶定向化加工的理念，倡导根据消费者诉求来设计茶叶品质风味。就是要求生产企业依靠科技提高品质，研发符合消费者需求的不同风味的产品，不断满足多样化的市场需求。这个理念，对于中国茶企的发展起了很大指导作用。其实，陈宗懋还提出过很多类似的科研建议。作为既关心产业发展，又有着宏观思维能力的茶叶科学家，他得到的尊重和赞美不仅仅局限在实验室里，更多的是来自千千万万从事与茶叶相关工作的人们。

第十一章

学海无涯
苦读作舟

如今已成为中国工程院院士的陈宗懋，在青年时代就已经展露出作为科学家的科研精神。他对科学永不停歇的探索精神，让国际上的专家学者们也刮目相看。从幼年求学，到工作再到成为院士，陈宗懋对自己的评价都是阅读的习惯已经深入骨髓。从幼年求学夜晚背诵古文，到工作时见缝插针跑图书馆学习，成为院士后他也从未放弃过阅读的习惯。无论是机场候机，还是坐车途中，抑或平日偶有闲暇的空隙，总之诸如此类的时间，他都会掏出书本或文献来阅读。一年会阅读超过 1 000 篇外文文献。这种阅读强度对于一位年轻科学家尚且不易，更何况是已经年逾八旬的陈宗懋。这不得不使人敬佩。

陈宗懋院士办公室内，一本砖头厚的英汉词典由于长年累月不断翻阅已经被翻烂。所谓"读书破万卷，下笔如有神"，这本词典正是明证

陈宗懋认为自己之所以能够取得一些科研上的成绩，是因为他从小热爱学习，喜爱阅读，而且勤奋刻苦。通过几十年科研经验，他总结出来就是要大步走向世界，必须了解最新信息，否则，一切的科学研究都是不可靠的。对陈宗懋而言，正是因为热衷学习，喜爱阅读，浸淫书海，乐于泡在图书馆，才有了许多研究成果和与之关联的故事。

陈宗懋爱看书，不但自己看，也把这份爱传递给家人。他一旦看到好书，就会忍不住购买。另外，家人们需要或者他觉得适合他们的书，也都会买来送给他们。陈宗懋用自己独有的这种方式表达着对家人的爱。包括给孙子孙女们的练习题，都由他亲自购买。孙辈们的专业书籍或教科书，他会专程去新华书店挑选。杭州解放路的新华书店，是陈宗懋最常光顾的书店，他一有空，就会去逛。有一次，雨下得很大，一家人开车出去办事。经过一家新华书店的时候，他就停了车，提出先陪着孙子到那里买书。大家等了又等不见他们的踪影。原来这祖孙二人在知识的天地里徜徉，身心皆已忘乎所以，哪里还记得外面焦急等待的家人。出差时每到一个城市，只要有空，他不是在图书馆就是在逛书店。关于什么地方新开了书店，他往往有着最灵通的消息。

除了专业书籍，陈宗懋还喜欢看名人传记；电视爱看《环球新闻》。对他而言，宁可物质上匮乏，精神食粮方面则是越饱满越好。哪怕在最艰难的岁月里，他也从未停止过买书、看书。从前家中订报纸和杂志需要的花费就不少，每年皆在500元以上。这在当时，并非一个很小的数字。

陈宗懋对于学习的认真态度，有目共睹。20世纪60年代在中茶所最初的几年里，陈宗懋除了日常的研究，还参与了茶园的改造，也去茶场做过炒茶的工作。鉴于当时的特殊情境，白天大部分时间都被劳动占据。大家白天在田间、茶场辛苦劳作，晚上回到中茶所早已筋疲力尽，倒头就睡，谁还有时间和心思再学习？但是陈宗懋不然！他从不曾放弃，学习始终占据着他人生重要的位置。即便是在那段艰难的"特殊历史时期"，陈宗懋始终想着科研上如何能够进步，其刻苦学习的精神让人敬佩。

陈宗懋利用一切间隙，坚持学习。他白天和大家一起在外面劳动，晚上回中茶所后就继续看书、做实验。不仅如此，他还经常偷偷跑到图书馆、办公室去阅读。很多人都知道，想要在中茶所找到陈宗懋，去图书馆碰上他的概率会很大——因为图书馆是他去得最多的地方。图书馆的人也都知道，他借的外文书最多，看得也最快。他精通英文，此外还能看懂俄语、日语、德语和法语等多种外语书籍。中茶所订购的外文书一到，他就会跑去借阅。他的好朋友、茶叶专家俞永明也经常去借外文书。那个时候书上有借阅卡，谁借走过一眼便能看到。俞永明发现自己去借的那些书，陈宗懋都借过。陈宗懋不时感喟："知识分子正是依靠知识为大众所服务、为社会做贡献的。"他这种敬业的精神也让许多人佩服。哪怕在当时那么艰苦的条件下，他仍然坚持了一个知识分子应有的品格。

关于陈宗懋爱学习，他的老同学兼好友张国椋认为，陈宗懋今日之所以有如此成就，跟他聪明不无关系，然而最重要的是他日复一日、孜孜以求地学习。张国椋曾经多次与陈宗懋一起出席国内外会议，数度被安排在同一个标准间。每到夜深，他准备休息时；陈宗懋还在特别用功地学习。等到张国椋休憩了一阵再醒来，发现陈宗懋依然在那里学习，而此时往往已是深夜。事实上，如今的陈宗懋，依然每天早上6点半起床，8点半上班，晚上10点半到11点半看文献，几十年雷打不动。有时候出差，在飞机上、汽车上、火车上，他随时随地都在学习、看文献，为了中国茶产业的未来，耗费了大量的心血。即便如此，陈宗懋曾无数次坦言，从未后悔步入茶的世界。陈宗懋爱学习，许多年过去，无论他已取得了多少成就、获得了多少功名，由始至终他不曾放弃学习，纵使今日也是如此。他大半辈子从事茶叶研究，也始终保持着对茶叶研究高度的兴趣和热情。也正是因为他具有这样的禀性，在同期那么多优秀的学子中，依然属于最顶尖的人才。至今，他以80多岁的高龄依然奋战在中国茶叶植保研究的第一线，实在让人感佩。

在20世纪60年代，查阅文献非常不易，陈宗懋有时为了得到某个资料文献，经常需要奔走多个大学图书馆才有所获益。但是随着中国改革开放不断深入，不仅在经济领域，整个国力不断变得强大，查阅文献也变得越来越方便。因为工作缘故，陈宗懋经常需要在全国各地出差，各个地方的图书馆，都是他要造访的地方。以北京中国农业科学院的图书馆为例，那里馆藏了大量国内外的文献资料。在陈宗懋眼中，那里简直是一个天然宝库。每一次到中国农业科学院开会，他都会提前半天到达，目的就是为了腾出时间去这个图书馆查阅资料。一次次地跑去，每去一次，都会复印资料。久而久之，就连图书馆的管理员都认识陈宗懋了。每次一见到陈宗懋，就知道他需要查阅资料、复印资料，早早就把复印机准备好了。当时中国农业科学院人事局高厉生局长的爱人在图书馆工作。陈宗懋到北京后，往往是行李刚刚放下就跑去图书馆。结果就成了他先到图书馆管理员那边"报到"，而中国农业科学院人事局的这位领导还未曾见到来开会的陈宗懋，就已经从自己爱人口中得知他到了北京，又泡进了图书馆。用这位图书馆管理员的话来说："放眼当时整个农科院全国几十个所长，进来查资料、看书看得最多的就是茶叶研究所的这位所长。"

陈宗懋觉得，正是因为从阅读中得到了极大的益处，尝到了甜头，才能一路坚持，直到变成习惯。因为有时候查阅资料，借鉴前人的研究思路，的确能让科研事半功倍。陈宗懋现在每天还是会不断地收集资料，与此同时，也掌握了全球相关研究的发展趋势，他希望能够给团队和成员最新的思路和创新的研究方向。关于陈宗懋注重查阅文献、收集文献，有一事值得一提。21世纪初期，70多岁的陈宗懋参加全国化学生态学学术研讨会的活动，当时报告中所引的都是最新发表的资料，其中一些与会者对陈宗懋追踪文献的能力以及始终把握国际研究最新动向的能力感到吃惊。他们认为即便是年富力强的科研工作者，或许都没有那么多精力去查找如此多的前沿资料。

陈宗懋经常皱着眉头，心事重重。陈雪芬深知，他并非在考虑自己的得失，而是惦念着研究所里的那些年轻人。在陈宗懋看来，他招收的学生就像他的孩子一样，他对他们倾注了极大的心血。这些学生大部分是博士生，有的起初并不在研究所里，而是外调过来的，但他们都是陈宗懋看中的做科研的好苗子。陈宗懋会根据这些年轻人的特长，思考每一个人的发展前景和研究方向。他时常对陈雪芬说，团队中每一个年轻人的发展方向他都做了设想。他根据自己多年的科研心得与全部的人生经验，大体上可以预见每个年轻人的发展潜力，并且在可能的情况下，帮助他们规划未来的发展方向。

陈雪芬认为，陈宗懋整天考虑的是团队未来发展的方向和团队成员本身的发展潜力。这也是他和团队之所以能够保持与世界同步的重要原因。为了让这些年轻人有更好的发展空间，他已经默默整理并收集了3 000篇文献。这些文献特别珍贵，其中大部分是陈宗懋通过中国农业科学院、中国工程院获取的，年轻的研究员们很难有途径找到这些资料。他打算在离开中茶所，正式退休的时候，把这些文献分给每一个有需要的年轻人。

陈宗懋始终觉得，科学研究最重要的一点是不断地提高学习能力。他2020年刚招收了一个博士后。博士后接到的第一个任务，就是阅读100篇国外文献。在陈宗懋看来，这是科研的起步，只有了解世界上最新、最前沿的科研成果和正在发生的事情，才能更好地提升自己的科研能力。陈宗懋之所以如此认为，与他几次海外学习的经历不无关系。到了20世纪70年代末，陈宗懋无不兴奋地感到科研有了新气象。特别是1978年改革开放以后，国际上很多新的观点和新的科研成果大量涌入国内，他又感觉到自己变成了一块海绵，需要不停吸收新知识的养分。

20世纪80年代初，正值改革开放的春风吹向祖国大地。陈宗懋也得以有机会走出去看看！ 1981年5月陈宗懋第一次离开祖国，赴瑞士Ciba-Geigy公司学习，同年8月回国。这一次，陈宗懋是受农业部的委派到瑞士进行学习。其目的是到瑞士生产农药的公司进行考察学习。他在瑞士期间看到和学习了很多前沿的农药生产及农残控制的技术，更加增添了回国后投身农药残留研究的决心。

1982年，陈宗懋作为访问学者在美国密歇根州立大学（Michigan State University）农药研究中心工作、学习

1982年，陈宗懋到美国学习，竟然带回了一台世界上最先进的气相色谱仪。这是一件让人极为感慨的事。陈宗懋被公派去美国学习了一年多，这段人生经历使他受益匪浅。当时陈宗懋选择的学校是美国密歇根州立大学，在其农药研究中心学习。初来乍到，全新的科研环境让陈宗懋觉得无比新奇。在此地，他感受到了浓厚的科研氛围和开放的学术思维。譬如一个研究实验室，可以随意参观，而那些研究人员也会非常热心地提供帮助，并解答参观者的一些困惑。那段时间，他就常常泡在别人的实验室里，虚心学习。

在美国，开放的学习氛围和尖端的科技成果让陈宗懋获益良多。在此期间，陈宗懋依然保持之前的习惯，经常泡在图书馆里。他对美国的图书馆印象很深，譬如他当时经常前往的密歇根州立大学图书馆，有许多资料可供查阅，还可以免费复印资料。除了大学里的学习，他还做了一件很大胆的事情。他去美国之前就听说，当地有家很大的农药公司叫FMC。当时，这个公司生产的一些药还在国内使用。陈宗懋查到这家公司的联系方式，大着胆子拨通了电话。电话里，陈宗懋跟对方说，因为中国正在使用对方公司生产的药，而他是从中国来美国留学的学生，特别想参观一下对方公司并期望可以学习几天。让陈宗懋万万没有想到的是，一天之后，这家公司的负责人就电话答复了陈宗懋，欢迎他去参观学习。不仅如此，还帮他买好了机票，并且又安排好住宿。

得到了对方肯定的答复后，陈宗懋立即收拾行李坐飞机来到这家公司，一待就是两个星期。陈宗懋到FMC公司，最想学的就是农药残留测定。因此在参观FMC公司后，他就坦然地提出了自己的想法并得到了FMC公司的支持。FMC公司的负责人很慷慨，最后陈宗懋临走时，还送给了他一台价值高昂的农药残留测定仪器！这件事让陈宗懋十分感动，始终被他记在心中，多年后他依然与这家公司的负责人保持着良好的关系。

这段经历，说起来颇有些传奇。到了FMC公司，公司负责人告诉陈宗懋，因为美国并不是产茶国，事实上他们也没有特别先进的茶叶农药残留测定方法。但是他们可以提供设备和实验室，陈宗懋可以在这里进行农药残留测定的实验。于是他留了下来，潜心研究农药残留测定。这家公司提供的设备非常先进，加之陈宗懋又有着多年农药测定的经验。他凭借着当时国际上最先进的仪器设备，两个星期后，就摸索出了一种FMC生产的农药——呋喃丹在茶叶中的测定方法。

FMC公司的负责人很惊讶，他完全没有想到年纪轻轻的陈宗懋竟然在这么短的时间内做出了这样卓有成效的研究。他诚恳地提出，希望可以向陈宗懋购买这个测定技术，同时这个技术也将作为他们公司茶叶中农药残留的测定技术。

这下，陈宗懋懵了。在人家这里白吃白住，连来回机票也都给他买好，还免费用了两个多星期的实验室和里面那么多先进的仪器设备。可以说，一切的"硬件设备"都是由对方公司提供的，自己只不过提供了"软件服务"。如此想来，陈宗懋没有接受对方提出的意见，而是把这个技术免费送给了他们。临走时，FMC公司的负责人为了感谢陈宗懋提供的测定技术，也回送了一份大礼。这位负责人采购了一台当时世界上最先进的气相色谱仪送给了陈宗懋。纵使今天，这台设备也要几十万元人民币。这台全新的仪器作为陈宗懋第一次到美国学习所获得的回馈，凝结了他的智慧所创造的价值。与此同时，这份礼物也饱含人间情谊。正所谓"投我以桃，报之以李"。

陈宗懋回国时，把这台仪器也带回了中茶所。从此，这台来自大洋彼岸的仪器，为中茶所的科研提供了源源不断的支持。开放与创新正是科学研究与科技进步所需要的土壤和氛围。中国近几年之所以发展得如此迅速，想来是得益于科技创新。科学技术是第一生产力，也是综合国力的核心因素，各国之间的贫富差距，归根结底是科学技术的差距。新中国成立以来，特别是改革开放以来，中国在茶业科技方面投入巨大，也取得了显著效果。建成了一批从事茶叶科研的机构和大专院校中的茶叶系或专业，形成了全国茶叶产业技术研发体系。研究开发的领域齐全，涵盖了茶叶产前、产中、产后诸多环节，包括茶树种质资源、遗传育种、茶园生态、茶树营养、茶树生物技术、病虫害防治、农药残留、茶叶生理生化、茶叶加工与新产品开发、天然产物提取与应用、茶叶经济管理等。改革开放以来全国取得的重要茶叶科研成果有300多项，他们是中国茶产业发展的技术支撑。[8]

陈宗懋1982年去美国学习是他在国外访学时间最长的一次。当时两个儿子都念中学，大儿子即将高中毕业，恰逢陈宗懋出国，家里的担子就全部都压到了陈雪芬身上。当时陈宗懋和陈雪芬已经搬进了中茶所一套两室一厅比之前条件稍好些的宿舍。两个上中学的孩子每天都早出晚归，陈雪芬也忙于自己的科研工作，很少能够顾及孩子。两个孩子每天早上6点去上学，晚上6点才回家，往返于梅家坞和市区之间。那段时间对于作为父母的陈宗懋和陈雪芬而言，日子着实艰难。但对于从事科研工作的他们来说，又是最好的年华。

虽然陈宗懋多次前往美国，但每次去都是公务性质只能短暂停留，没有一次像这次访学一样整整待了一年。此外，他曾两次带着陈雪芬分别去美国和加拿大探亲旅行。其中一次是2006年，那是他们第一次一起去美国，到了加利福尼亚州的旧金山和洛杉矶。尽管每次行程都很紧张，但他俩的学习兴趣总是很相似，会见缝插针地去当地著名大学游览一番。参观大学对他们俩来说，就是最好的旅行了。2017年，俩人又去了一趟加拿大温哥华，也是探亲。

陈宗懋认为我们除了需要学习国外前沿的科技，也要多与国外的专家沟通交流。因此他结交了不少国外的专家朋友，而这些朋友有的也曾来中国考察学习。陈宗懋也常常在学生需要帮助的时候，帮忙引荐国内外的专家朋友们。他的科研团队里有一位年轻的科研人员想去美国洛杉矶学习，他就帮忙引荐过去了。

第十二章

降农残控污染 标准为先

　　2018年的秋天，时年85岁的陈宗懋依然工作在中国茶树植保的第一线。在他位于中茶所的办公室中，他回忆起过去那些年他在茶叶质量安全和植保研究领域的故事。作为中国工程院院士和茶学专家，陈宗懋将毕生心血都奉献给了茶叶事业，他研究的主要方向之一就是农药残留。可以说，陈宗懋是中国茶叶农药残留标准制定研究的第一人，有关茶叶农药残留问题，他是绝对的权威。为了确保茶叶质量安全，促进茶产业的发展，陈宗懋把许多心力都投入在降低农药残留、控制污染物、制定农残标准等方面。

　　陈宗懋最早开始接触农药残留及其检测，可追溯到1961年，那时中国茶叶出口英国，被英国海关扣留，称茶叶内农药含量超标。于是，国内开始安排中茶所来负责研究茶叶中的农药残留问题。为此陈宗懋去了广州海关，拿到了那批问题茶叶的样本。虽说如今的中茶所已经达到了国际先进水平，各种仪器设备相对都配备完善，为科研人员的研究工作创造了良好的条件。然而那时茶叶中的农药残留检测技术还是一项新兴研究，仅仅刚刚起步，连测量的方法都不知道，一切从零开始。陈宗懋觉得这段经历，宛如发生在昨日。那时采用的测量仪器灵敏度不高，直到他用老鼠血液测定农药残留大大提高了精度，才发现这批从广州退回的问题茶叶样品，农药残留水平居然超过国外标准1 000倍。尽管用老鼠血液测定农药残留的方式可以在实际生产应用中作为重要参考，然而采用这种方法测试出来的结果，因为没有相应的仪器设备做测定，国际上并不认可。直到后来购买了气相色谱仪，农药残留测定水平有了质的提升，精确了几百倍，农药残留可以测到一百万分之一的精度。遥想当年做研究的不易，陈宗懋依然很感慨，觉得科学研究离不开先进的仪器设备，同时这也促使了他此后更加珍惜越来越好的科研环境。

1963年，农药残留联席会议成立（Joint Meeting on Pesticide Residues，简称JMPR）。农药残留联席会议集合了全世界各个国家行业内最优秀、最知名的科学家，就农药残留方面共同制定一些标准，然后各个国家将其作为参考在本国内执行。参与制定标准的国家有很多，包括美国、英国、日本等。

陈宗懋意识到欧盟的茶叶农药残留检测是全世界最为严格的，不少标准仅为百万分之几，是目前仪器设备的检测极限，因此在这个领域他也进行了深入的研究。1999年，陈宗懋所领导的中国农业科学院茶叶研究所农产品质量安全研究中心被欧盟认定为"在中国有资格进行向欧盟出口茶叶中农药残留检测的唯一实验室"。说起这一段认证历史，陈宗懋非常自豪。当年，他领导的实验室参加了一场"特殊的考试"——英国FAPAS认证机构的考试。参加考试的有来自50个国家的150家左右的单位。FAPAS给"考生"6种茶叶，每种茶叶中都加了不同的农药，"考生"需要测量其中添加的是什么农药以及各种农药的含量。考试结果是陈宗懋领导的实验室顺利过关，拿到了FAPAS颁发的证书，成为有资格认证茶叶出口标准的机构。

1999年，中国申请加入世界贸易组织（WTO）之际，各种出口标准都很严格，包括茶叶。但把国内的茶叶送到英国、德国检验的成本很高，通过英国FAPAS的考试后，欧盟授权陈宗懋的实验室进行茶叶出口的初筛。当时对方的负责人告诉他："只要你签字，我们就承认。"陈宗懋自然很高兴能够得到这样的信任，但他是个严谨的科学家，他告诉对方，自己经常出差，万一有人冒名签字就会产生很多不必要的麻烦，所以建议用图章。最终，英国人接受了并不喜欢的图章确认法。很多时候，实验室一年要检验一万多个茶叶样本。对于茶叶农药残留检测的研究，陈宗懋与时代共进，始终没有停下脚步。从此以后，中国不但在茶叶农药残留检测上有了发言权，而且欧盟也专门把陈宗懋的实验室确定为中国出口茶叶农药残留的指定检验单位，并让其制定出口标准，以便于农药出口到英国、法国、德国这些欧盟国家。中国的农药残留事业为世界所瞩目，与之相关的农药出口贸易也逐渐壮大。

2000年，陈宗懋（前排左三）赴中国台湾参加海峡两岸农产品质量安全检测与控制技术研讨会

农药质量安全关乎茶叶质量安全，而茶叶质量安全直接关乎人的健康。检测茶叶中农药残留只是降低茶叶农残的一个方面。实则，降低农药残留涉及一系列问题。毋庸置疑，大多数情况下，由于茶叶中使用了农药才可能造成茶叶中农药残留的问题，那么如何正确安全地使用农药就是关键所在。自人类开始使用农药进行植保以来，"如何正确使用农药"就是个世界难题，从20世纪起一直被讨论。

陈宗懋进入中茶所工作，其中很大一部分精力就投入在如何正确使用农药以便更好地降低农药残留上。为此他也思索了许多年，

陈宗懋（左一）与我国农药残留领域专家原浙江农业大学樊
德方教授（左二）和中国农业大学钱传范教授（左三）合影留念

显然这并非一个容易解答的问题。世上难题没有现成的答案，他只
有一步一个脚印，在科学的道路上夯实行进，用实践阐明真理。想
要正确使用农药，按照陈宗懋的认识，首先必须了解农药，其次需
要认识茶树上的病虫害，根据农药和病虫害的特性选择适宜的农
药，然后务必科学施用农药，最后对收获的茶叶进行综合的安全性
评价，看残留的农药是否会造成饮茶者的健康风险。这是一个关乎
民生的问题，陈宗懋丝毫不敢懈怠。

　　陈宗懋是从研究甜菜转到研究茶叶的，一个研究的是地下部
分，一个研究的是地上部分。"茶叶有什么特殊的地方，会影响农
药的残留量呢？为什么即便都是使用农药，茶叶中的残留限量标准
也会定得更严格一些？"这是起初萦绕在陈宗懋脑海中的问题。经
过几年的观察和研究，陈宗懋总结出了其中的几个原因。（1）茶树
的嫩梢芽叶纤薄，单位质量茶树叶片的表面积高于其他植物，即使
与生长速度较快的蔬菜类相比，茶树也具有大得多的叶面积。因此

以同样的农药剂量喷施后，茶叶上的农药残留量要比其他植物高。（2）茶是一种全年多次采收的植物，在春茶期每3～5天进行一次采摘，即使是夏、秋茶每10～15天也要采摘一次，而不像粮食作物一样，喷药后可能要经过几个月才能收获果实，而喷到粮食作物中的农药也经历了几个月的消解时间而使得残留量大幅减少。因此茶树喷药后距采收的间隔期远较其他作物短。（3）茶树叶片作为收获部位（幼嫩芽梢）就是直接施药部位，采下的鲜叶不经洗涤直接加工，因此不会像瓜果蔬菜一样经过水洗或削皮而使得农药残留量降低，茶叶中有可能含有较高的农药残留量。（4）大部分茶叶的食用方式是直接泡水喝，而且多次连续冲泡，而水是一种高极性的溶剂，会将茶叶中的农药，特别是对一些水溶性强的农药泡到水中。（5）茶的色、香、味要求非常严格。农药喷施后的残臭问题比其他作物更为重要，因此在茶园用药的选择中，对于农药对茶叶品质的影响必须予以特别的重视。[9]

渐渐地，陈宗懋的心中形成了一套茶园中适用农药的理论。他认为，一种适合于在茶叶生产中推广使用的农药品种应该具备下述条件。（1）对茶树病虫具有一定广谱性的效应，同时对某种病虫具有特异的防效，防治病虫谱过窄的农药品种通常较难于推广应用。（2）对目标病虫具有较高的毒性，但对哺乳动物的急性毒性和慢性毒性均较低，这样可以提供较高的安全系数。（3）在允许使用剂量下对茶叶品质无不良影响。因此一种农药本身或其代谢产物有异味且会对茶叶品质产生影响，即使其表现有良好的生物活性，也不能在茶叶生产上推广应用。（4）有一定残效性，但残留期不能过长。对一些残留期过长，特别是对哺乳动物慢性毒性较高，允许残留标准也制定得比较严的农药通常不能在茶叶生产中推广应用。（5）具有较低水溶解度的化学农药。在泡茶过程中茶叶中残留农药进入茶汤中的比例越低，这意味着对饮茶者越安全。[9]

在不同的农药发展时期，这个理论指导筛选出了我国茶园中适宜的农药品种。但是这毕竟是一个定性的理论，如何能让这个理论上升到定量的水平，达到让普通茶农也能确定要喷的农药是否合适的目标，从20世纪80年代开始，陈宗懋及其团队着手进行大量细致的研究工作，前后开展了几十种农药对茶树害虫的防治效果、茶园农药的消解动态、加工降解实验和冲泡实验等的研究。陈宗懋发现，不同品种农药除了降解速度有差异外，当喷施在茶树叶表后，它们在叶片上的分布和行为也不同。譬如马拉硫磷、杀螟硫磷等有机磷农药，一般水溶解度较高。随着时间的延长，有相当部分的农药由叶片表面渗透到内部去，在叶片表面的比率却逐渐降低；然而有的农药，譬如溴氰菊酯、二氯苯醚菊酯类农药，由于水溶解度低，它们始终在叶片表面保持一个相当高的水平；另外，有一些具有内吸性能的农药如内吸磷、乐果等，则还可以随着体内液流而输导至茶树的其他部位。这种化学和物理性质的不同，就构成了它们在茶树上的降解和行为有很大差异，辛硫磷、敌敌畏、马拉硫磷、亚胺硫磷等几种农药属于降解很快的农药；而乐果、二氯苯醚菊酯、杀螟硫磷等农药属于降解速度中等的农药品种；此外，杀虫脒、二二三、六六六、内吸磷、乙硫磷、三氯杀螨醇等农药属于降解速度很慢的品种，这与农药的选用和安全性有很大关系。除了田间降解外，附有微量残留农药的鲜叶在加工过程中，因为不同的蒸气压和对高温的稳定性，所以在加工时的挥发和降解率也不同。一般蒸气压越高的农药，在加工过程中的降解率也越高。成茶中的残留农药并不一定完全会浸泡在茶汤中，由于不同农药的水溶解度不同，使得在泡茶时从茶叶中转移到茶汤中去的比例会有很大差异。陈宗懋及其团队基于半衰期、蒸汽压、农药水溶解度、农药的每日允许摄入量、大鼠急性致死中量（LD_{50}）、农药对蜜蜂和鱼的生态毒性参数，形成了茶园农药安全分级评价和选用指标，当7个参数的总分大于25时，这种农药就不推荐在茶园施用了。

作为一名科研人员，陈宗懋从不把自己局限于实验室。他从茶园到实验室，再从实验室到茶园，循环往复，将理论与实践相结合，得出了一套对茶农们很有帮助的化学农药使用的指导方法。

选出适宜茶园使用的农药品种后，怎么能做到科学正确地使用农药呢？陈宗懋开始重点关注茶园农药的正确使用技术。他在《茶园用药的安全间隔期》一文里就明确提出："有了适用的农药品种还必须有安全的使用技术，这包括使用适当的剂量和浓度、良好的施药技术和正确地推行安全间隔期。对茶园用药来讲，安全间隔期特别重要，因为茶树是一种全年多次采收的植物，而且茶树收获的部位就是田间直接施药的部位，因此在茶叶生产中推行安全间隔期是茶园病虫综合防治中的一个重要组成内容。"[10]

陈宗懋曾对农药使用的安全间隔期做过非常充分的研究。所谓安全间隔期，就是农药喷施在茶树叶片后要经过一段时间才能采摘，用此时的鲜叶加工成的成茶中的农药残留量可保证低于允许残留标准或最大残留限量（MRL），这一段时间就称为安全间隔期。由于我国在农药残留方面的研究起步较晚，当时国内还没有可供借鉴的案例，对陈宗懋来说，如何确定安全间隔期需要摸索。在摸索的过程中，陈宗懋提出了确定农药安全间隔期需要掌握的几方面的原则。（1）掌握不同农药在茶树上的残留降解动态。通常选择比常用剂量高的浓度，在几个气候条件不同的地点进行两年或两年以上的田间试验，直到掌握了这种农药在不同地点和不同茶叶季节条件下的田间降解的速率、鲜叶加工过程中农药的降解率以及成茶中残留农药在泡茶过程中的浸出率。（2）制定农药在茶叶中最大残留限量。在有的国家中采用最大残留限量这个术语。例如澳大利亚和联合国粮农组织就都采用最大残留限量这个术语，而美国则采用允许残留量这个术语。我们文中统一使用联合国粮农组织的"最大残留限量"这一称谓。它们的制定，是在保证有良好效果的基础上，确定一个安全的残留限度以保证饮茶人的安全。（3）根据农药最大残留限量和农药在茶叶中的降解动态确定其安全间隔期。陈宗懋根据研究结果，将农药分为了四类。第一类是残留期长、残留毒性大的农药，因为最大残留限量低，而且降解速率又慢，因此当残留量要降到最大残留限量以下时，就需要一个极长的间隔期，这在茶叶生产中是无法实现的，所以这类农药在茶叶生产中属禁用范围；第二类是虽然降解慢，但因为慢性毒性低，农药最大残留限量可以制定得较高的农药，这类农药的安全间隔期不需要很长，譬如拟除虫菊酯类农药；第三类是残留降解快，但慢性毒性较大的农药，其最大残留限量较低，这类农药的间隔期和第二类近似；第四类是降解快、慢性毒性又低的农药，是最适用的农药品种，这类农药的最大残留限量一般也很高，所以间隔期很短。在陈宗懋看来，安全间隔期的实施是一项非常重要的措施，它与出口贸易、城乡人民的身体健康皆密切相关，必须严格贯彻执行。

在如何正确确定农药使用安全间隔期的相关研究中，陈宗懋也提出要考虑茶树品种的特点。浙江一带的绿茶，譬如龙井茶，几天之内就要全部采摘下来，因此在浙江地区喷洒的农药必须降解得非常快。在春茶茶季，各地都在极力发展优质茶叶。一般是采摘单芽、一芽一叶的茶芽加工成高价的优质茶叶，这种茶叶就必然要求农药的间隔期较短。在春茶季后期或夏秋茶，一般茶芽萌发后，采摘的时间间隔较长，有时可以有半个月的间隔期。这种茶叶对农药施用的要求就相对比较宽松，可以实施较长的间隔期。

关于安全间隔期的重要性，从事了大半辈子农药残留研究的陈宗懋很重视，他认为，农药或多或少都存在安全的问题。甚至有些剧毒农药因使用不当还出现过生死攸关的事件，之前就曾经发生过一起在茶树上使用有机磷农药1605的极端案例，时至今日仍值得关注。1605（乙基对硫磷）是一种高毒的有机磷类杀虫剂，最早由德国人发明，合成时间是在第二次世界大战后。20世纪70年代，有机磷农药1605在中国开始使用，如今这种剧毒农药已经被全面禁止使用。这种农药哪怕微量摄入，都会对人体健康造成极大危害，会抑制血液中胆碱酯酶活性，造成神经生理功能紊乱。短期内极少量接触，无论是口服、吸入，还是皮肤、黏膜接触，都会引起身体不适；一旦大量接触就会引起急性中毒，甚至死亡。

正确使用农药，还需因地制宜，因时而异，不同的作物有不同的需求。比如有些药需要施在土壤里，植物吸收这种农药再杀灭昆虫；又比如像一些水果，农药喷在叶子上，果实套在袋子里，不会有虫，也不会有农药残留。但是对于茶叶而言，按照果园农药以及使用方式非但不会防治病虫，反而会极大地影响收益。因为一旦使用，茶叶就会农残超标不能喝了。看待问题需要纵观全局，每一种农药不能孤立看待，需要与农作物的特性结合在一起，才能真正发挥出农药的最佳效果，同时把农药残留以及对环境的影响降到最低。

陈宗懋在1973年夏茶期和秋茶期做了两次辛硫磷在茶树上残留消解动态的实验，发现了辛硫磷在茶树上可快速降解的优点及其条件，即喷施辛硫磷后，如果有太阳光照射，那么只要半天时间辛硫磷就能够全部分解完，这样的茶叶隔一天采摘就很安全了。所以辛硫磷作为茶园中突击性防治的农药是非常理想的。最好在傍晚之前使用这种农药，因为此时有太阳但是光照不强，辛硫磷喷洒在茶树上，会一边杀虫一边分解。到第二天中午时农药差不多被分解了，茶叶里没有农药残留，茶农就能够安心采茶。但同样是这种农药，就完全不适合在水稻中使用。反之，如果茶叶需要五六天之后采摘，就可以考虑选择一种降解速度比辛硫磷慢的农药，譬如有机磷农药，因为有机磷农药的降解期一般在3～4天，4天之后采摘就很安全。科学在发展，科学家要研究对策。对付不同的虫害、在不同的环境和不同的气候条件下，譬如夏日天长太阳光照强烈农药较易分解，而秋日阴沉日照较短农药降解的速率或许偏慢，故而选择农药也就有所不同。[11]

在陈宗懋看来，植保领域的研究是一个不断面对新事物出现、不断需要更新迭代的过程。单纯从降低农药残留这个方面来讲，就经历了从"要不要用农药"的争论到如今"综合防治"的植保理念的过程。这是人对世间万物认知的结果，也是事物发展的必然规律。概言之，对于在植保中是否使用农药，陈宗懋的想法是，茶树栽培过程中可以使用农药，但前提是，必须证明如果使用该农药，在一个不长的间隔期后，采制成的茶叶中的残留量应低于农药最大残留限量标准，而且这种农药在泡茶过程中进入茶汤中的量也低于允许的标准。归根结底，陈宗懋所奉行的原则是，农药的使用要建立在不影响喝茶人的健康的基础之上，否则就不宜在茶产业中推广应用。

进入21世纪以来，除了农药残留外，茶叶中污染物成为影响茶叶质量安全的又一重要因素。因此，控制茶叶中的污染物刻不容缓。21世纪初，茶叶中的八氯二丙醚（S421）的含量超过欧盟标准20倍。农业部就要求中茶所的专家们一定要找出污染源。陈宗懋和同事们花了一年多的时间，检测了所有的农药、肥料，但仍旧一无所获。陈宗懋记得，当时大家都一筹莫展。事情的转机发生在陈宗懋某次去福建出差，参观一家生产乌龙茶的茶厂。当时他仔细观看了工厂制茶的每一道工序。最后到了一个加工乌龙茶的车间，房间很大，能容纳几百人，他们全都穿戴着白帽白衣白鞋，在手工挑选茶梗等杂物。陈宗懋发现房间里在冒烟，于是提出疑问，得知福建地处中国南部，夏季天气闷热，茶叶厂里的工人都需要三班倒，工作非常辛苦，特别是夏天晚上有些小黑虫专门咬人。起初工人还能忍受，后来实在受不了就使用蚊香。陈宗懋觉得不对劲，顺势抓起一把茶叶，又问茶厂要了些还没有进入这个车间的茶叶。把两份茶叶样本带回研究所就开始做研究，分别对其进行检测，结果发现进入挑拣车间的茶叶S421超标，但没有进入这个车间的茶叶就没有这种污染物。为了确保检测结果有效，陈宗懋反复做了多次实验，结果发现都存在这个问题。[12]

严谨如他，陈宗懋还专门让人去买蚊香，几乎把所有市面上在销售的蚊香牌子都买齐了，连带喷雾的也一并买来，一共买了近两百种，全部做了检测，结果一测全部都有S421这种物质。有了这个初步的检测结果，陈宗懋又带领团队再下到各个基层茶叶生产厂家去调研。福建乌龙茶大多数还处于一家一户的初级生产。因此在茶厂去农户收购这些茶叶之前，茶叶已经被污染。综合调研与实验室检测结果，陈宗懋最终认定S421真正的来源就是蚊香。S421是一种在生产蚊香的过程中需要加入的化学助剂，其作用是可以减少菊酯类农药的加入量。S421的源头在哪里，这个困扰了茶界多年的难题终于被陈宗懋和团队成员破解了。后来陈宗懋向农业部汇报，明确提出科研团队已经找出蚊香是S421的来源，这种物质随着点燃的烟雾被吸附到了茶叶上面。这个发现得以在源头上控制了这种物质的超标。之后，陈宗懋上书国务院，并经过卫生部等多部门协调，终于规定在蚊香生产加工中禁止添加S421。

蒽醌也是茶叶中的主要污染物之一。茶叶中蒽醌的含量超标对我国茶叶出口也造成了很大的影响。蒽醌是一种污染物，欧盟规定蒽醌在茶叶中的最大残留限量是0.02毫克/千克。根据有关数据表明，蒽醌在我国出口茶叶中的检出率较高，超标率高于30%。仅2014年我国出口茶叶因残留问题就被欧盟通报了26次，其中7次涉及茶叶中的蒽醌污染物含量超过最大残留限量，造成了相当大的经济损失。以2014年我国茶叶1—9月出口额保守计算，因为蒽醌含量超标造成的经济损失就超过了2亿美元。浙江省是我国茶叶生产和茶叶出口的重要地区，长期保持出口第一大省的位置。就以2014年1—9月这段时间来计算，浙江地区占我国茶叶出口总量的50%，因此可以推测茶叶中蒽醌超标对浙江省茶叶对外贸易造成了严重影响。陈宗懋的担忧还不仅限于出口，他预见到了更为糟糕的一种情况，考虑到蒽醌的潜在致癌作用及对身体健康造成的潜在风险（譬如蒽醌会引起肺癌，所以在茶叶农药残留的问题中，针对它的标准往往制定得很严格），可以想见，其他茶叶进口国或地区极有可能设立严格的市场准入制度。因此开发茶叶中蒽醌污染物控制技术，降低茶叶中蒽醌污染物含量是一个亟待解决的问题。

对于此事，与陈宗懋共事的团队成员周利印象极深，据她回忆，陈宗懋当时非常关注这个问题，并开始着手破解这个难题。很长一段时间内，茶叶中蒽醌的来源问题一直困扰着陈宗懋。他首先想到的是去查文献、查资料，发现茶叶中蒽醌的污染有一个特点，即世界上种茶的国家很多，但这种物质在来自中国的茶叶样品中出现最多。对于蒽醌的问题，陈宗懋认为，釜底抽薪才是解决问题的根本所在，找到污染源，才能从根本上解决这个问题。因为未知来源的化合物可能在茶叶种植、加工、流通等任一环节对茶叶造成污染，所以对这类污染物的控制存在一定难度。

在这样的困境下，不容陈宗懋有丝毫迟疑，他随即带领着团队成员展开了对茶叶中蒽醌污染物的控制技术项目的研究。除了查看资料文献，陈宗懋也曾走访了多个地方的茶叶产区和制作茶叶的工厂。根据初步的调查和研究结果，陈宗懋敏锐地意识到，蒽醌的出现可能有多个源头。首先，茶叶加工过程中煤和柴等燃料的使用和烟尘污染是造成茶叶中蒽醌污染的主要原因。其次，随着调查的进一步深入，陈宗懋发现茶叶中的蒽醌和包装材料的使用有密切关系。通过对造纸工厂的调查，了解到在造纸时往往要加入蒽醌以提高出纸率。进一步研究发现，在加工后的茶叶的运输过程中，纸板箱经检测含有较高量的蒽醌，它的来源就是造纸工业中在造纸时加入的蒽醌。经过两年多的集中攻关，陈宗懋及其团队明确了茶叶中蒽醌的污染来源与预想的一致，在茶叶加工过程中，茶厂中如果用煤、柴或油作为能源时，这些燃料便会成为蒽醌的来源；加工后的茶叶在包装运输过程中，纸板箱又会成为蒽醌的污染来源，纸板箱每天都在释放蒽醌，茶叶会把这些蒽醌吸附进来，因此茶叶在纸板箱中存放时间越长，蒽醌的残留水平也越高。

茶叶中出现的污染物，国内现在需要严格控制的除了蒽醌外，还有高氯酸盐。2016年，曾有一则报道引发了人们的关注，即中国出口欧洲茶叶中检出高含量的高氯酸盐，欧盟准备制定0.75毫克/千克的严苛标准来限制中国茶叶进口。按照这个标准，中国茶叶样品的高氯酸盐超标率为30%，而且现在世界范围内已知的高氯酸盐含量最高的茶叶样品也来自中国。陈宗懋不无忧虑地预测到，如果不立即解决这个问题，我国茶叶中的高氯酸盐的高超标率很快将成为限制我国茶叶出口的一个瓶颈。

人们不禁要问高氯酸盐是什么？茶叶中为何会有高氯酸盐？高氯酸盐是一种持久的化学污染物，分为自然生成和人工合成两种来源，在正常的环境条件下可存在数十年。高氯酸盐的污染主要来源于人类对其的大量生产和使用。自20世纪40年代以来，人们将高氯酸盐应用于火箭与导弹的固体推进剂、航天器材、军火、烟花爆竹、爆破剂等生产领域；还用于纺织物固定剂、电镀、橡胶制品、染料、涂料、冶炼、机动车安全气囊和镁电池等产品的生产过程。高氯酸盐易溶于水，可污染地下水、地表水，也可经过土壤和水被植物所吸收并进一步富集。20世纪90年代末，美国环境保护署在多地的饮用水中发现了高氯酸盐。1997年，在美国加利福尼亚州的某饮用水源中检测到浓度高达260微克/升的高氯酸根。此后，在内华达州、犹他州和得克萨斯州等多处地表水和地下水中都检测到了高氯酸盐的存在。在美国，几乎所有监测点的西红柿、菠菜、莴苣、胡萝卜以及海产品中均检测到了高氯酸盐的存在。而目前中国对高氯酸盐污染的研究尚处在起步阶段，缺乏系统的研究数据。有研究者曾采集9个饮用水厂的原水和出厂水样品，发现其中有6个水厂的原水和出厂水都含有高氯酸盐，原水的平均浓度为0.8～13.6微克/升，出厂水的平均浓度为0.5～2.4微克/升。还有人检测出，因春节期间烟花爆竹集中燃放，导致雪水样品中高氯酸盐的浓度高达85.99微克/升。因此，在高氯酸盐污染的总体背景条件下，茶叶很难独善其身。

再来说茶叶中的环境污染物多环芳烃和亚硝胺。早在1943年，人们就已经证实了许多多环芳烃类化合物对高等动物的致癌性，3,4-苯并吡是其中重要的一种。多个研究结果显示，茶叶中多环芳烃类化合物的潜在危险应该引起关注。茶叶中多环芳烃类的来源有两个，一是工厂排气和汽车尾气中含有多环芳烃类化合物，它们随空中尘埃降落在茶树叶片上。因此在距城市较近的茶园，被污染的可能性就较大。另一个来源是在鲜叶加工时发生热解形成的。亚硝胺是包括100余种化合物的庞大类群。20世纪70年代以来，食品中的亚硝胺问题引起了人们的关注，因为许多亚硝胺类化合物对高等动物有较强的致癌作用。亚硝胺化合物是由亚硝酸盐和二级胺化合物在酸性条件下结合而成的。亚硝酸盐在自然界的来源是广泛的，食品（尤其是肉制品和鱼制品）和蔬菜中含有很高的亚硝酸盐，但在人类日常食谱中，由茶叶所引入的亚硝酸盐和二级胺数量是微不足道的。

研究了大半辈子茶叶的陈宗懋认为，除了农药残留外，茶叶中的多环芳烃类、亚硝胺和重金属等环境污染问题虽然应严格关注，但从目前情况来看并不严重。在现代化的工业社会中，茶叶中的环境污染物比较有限，并不存在对人体健康的潜在威胁。陈宗懋经过多年的探索和研究，业已摸索出一条解决和控制农药残留的有效途径。

大概在20世纪50年代中期，中国开始逐渐重视农药残留标准的制定。重大科技成果的取得，其过程是艰辛的，此中的甘苦，往往只有亲历者才能切身感受，对此陈宗懋深有体会。在20世纪50年代及以前的很长一段时间，茶叶质量安全所涉及的问题，除了农药残留的危害和一些中毒事件，最大的问题是屡屡出现茶叶出口因农药残留超标被退回的情况。而那时正好茶叶出口贸易开始发展起来，因为缺少标准，茶叶出口因农药残留超标被退的事件层出不穷，直接影响了我国的经济发展。当时在农药残留这个领域，国内的研究可谓一片空白——没有一套国家标准，也没有人来做这套标准。在这一点上，那时国内的茶农们吃了不少的亏。譬如农药六六六，国际上在1972年就停用了，有些国家在20世纪60年代就已停用。但是我国并未跟上国际形势，国内的茶农依然使用这个农药，茶叶在出口的时候自然会因为它而农药残留超标，导致大批出口茶叶被退甚至被销毁，局面非常被动。

农药残留标准制定是一个非常浩大的工程。1963年，我国农业部专门成立了农药检定所，以承担全国农药登记和管理的具体工作，其主要职责是负责农药登记管理、农药质量检测、农药生物测定、农药残留监测、农药市场监督、农药信息交流及对外合作与服务等工作。当时，农药检定所面临的任务之一就是研究标准制定。经过几代科学家的不懈努力，如今这个机构已经发展得很成熟，标准的制定也越来越严格，更加符合当今科学发展的方针大略。大体上标准的制定，就是参考国际上统一的标准。此后，陈宗懋就参与到了中国茶叶农药残留标准制定的研究中。

落后就要挨打。陈宗懋深知这个道理，于是暗暗下定决心，如果想要保证茶叶质量安全，使中国茶业可持续发展，必须要与国际接轨。于是他面向国际，对应国际上新的发展趋势，首先着手制定茶叶农药残留的国内标准，然后还要对标国际标准。有了标准，自然就有了规章制度，这样才能引导茶产业更健康地发展。所以制定茶叶农药残留标准，也成了他日后研究的一个方向。

在1964—1965年，国家提出了制定农药残留标准的要求，通过国内标准的约束，使得中国茶叶的产品质量基本符合国际的要求。大概从1965年之后，在陈宗懋这样的科学家们的共同努力下，这一领域开始慢慢发展起来，他们每年都要开会，集中讨论农药标准的制定和调整。这并不是一件可以一蹴而就的事情，当时新中国成立不久，经济、文化、社会、生活等都在缓慢恢复，在此后漫长的过程中，陈宗懋通过不断研究，为中国茶叶农药残留标准的制定做出了巨大的贡献。

陈宗懋一贯按照科学控制农药残留这个思路来考虑农药残留问题。20世纪60年代开始，由于茶园中使用高残留化学农药带来茶叶中的农药残留超标问题，极大地影响了我国茶叶的出口贸易。在我国茶叶农药残留分析领域还是一片空白时，陈宗懋以坚强的毅力和刻苦的钻研精神边工作、边学习，主动开展此项研究，开创了我国茶叶中农药残留研究之先河。数十年来，他先后进行了60余种农药在茶树上残留、降解动态的研究。目前我国茶叶中的农药残留标准已有65项，是世界上产茶国中制定标准最多的国家之一，另一个国家是日本。纵观世界，在20世纪60—70年代，中国茶叶的出口量就开始呈上升趋势。中国目前茶叶出口量跃居世界第二，但只占我国茶叶交易量的13%，出口潜力还很大，只要在质量安全上进一步加强工作，我国还可以向世界出口更多的茶叶。

2005年，陈宗懋院士在担任联合国粮农组织农药残留委员会（FAO–CCPR）主席时，在意大利罗马总部留影纪念

2007年，陈宗懋（中）时任国际食品法典农药残留委员会（CCPR）主席，与联合国代表交流

2007年，陈宗懋（右）参加在长沙召开的国际茶叶大会，与会期间，同茶学家、湖南农业大学施兆鹏教授（左）合影

就这样，农药残留标准制定被推上了中国茶叶发展和中国农药发展的进程。由于在农药残留和污染物控制领域的贡献以及很高的英语水平，陈宗懋在2006年由农业部委派，担任国际食品法典农药残留委员会（CCPR）主席。他是中国首位CCPR主席，且连任三年。

CCPR是国际食品法典委员会（CAC）下属的10个综合主题委员会之一，也是CAC重点关注的委员会。CCPR制定的农药残留限量法典标准几乎涉及所有种植、养殖农产品及其加工制品，经CAC审议通过后，成为WTO认可的法定限量，可作为涉及农药残留问题的国际农产品及食品贸易的仲裁依据，对全球农产品及食品贸易产生着重大的影响。CCPR前主席国为荷兰，自1966年第一届CCPR会议以来，荷兰已经组织了38届会议。近年来，每年都有来自CAC成员国（地区）、成员组织及国际组织的约60个代表团、近260名代表参加该委员会的年度会议。2006年7月，第29届CAC大会确定我国为CCPR新任主席国，将承办第39届CCPR会议及以后一年一度的委员会会议。这是自1963年CAC成立以来，发展中国家及亚洲国家首次担任专业属委员会的主席国，这对于我国参与国际标准制定，促进我国标准制定和食品安全工作，促进我国国际贸易等方面具有重要意义。

2007年5月7—12日，第39届CCPR年会在北京隆重召开，陈宗懋作为CCPR主席主持了此次会议。此次会议重点讨论了食品和饲料中农药最大残留限量标准建议草案、食品与饮料法典分类修订建议草案、农药残留分析方法目录修订建议草案、农药残留分析方法以及制定最大残留限量优先考虑的农药名单等内容。来自50多个国家和地区的200多名代表参加了会议[13]。2008年和2009年，陈宗懋在第40届和第41届CCPR会议中担任主席，为我国农药最大残留限量制定，尤其是对茶叶中农药最大残留限量标准制定的国际引领起到了关键作用。

这个会议对于中国茶叶的发展意义重大。茶叶出产国和茶叶消费国都会参加这个会议，农药残留标准的制修订是CCPR会议的重要议题之一。欧盟很多国家是茶叶进口国，鉴于自身的利益，自然需要把农药残留标准定得很严。与之相反的是，像中国、印度、斯里兰卡等茶叶出口大国，都希望放宽农药残留标准。标准定得过严，茶叶出口一旦农药残留超标就会被退回，对整个国内茶产业造成很大的打击；标准定得过于宽松则不能保护消费者健康。如何才能制定合理的农药最大残留限量标准，既不过分严格也不过分宽松呢？

在陈宗懋以及同一领域的其他科学家的共同努力下，茶叶农药残留国际标准正在朝着有利于中国茶业发展的道路重新制定。然而这并非易事，而是一条曲折又不断前行的路。随着一日日、一年年对茶叶农药残留问题研究的深入，陈宗懋的脑海中冒出这样一些疑问，欧盟及其他国家的茶叶标准一直非常严格，到底需不需要如此严格，以及它是否合理？茶叶与其他食品相比也不同，譬如大米、小麦、水果、蔬菜、鱼肉等都是直接吃到肚子里，可以直接测定这些食品中的农药残留。然而茶叶是不吃的，只喝茶汤。既然茶叶不吃下去，喝的又是茶水，因此用干茶中的农药含量来制定茶叶中的农药最大残留限量并不科学。

长久以来，国际上一直以干茶来制定茶叶农药残留标准，他们或许留意到中国人饮茶的方式区别于他国，却从未真正深入研究过，这种差异将对茶叶农药残留标准制定产生根本性的影响。但是陈宗懋不仅注意到这种中外饮茶之差别，还由此联想到脂溶性农药和水溶性农药对于饮茶者真正农药摄入量的影响！陈宗懋一贯秉承求真务实的精神，又不忘保持创新思维，一路走来，所做出的成绩使人由衷地钦佩。

实践出真知。那么农药是否会溶解在水里呢？带着"不同农药溶解到水里的比例如何"的问题，陈宗懋带领团队成员就脂溶性农药和水溶性农药在茶汤中的不同溶解量，进行了大量实验，先后进行了多种农药在干茶中和茶汤中的残留量的对比测试，用泡茶一次、两次、三次的方式，分别测试其溶解于水中的比例。结果表明，不同的农药在泡茶时进入茶汤中的量差异非常大。脂溶性农药在水中的溶解度不高，用沸水泡茶时，只有很少的农药会从干茶中溶解到水中。脂溶性农药如联苯菊酯、氯氰菊酯等水溶性低，即使连续一次、二次、三次浸泡，干茶中的这些农药也只有不到1%的量会进入茶汤。换言之，这类农药即使在茶叶中有残留也不太会在泡茶时从干茶进入茶汤。另一类农药是水溶性农药，这类农药在泡茶时大部分会从干茶中溶解到水中。水溶性农药如乐果、敌敌畏、吡虫啉、啶虫脒、噻虫嗪、呋虫胺等，水溶性高，在茶汤中的含量也高，干茶中的这些农药会有高达80%～95%的量进入茶汤。也就是说，茶叶中的这类农药残留会给饮茶者带来相对高的健康风险。因此茶叶中农药残留的限量标准要从水溶性角度考虑，不溶于水的农药的残留限量标准，就可以制定得宽一些，而水溶解度高的农药就应该制定得严一些，其目的就是通过控制农药摄入量来保证人们的安全与健康，对饮茶者的身体健康不造成影响。

这个实验结果让陈宗懋感到，虽然国外茶叶的农药残留标准制定得很严密周全，但是仅拿干茶中农药残留物的含量作为茶叶农药残留风险的评估标准，既不科学，也不合理。陈宗懋一直致力于促使国际上通过以饮茶方式来看待水溶性农药与脂溶性农药在茶汤中的残留问题，毕竟人喝下去的茶汤中真正存有的农药残留才可能对人体造成切实的影响。为此，陈宗懋团队也做了很多工作，他们发现许多研究表明，在茶叶冲泡过程中，农药可以按照不同比例从干茶转移到茶汤。

虽然目前有许多关于茶园中广泛使用的农药的转移速率的研究，但是对于不同类型农药在茶叶冲泡过程中转移行为的研究还缺乏系统性。然而心系中国茶产业发展的陈宗懋攻坚克难，开始朝着这个方向做研究。他研究了不同农药转移行为的内在规律，以了解农药理化参数对农药转移行为的影响，并在茶园中建立了一个经验预测模型来预测其他可能引入的农药的转移率。

首先，陈宗懋关注到的是茶叶冲泡过程中农药的迁移行为。茶叶冲泡过程中农药的转移是一种常见现象，在许多相关研究中都有说明。但由于茶叶类型或加工工艺的不同，不同研究对某种农药的转移速率统计的数据会有很大的差异。因此，为了研究不同农药转移行为的内在规律，陈宗懋及其团队在相同的田间和生产条件背景下开展研究，对42种不同类型的农药进行了一系列田间试验、生产和加工试验，并制定了典型的加工工艺程序。研究结果表明，第一次冲泡期间农药的转移率在三次冲泡中最高，这与之前对茶叶和其他饮料作物中农药和其他污染物的许多研究结果是一致的。此外，不同药剂的总转移率表明，除新烟碱类杀虫剂的转移率最高（83.3% ~ 100%），拟除虫菊酯类杀虫剂较低（1.8% ~ 4.6%）外，其他药剂的转移率各不相同，取决于该农药在水中的溶解度。因此，要建立农药转移率预测的经验模型，首先要确定影响农药转移率的主要原因。

其次，为了建立转移率预测经验模型，陈宗懋着手利用先前多次研究中获得的农药的理化参数和转移速率数据，建立了农药转移速率的经验预测模型。通过经验预测模型观察到的理化参数之间的强相关性与许多先前的研究相符合。经验预测模型的验证结果表明，这种模型具有良好的预测传输速率的性能。因此，研究的结果也对审视现有农药残留量与茶叶的相关性有帮助，同时还能够预测潜在引入茶园的农药的转移率和饮用风险指数。

总之，作为一种典型的饮料作物，茶叶中多种农药的转移行为可以为其他饮料作物提供参考。而不同饮料作物在加工过程中农药的转移行为存在差异，差异的程度可能与饮料作物的性质或化学成分有关，从而影响其吸附性或与其他农药之间的相互作用。对大多数饮料作物而言，高水溶性农药通常表现出较高的转移潜力。陈宗懋及其团队的研究结果，让人们重新审视现有茶叶农药最大残留限量的标准，因为农药转移到茶汤中的百分比对于建立真实的最大残留限量标准值和准确的风险评估至关重要。

这项对于不同类型农药在茶叶冲泡过程中转移行为的研究，根据其实验结果可以得出如下结论：农药的水溶解度可以用来预测引入茶园的农药的潜在安全性。而这项研究的成果并不局限于茶叶这一个案，同样也适用于其他饮料作物，譬如也可为咖啡、可可、菊花、玫瑰和草本植物等制定农药残留标准提供极具价值的参考，意义深远。

由此，陈宗懋提出一个颇具颠覆意味的建议：在制定茶叶中农药的最大残留限量时，改变原来和粮食一样的制定原则，建议启用新的制定原则，即测定茶水中的农药残留，然后根据农药的水溶解度制定茶叶中的农药残留标准。简而言之，茶叶农药残留标准应该以茶与茶汤分离测试为标准，而农药水溶解度才是决定茶叶饮用安全性的重要参数。

陈宗懋提出的新观点，通过反复的讨论和验证，最终得到了国际上的认可。现在世界范围内都开始遵循以农药水溶解度的思路，来考虑和制定茶叶中的农药残留标准。正是因为他提出的这个观点，人们逐渐停止在茶叶中使用水溶性的农药，继而挑选脂溶性的农药。该成果在2019年获国家科学技术进步奖二等奖。陈宗懋一心为国，做出了许多成绩也相应获得了许多的荣誉，但他的付出又岂是常人可比！人生曲折，哪有那么多坦途，路再崎岖，仍然要走。在对茶叶农药残留标准制定方面的研究，陈宗懋步履不停，走得越来越远。

2008年，联合国粮农组织政府间茶叶工作组会议提出了冲泡因子在农药残留实际风险评估和茶叶中实际最大残留限量固定方面的重要性。根据茶汤中的农药含量水平制定茶叶中最大残留限量标准，这一建议最终由国际食品法典农药残留委员会通过。同时，那次小组会议中，决议通过提交了指导性文件《使用冲泡因子固定茶叶中农药残留限量的风险评估指导文件》至第47届农药残留联席会议（JMPR）。农药残留委员会鼓励各国把冲泡茶研究纳入实验之中。由此可知，研究茶叶中农药残留向茶汤中的转移潜力具有重要意义。

这也是世界上第一次用茶叶冲泡出来的农药量作为制定茶叶允许农药残留标准和风险评估的指标。首先是这个方法的改变使得评估风险性更为准确，因为这是直接进入人体的数量。其次通过这个改变而制定的标准，有部分农药（非水溶性农药）茶叶上的最大残留限量会比以往的指标放宽10～500倍。

不得不提及的一点是，2010年在加拿大多伦多首届北美茶叶年会上，陈宗懋创造性地提出以茶汤中农药残留水平为基准制定农药最大残留限量标准的原则，得到了与会代表的广泛认同。陈宗懋说，茶叶的农药残留问题不能只用茶叶中的残留数字来反映它的毒性。因为我们是喝茶汤，而不是吃茶叶。这就意味着茶叶农药残留检测，从此以后将要以茶与茶汤分离测试为标准，而农药水溶解度是决定茶叶饮用安全性的重要参数。

"农药水溶解度是决定茶叶饮用安全性的重要参数"这个想法在2010年和2011年以中国代表团的名义两次递交到国际食品法典农药残留委员会上供70多个国家的科学家们讨论。最后，这个意见为大会所接受，并在两次会议的总结报告中分别用两段文字予以记述并表示同意。这样就大大改善了茶叶标准制定的环节，明显有利于中国茶叶的出口贸易，对于中国茶产业而言，实在是一个令人振奋的消息。

凭借茶与茶汤分离测量农药残留，即"农药水溶解度是决定茶叶饮用安全性的重要参数"这项研究，陈宗懋后来连续6次提出要求修改国际标准的建议，均获得批准和通过。水溶解度越高的农药，泡茶时从成茶转移到茶汤中的比例越高，对饮茶者的健康风险也越大，因此制定标准时应严格些；而水溶解度越低的农药在茶汤中的浸出率越低，对饮茶者的健康风险相对较小，标准可相对宽松些。但多年来国际上沿用的以干茶中农药残留水平制定最大残留限量标准限量的方法，拉平了不同水溶解度农药间的风险差异，一定程度上缺乏科学性。而"农药水溶解度是决定茶叶饮用安全性的重要参数"这项研究，使得茶叶中农药残留的最大标准放宽了100～1 500倍，大大有利于我国的茶叶出口贸易。2013年，陈宗懋将研究的结果写成报告递交农药残留标准制定的权威机构欧盟食品安全局（EFSA），要求修改欧盟已制定的茶叶中苜虫威农药残留标准。采用研究提出的方法，我国已通过了3毫克/千克的茶叶中苜虫威残留标准。EFSA在国际上有很大影响，他们讨论后提出可以定为5毫克/千克，这个数字比欧盟已在国际上颁布的茶叶上的标准0.05毫克/千克放宽了整整100倍。对待科学研究，较真的陈宗懋从最初测不出农药残留，到后来可以测出农药残留，再到测出的精度越来越高，最后到提出茶汤"有效风险量"决定原则，重构了茶叶中最大残留限量制定的国际规范，解决了最大残留限量制定的科学难点。其间所经历的艰苦，陈宗懋不以为然，反倒觉得很有意趣。

1993年，陈宗懋（前左）与日本生物化学专家山西贞教授（前右）合影留念

1998年，日本茶叶生物化学研究专家竹尾忠一先生（左）与陈宗懋（右）

2011年，陈宗懋（前左）在英国立顿（Lipton）茶叶公司总部参观时审评英国茶叶

2017年，陈宗懋（右）在印度尼西亚参加国际茶叶会议时，与该国代表合影

陈宗懋去国外开会时，阐述了自己的实验结果和理论。刚提出这个观点的时候，世界茶叶界一时还无法接受。某次会后，英国科学家私下对陈宗懋说："你说得很有道理，但是我们不能同意。制定标准和做生意两者关系很密切。假若我们放宽标准同意，那么就无法压低茶叶的价格。"但是陈宗懋不轻言放弃，不屈不挠与英国人争论多年，并向他们展示大量的实验资料和相关数据，且告诉他们："我们的最终目的，都是关心人的健康和安全。"陈宗懋有理有据地阐明这个理论，之后英国科学家自己做实验，验证了陈宗懋的结论。

"要为我国茶业在国际上争取更多话语权。""茶，源于中国。要想使我国这个产茶、制茶大国长远发展，就要争取更多在国际上的话语权，就要有足够的科技来做支撑。"这些话，皆出自陈宗懋之口。他如是道来，也如此行动。陈宗懋带领着团队成员展开了研究，一次次实验，用实验数据证实了这个创新的观点，其也通过各种渠道重申自己的观点，孜孜不倦的精神让人敬佩。

2019年，陈宗懋作为第一完成人，由罗逢健、周利、楼正云、郑尊涛、张新忠、赵颖、孙荷芝、杨梅、王新茹参与的"茶叶中农药残留和污染物管控技术体系创建及应用"项目荣获了国家科学技术进步奖二等奖。项目首创了茶汤"有效风险量"决定原则，揭示了茶叶中水溶解度是有效风险量的决定因素，重构了茶叶中农药最大残留限量标准制定的国际规范，解决了因过高估计残留物的摄入量造成的最大残留限量制定不科学的问题，制修订国际最大残留限量标准6项，实现了我国农产品中国际最大残留限量标准制定零的突破。探明了残留量的关键控制点，研发了农药安全选用、合理使用和污染物源控制的技术手段，筛选建立了农药消解半衰期、蒸汽压、水溶解度、ADI值和大鼠急性致死中量5个关键因子的农药安全量化指标和选用技术；建立了施药浓度、使用次数和安全间隔期为参数的农药使用技术；揭示重大污染物的发生规律和污染源；研发组装了农药选用和使用技术、高风险农药替代和禁限用措施及污染物源控制的残留量控制技术，在全国18个产茶省份推广应用，使我国茶叶安全水平实现了从20世纪80年代30%～40%的超标率到近年合格率高于97%的跨越提升。突破现场检测和精准检测难点，研发出农药残留和污染物高通量和现场可视化检测新技术和产品。提出污染物蒽醌的高灵敏检测方法，填补了国内空白；新烟碱类杀虫剂单克隆抗体靶向识别的可视化现场测定技术和速测卡产品，假阳性率低于5%，节约检测费用和时间90%以上，灵敏度0.05毫克/千克满足国内外限量标准要求。成果的推广应用提高了我国标准制定的国际话语权，保障了茶叶产品的消费安全和出口安全，推动了我国茶产业绿色发展的科技进步。三年创造经济效益19.9亿元，经济、社会和生态效益显著。

茶叶中农药残留标准制定，原先中国在世界上毫无发言权，只能跟在别国背后看其规则行事。功夫不负有心人！陈宗懋通过多年坚持不懈地努力，用扎实过硬的科研水平与所取得的卓越成绩，在国际上开创了我们中国人自己的一片天地。

第|十|三|章

绿色防控技术
世界一流

在研究茶树植保的大半辈子中，陈宗懋虽然恪尽职守，业有所精，但仍旧遇到过许多茶树病虫害难题。尽管如此，他总是不屈不挠，面对困境，迎难而上。虽然极为不易，但是在与茶树病虫害"斗智斗勇"的过程中，胜出的却往往还是他。"科研必须与生产相结合"是陈宗懋半个多世纪以来始终奉行的理念。陈宗懋自1960年来到中茶所，先后主持过"茶树病虫种类调查""茶树病虫害大面积综合防治研究""茶树地衣苔藓防治研究""茶云纹叶枯病流行规律和防治研究""新农药对茶树病虫害的药效鉴定"等多项茶树植保课题，几乎所有课题都与茶叶生产密切相关。如何让中国的茶树植保可持续发展？这个问题，仿佛一抹挥之不去的情愫始终萦绕在陈宗懋的脑海里。近半个世纪以来，我国茶产业之所以能够持续发展，国家政策和科技进步等因素起了决定性作用，而植保的技术措施是其中重要环节。

1999年，陈宗懋与陈雪芬曾共同撰文《茶业可持续发展中的植保问题》。文中写到我国已记载的茶树害虫种类有430种，病害近100种，每年约给茶叶生产带来10%～20%的产量损失，在局部地区和局部年份损失则更大。植保技术的实施则为茶叶生产挽回了大部分损失。关于茶树植保可持续发展的这个问题，他认为，首要关注和亟待解决的问题是科学选择农药，要选择高效、低毒、易降解、针对性强的农药；要提倡选用调节昆虫生长、变态和发育的昆虫生长调节剂，譬如茶叶生产上已经推广使用的扑虱灵、除虫脲等。其次是要与生物防治相协调。在应用化学农药的过程中，也要考虑到和生物防治协同合作。最后要建立靶标生物的抗药性和茶叶中农药残留水平的监测体系。其中包括逐步建立茶园主要害虫对不同农药的毒力档案，定期监测其抗药性程度，以便制定农药轮用制度。陈宗懋在长期从事科学研究的过程中，为我国茶树植保事业建立追踪系统，及时掌握我国茶叶农药残留水平做出了力所能及的贡献。[14]

在提高茶叶病虫防治水平上，大半生都心系茶叶的陈宗懋可谓不遗余力。陈宗懋学植保专业出身，最大的特点是有一股百折不挠和奋发图强的精神，且干一行就爱一行。早在黑龙江省呼兰特产试验站工作期间，他就致力于甜菜褐斑病的防治研究，并首次提出了采用喷施微量元素提高抗性，从而在治理和控制甜菜褐斑病上达到少用农药的作用和目的。1960年2月调入中茶所后，陈宗懋立刻投入工作中，很快就深深地爱上了这个全新的领域，并且一心一意扑在茶树植保和农药残留研究领域。恍惚而至，转眼竟达60多年之久。陈宗懋的茶树植保研究主要经历了三个阶段。

第一阶段，即早期的茶树害虫防治研究，主要涉及长白蚧的防治、黑刺粉虱的防治、植保技术推广与应用、茶园防治策略上的变化和害虫演替规律以及茶园综合防治的提出。

陈宗懋在早期茶树害虫防治研究方面，主要和最先涉及的是长白蚧的防治。与长白蚧的较量，既是陈宗懋从事茶树植保研究的一次重要的防治工作，也是推动中国病虫害测报技术发展的一个典型案例。"科研必须大胆创新"，这个案例也生动诠释了陈宗懋从事科研工作的这个座右铭。谈起与长白蚧的斗争，今时今日陈宗懋依然记忆深刻。特别是1963—1964年，全国各地的茶叶产区都遭受了一种名为长白蚧的茶虫的侵袭。浙江有些地区茶树受损尤为严重。当时对茶产量影响很大的长白蚧，用陈宗懋自己的话来说就是导致的虫害很严重，而这种虫本身也很厉害。

农药不管用，茶农们愁眉不展。尽管个头小小的，看上去就像茶树枝干上白色的小点点，但一个白色小点实际就是一条虫。它附着在茶树枝干上，把口器插入枝干内，吸取枝干的水分。通常茶树遇上这种昆虫，不久便被吸干枯死。等到茶树已回天无术的时候，茶农们才恍然大悟，那成百上千附着在茶树上的小小白点简直就是滔天恶魔。起初茶农把希望寄托在农药上，定期往那些有病虫害的茶树喷洒农药，以便杀死长白蚧，效果却并不理想。到了采茶时节茶树不复绿荫，不光稀稀拉拉一派萎靡不振，甚至还有大片茶树枯死。

当时绍兴地区，特别是嵊州市的茶农们深受其害，长白蚧严重影响了当地的茶产量。茶农们很焦虑，再这样任长白蚧肆虐下去，茶产量还会不断下降。不说丰产增收，茶园能否保住都成问题。预防与治疗长白蚧虫害，已迫在眉睫。看到这种情况，作为一个心系茶农的科研人员，陈宗懋心急如焚。他决定着手对这种害虫进行研究。长白蚧到处都有，因此取样很容易。陈宗懋在嵊州一个茶园捉了一批长白蚧带回中茶所进行研究。陈宗懋仔细研究了长白蚧的构造，发现这种害虫之所以不怕茶农们喷洒的农药，是因为它的体表有一层薄薄的蜡质盾壳，就像蜡纸一样包在身体外面。虫子躲在里面吸食茶树枝干的养分，这层蜡质足以把农药隔绝在外，因此喷洒农药根本无济于事。

怎么办呢？时不我待！陈宗懋开始进一步研究长白蚧的防治。当时龙井茶产区也深受这种虫害的侵扰。由于虫体的外壳特性使得农药难以进入，当地茶农也像其他饱受长白蚧危害地区的茶农一样，施药无果，只能听天由命。陈宗懋带领一个研究小组深入龙井茶产地龙坞蹲点。1968—1969年，长达两年时间，他们吃住在农村，苦苦探索长白蚧的防治办法。

全国各地的茶农都翘首以盼，期待着快些找到防治长白蚧的方法。起初，陈宗懋和同事们也束手无策。但是在深入研究长白蚧的过程中，陈宗懋利用丰富的植保专业基础知识，细心考察长白蚧的活动规律，发现春天过后是长白蚧孵化幼虫的高峰期。同时也掌握了它的生长规律，长白蚧一年繁殖三代，其过程包含产卵、卵变成幼虫、幼虫变成蛹、蛹再变为成虫，成虫飞出来再产卵等过程。在这个看似普通的成长过程中，陈宗懋找到了一个关键点——当长白蚧刚刚从卵孵化成为幼虫，这个阶段虫体外部的那层薄薄的蜡质未形成，幼虫爬行取食，虫体没有厚盾的保护，较为脆弱。陈宗懋想到，如果在长白蚧还未长出蜡质外壳的时候喷洒农药，就可防治这种虫害。即便幼虫长出了壳，也还是薄薄的一层，药液就能发挥作用。

为了保险起见，陈宗懋先在实验室做试验，用几根小玻璃管，装进几段有长白蚧虫的枝条，管口塞上棉花，仔细观察长白蚧的孵化。经过几次试验，成功了。在孵化高峰期到来与还未长硬壳之前这段时间施药，可将长白蚧一举歼灭。陈宗懋和同事们又反复做了多次试验，最终确定了长白蚧长蜡质外壳的时间点。长白蚧从卵孵化成幼虫后，有一个星期到半个月的时间处于没有蜡质层保护的阶段，一旦过了这个时间点，蜡质形成，农药就很难再对长白蚧产生作用。陈宗懋又相继做了一个测试。他等到长白蚧从卵孵化成幼虫，在未形成蜡质层的第一个星期，待小虫孵化爬出蜡壳时喷洒农药，虫体很快死亡。从繁衍规律一年三代，到孵化高峰期春天，再到一个星期至多半月无硬壳保护期，陈宗懋通过反复田野调查和实验室研究，最终得出了最佳施药期这一研究成果。

这个办法果然可行！陈宗懋很激动，很快把这个方法推广到了茶农手上。当时茶农们用的大多是有机磷农药，譬如乐果。在嵊州一个茶园里，茶农根据陈宗懋团队研究出的时间点，找准长白蚧还没有"保护伞"的时候喷洒农药，立竿见影。大量的长白蚧被杀死，茶树干枯死亡的情况得到了良好的控制。于是在全国各地，害茶农不浅、持续多年的长白蚧被一举歼灭了。陈宗懋从未因为所取得的成就而沾沾自喜、止步不前，而是顺着防治长白蚧的思路，开始潜心研究病虫害测报技术。

什么是测报技术？通俗来说，就是像治理长白蚧一样，能够预测到准确的时间喷洒农药，即喷药防治的适期，以确保农药喷洒的有效性。在实验室中利用长白蚧初孵化的幼虫向上爬的习性，使长白蚧爬到玻璃管上端白色棉花上，通过计算了解长白蚧孵化高峰，同时比较室内外温度，从而掌握长白蚧的测报技术。因为在室内的温度会比田间的温度高，室内孵化比田间孵化早几天，可以用来指导田间农药应用的日期。测报技术的好处就是不需要在实验室里，也无需精密仪器，茶农自己就可以做这样的试验。茶农以前不知道如何防治长白蚧，如今利用这种较为简单的方法，找到其弱点，扭转了茶树被侵害的被动局面。陈宗懋这个预报预测的办法推广后，极大地提高了对长白蚧的防治效果。后来这种方法成了浙江许多茶区消灭长白蚧的有力武器。

对黑刺粉虱的研究，也是陈宗懋早期茶树害虫防治研究的主要方面。20世纪90年代初，龙井茶区的梅家坞一带，黑刺粉虱大面积发生，茶山一片漆黑。刚刚实行茶园承包到户后的茶农，眼看自己到手的春茶毁于一旦，十分着急。陈宗懋认真查阅文献资料，寻找应对办法，并利用他熟练的病菌培养技术和课题组的同志一起，从患病的茶树黑刺粉虱幼虫体上分离获得了一种真菌，名为韦伯虫座孢菌。利用这种真菌进行培养扩大，在田间喷施于黑刺粉虱虫体上，当年的防治效果在80%以上，田间残留效果可维持2～3年。在茶园上只要喷施1～2次，绝大多数茶园的黑刺粉虱就可得到彻底消灭。

在植保技术推广与应用方面，为了达到茶树病虫有效防治目的，陈宗懋想到了与生产部门相结合的办法，在浙江省农业厅经作处的支持下，20世纪70年代初在茶区组建起茶树植保联系点，发动联系点的植物保护人员查虫情、发预报，对照当地实际情况，贯彻茶园病虫综合防治措施。[15]

浙江省茶树植保联系点的模式，对于促进我国茶产业的发展起了很大作用。因为病虫害是茶树植保的主要问题，如若病虫防治不好，茶叶产量必然下降。在这种情况之下，可以设想，仅仅依靠科研人员上茶园下农地清除病虫害，肯定不行，因此要发动群众。群众的力量是巨大的！那么，如何发动呢？手段和方法很重要。植保联系点这种模式后来推广到了全国范围，取得很好的效果。这一点，从我国20世纪70年代茶产业的发展和增产中可见一斑。那么，浙江省茶树植保联系点的模式到底是怎样的呢？它为浙江省的茶树植保工作和茶产业的发展具体起到了哪些作用？

殷坤山每每回忆起建立浙江省茶树植保联系点的初衷时，无不感慨。时光倏忽回溯至二十世纪六七十年代，那时浙江省茶树病虫害十分严重，其中最主要的是茶尺蠖、长白蚧、小绿叶蝉和螨类，它们当时被称为浙江四大茶树害虫。由于广大茶农缺乏植保知识和病虫防治技术，病虫害造成的茶叶损失非常严重，通常要减产20%～30%。譬如受长白蚧危害的茶园，茶芽不发，大量落叶，整片茶园枯死的现象随处可见。茶尺蠖发生严重的时候，成片的茶园被吃成秃枝，到了无茶可采的地步，经济损失惨重，使得梅家坞人吃饭也成了问题，这也充分说明了病虫危害给茶农带来的影响。同时，由于当时缺乏病虫防治技术，采用化学防治，滥用农药问题十分突出，喷药次数年年增多，农药用量年年加大，造成了病虫越治越多的恶性循环，茶叶中的农药残留量居高不下。

也正是在这样的环境下，为了解决当时生产上存在的这些实际问题，1971年，中茶所与浙江省农业厅相关处室商定，在全省范围内建立茶树植保联系点，通过联系点来解决病虫问题。建点的方法是：在浙江省的一些重点产茶县（市），由农林部门推荐，每县（市）选择1～2个生产大队或茶场作为联系点，每个点选择1～2名具有一定文化水平、工作积极负责的同志作为植保员，具体抓好病虫防治工作。

当时谁都没有预料到，这套办法的效果会这样好。于是，浙江省茶树植保联系点的工作从1971年开始一直持续了13年，从建点时只有7个县（市）13个联系点，到1976年增加到29个县（市）

45个联系点，至1983年发展到了47个县（市）74个联系点，有专职植保员235人。在省级植保联系点工作的基础上，全省有27个县（市）共建立了415个市县级茶树植保联系点，拥有植保员688人。植保联系点工作的经费由浙江省农业厅资助拨款，每个点每年1万～2万元。

浙江省茶树植保联系点最初创建时，有大批的专家参与了这个工作。中茶所植保研究室承担了组建工作。大家当时主要的工作是筹备、组织召开浙江省茶树植保联系点会议，撰写联系点的工作指导等。

陈雪芬是最早组建浙江省茶树植保联系点的成员之一，尽管时隔多年，但她对当年这件事依然印象深刻。当时浙江省农业厅的专家们也协助了这项工作，参加的成员有王家斌、胡坪和吴银娥，他们的主要工作是每年派一个人参加浙江省茶树植保联系点会议，并且要在会议上做指导性的发言。据陈雪芬回忆，最早是浙江省农业厅有这个想法，组建之初在绍兴新昌开了一个成立会。这次会议也算是浙江省茶树植保联系点第一次会议。当时中茶所茶厂厂长王卓再作为植保室的负责人和时任中茶所副所长的俞永明也参加了。除了他们两位，参加的人员还有陈宗懋、殷坤山、吕文明、陈雪芬、楼云芬、洪北边、赵启民、胡宏基等。在新昌开会期间，陈雪芬和浙江省农业厅茶叶科的吴银娥住同一个房间，她俩兴致勃勃地讨论怎样让茶树植保联系点发挥作用一直到深夜。最初选择在绍兴新昌成立茶树植保联系点，也是考虑到当地是比较重要的茶产区。为了更好地指导茶农，中茶所当时还提供虫情预报。中茶所最早进行预测预报，把病虫发生的预报发送到全省各地的茶园指导防控。下面各个地区都成立了茶树植保点，里面组成成员有植保员，通过消息传递帮助茶农更好地预防治疗虫害问题。后来慢慢发展到全省都有这种植保点，几乎覆盖了所有茶叶产区。

除了提供虫情预报，陈雪芬记得当时茶树植保联系点还经常对茶农进行培训。告诉他们如何使用具体的预测预报的资料并采取相应措施，这样他们就能更好地知道如何进行茶树植保工作了。此外，茶树植保联系点还办了很多期培训班，培养了一批茶树植保员，其中有些人就像乡村医生一样，成了茶树医生。比如对于茶尺蠖、小绿叶蝉、茶叶螨类等虫害进行预测，中茶所的专家们就会针对其发生规律进行研究，譬如测算出成虫生长的时间，甚至精确到虫子何时产卵，幼虫何时出来，掌握了这些时间节点以便更有效地进行茶树植保工作。

除了这种实验室研究，专家们还会实地到茶园里进行观察。譬如小绿叶蝉幼虫刚危害茶园时，专家们会在初期就立即进行发报，通过虫情预报来指导茶农们做好准备，喷洒低毒农药进行防控，及时消灭这种虫害，以免其进一步扩散。早防御，早治疗。用陈雪芬的话来说，治虫就像面对新冠肺炎病毒，做好预测预报工作对于后面的植保工作而言助益良多。

时光像风一样总是不经意穿过指尖，13年时光就在瞬息之间。但也正是这13年的光阴，凝结了这批茶树专家们的心血。回望浙江省茶树植保联系点13年的工作，不可不说其取得了累累硕果。

在殷坤山看来，浙江省茶树植保联系点很贴合实际，能够实实在在为大家解决现实问题，像陈宗懋这样的茶树专家们也都付出了许多心血和努力。从1971年开始到1983年结束，一共召开了13次全省茶树植保联系点会议。殷坤山记得会议每年都选择在春季的3—4月举行，每次会议持续2～3天，参加的成员除了各个联系点的植保员外还有联系点所在县农业（林、特产）局管理茶事的干部。从最初几年的几十人参加会议，后来发展到百余人参加会议，茶树植保联系点的队伍越来越壮大。会议的主要内容一般由中茶所的领导对上一年茶树植保联系点的工作进行总结，一部分联系点的代表也会在会议上汇报自己全年的植保工作情况，大家也针对提出的问题进行交流。中茶所的科技人员也会进行讲课，帮助大家了解最新的植保技术。当然，会议期间也会讨论提出当年茶树植保工作的计划，最后由浙江省农业厅相关领导进行指导性的发言。在殷坤山心目中，这个会议意义重大，不但参会人数多，而且会议内容真正惠及于民，辐射范围广、影响大，对推动浙江全省的茶树植保工作具有重要作用。

对于陈宗懋这样参与茶树植保联系点的专家们而言，让茶农们更好地防治茶树病虫害，才是他们乐于见到的。茶树植保联系点作为普及茶树植保知识桥梁，工作就这样风风火火展开了。如何普及植保知识，办法有多种，第一种是在茶树植保联系点会议上讲授植保课程，内容涉及茶树植保的各个领域，包括主要病虫的识别与防治措施、病虫的饲养观察和田间调查方法、预测预报技术、农药合理安全使用技术、茶园农药残留的形成与控制、生物防治和综合助治技术等；第二种是到重点产茶县（市）举办茶树植保培训班或茶叶会议并讲授植保课程；第三种是通过走出去的办法，让像陈宗懋这样的茶树专家亲自到各个联系点进行实地辅导。据不完全统计，13年中陈宗懋等专家在茶树植保联系点会议上系统讲课 100 余小时，受训人员 1 500 余人次；在 20 多个县举办的植保培训班或茶叶会议上，讲课 60 余次达 600 多小时，受训人员达到了 19 144 人次；到联系点实地辅导或解决生产实际问题 108 次。这些数据背后都凝结着茶叶专家们的心血和汗水。

除了普及植保知识这个重要作用，更好地推广科研成果是茶树植保联系点成立后发挥的又一重要作用。茶树植保联系点建立后，也成了推广茶叶研究成果的良好渠道，通过这种方式，成果推广速度快，效果立竿见影。如长白蚧的防治效果一直很差，直到 20 世纪 60 年代末，陈宗懋带领团队研究出来的若虫孵化高峰期玻管预测法才很好地破解了这个难题。这个方法简便易行，通过茶树植保联系点很快推广到了全省各地，在短短的数年间，长白蚧就被完全控制住了。

此外，通过茶树植保联系点，大量群众性的预测预报工作也展开了。20世纪60年代，因为茶叶生产单位不能掌握虫情和防治适应期，喷施农药有时"放空炮"有时"马后炮"，防治效果差。茶树植保联系点建立后，也把做好群众性的预测预报工作作为一项重要内容来抓。中茶所的科研人员每年都会对浙江发生的20余种主要病虫，通过室内饲养观察、田间调查等方法，随时掌握其发生动态，印发《病虫预报》。每年印发的《病虫预报》就有8～10期，每期有250～300份，发到各个联系点、重点产茶大队、茶场和县（市）农业局等250多个单位。与此同时，把主要病虫的观察、调查和测报方法传授给联系点植保员，由联系点植保员对当地发生的主要病虫进行测报，测得的结果发至各个兄弟联系点和当地重点产茶大队。据不完全统计，一共印发了《病虫预报》850期，总印发量达19万份。这样上下结合的群众性测报工作，在全省病虫防治中发挥了积极作用，深受群众欢迎，许多社队反映，过去是"基层虫情不灵清，千篇一律照样喷，茶叶减产费工本"，现在是"基层植保员查虫情，上下结合测报准，省药省工产量升"。

群众的力量加上像陈宗懋这样的茶树植保专家们的共同努力，对推动我国茶产业的发展做出了很大的贡献。据1981年统计，茶树植保联系点共进行了科学实（试）验115项，其中害虫生活史观察48项、农药药效试验41项、生物防治研究18项、其他8项。有10多篇研究报告在刊物上发表。这些研究不仅解决了茶产业的实际问题，也为兄弟联系点提供了宝贵经验，为科研和教育积累了资料。

纵观浙江省茶树植保联系点，普及了全省47个县（市），茶叶产量占全省总产量的90%以上。很快，全省47个县（市）的茶叶年产量从2 645万千克增加到了1981年的8 020万千克，增产2倍多。联系点亩产超150千克的有15个点，超200千克的有4个点，超250千克的有1个点。茶叶产量大幅度增加，除茶园管理水平提高外，做好茶树病虫害防治工作也是一个重要环节。茶树植保联系点也培养出一支相对稳定的、技术水平较高的植保员专业队伍，在全省茶树主要病虫害的防治中起到了积极的作用。据初步估算，过去受病虫危害造成的茶叶损失约为20%，通过植保联系点普及知识、推广有效的防治技术，使病虫危害在全省范围内基本得到控制，估计每年可增产1万吨，年增收3亿多元。同时，也推广了农药合理安全使用的概念，茶叶中的农药残留量逐渐降低，经济效益和社会效益显著。

1981年，浙江省茶树植保联系点工作以"浙江四大茶树害虫防治技术和农药安全推广"为题报奖，获得了中国农业科学院技术改进奖三等奖；1983年又获得农业部技术改进奖二等奖。

时至今日，当年茶树植保联系点的工作思路依然值得借鉴。陈宗懋认为，当年的茶树植保联系点实际上就像现在的互联网。事物之间本就相互关联，找到协同方式就可建立联系网络。除了每年开一次大会，教授传播最新的农业技术，陈宗懋和同事们还经常到各个联系点去走访，了解茶农们具体的生产情况，听取茶农讲述在生产种植过程中遇到的难题，帮助茶农们解决这些困境。

纵使放在今天，浙江省茶树植保联系点的模式，依然是非常先进、卓有成效的。陈宗懋所在的中茶所仿佛一个中央枢纽，可以通过这些植保点，把对茶农有帮助的研究成果和技术以最快的速度传达到茶农手中。而茶树植保联系点的这种工作方式，也得到了农业部门的认可。全国各地都来参观学习，当年还获得了浙江省科技进步成果奖。通过茶树植保联系点，测报技术得以全面推广。正因为有了这个经历，陈宗懋开始思考科研单位如何才能把技术快速地传播到生产中去？这对他后来从事应用科学研究产生了很大的影响。

在我国茶产业病虫害防治的道路上，陈宗懋始终向前，不曾停止脚步。他的研究成果在为广大茶农们克服一个个病虫害的难题时，也帮助他们获得了巨大的生产效益。以下这份数据，让他对我国茶产业的贡献一目了然。20世纪60年代以来，西湖龙井茶的年产量已由290多吨提高到现在的700多吨，这些龙井茶的增产中，少不了病虫害防治的功劳。有专家估计，农业增产技术措施中，病虫害防治贡献率至少在25%以上。陈宗懋对西湖龙井茶的增产和增值皆功不可没，做出了重大的贡献。

陈宗懋到中茶所后，接受的第一项任务是茶区病虫害调查工作。通过多番调查研究他发现，龙井茶区于20世纪50年代时，茶树害虫以茶尺蠖等为主。那时茶农说"茶尺蠖拱一拱，梅家坞要喝西北风"[16]。而从60年代开始，茶尺蠖少了，长白蚧等却渐渐增多。70年代，随着进一步研究调查资料加之实地取证后，他又有了新的发现，即找到了茶树病虫演替的诱因——与大量使用有机氯农药有关。他结合其他地区的一些调查，在综合分析与细致梳理后，从生态学的角度，精辟地分析了茶树病虫区系演替的四条规律，分别是：在体型上，由体型大的向体型小的害虫演替；在危害方式上，由咀嚼式口器害虫向刺吸式口器害虫方向演替；在发生代数和繁殖率上，由代数少、繁殖率低的害虫向代数多、繁殖率高的害虫方向演替；在栖息部位上，由叶面易接触到农药的害虫种类向栖息隐蔽而不易接触农药的害虫种类演替。而导致茶树害虫演替的原因，陈宗懋认为，主要是化学农药的不合理使用和栽培技术措施的变革（由丛栽变条栽）两个人为因素。茶园生态系统中病虫区系的稳定性和演替是交替发生的，稳定是相对的，演替变化是绝对的。在这种情况下，想要采取单方面措施，就难以取得较好的防治效果。[15]

从20世纪50年代到20世纪末的半个世纪，中国的植保事业一直在不断进步。回顾中国的茶树植保历史，陈宗懋在茶树病虫害防治领域，倾注了毕生心血。他关注到，中国茶树植保经过几个过程，这一历程是从化学防治阶段，到全部种群防治阶段，再到有害生物综合防治阶段的延伸。

自50年代起，二二三和六六六因既廉价又高效，几乎覆盖了茶树植保领域。当时的害虫区系主要是一些食叶的鳞翅目幼虫类。

然而不出几年光景，由于这些高残留农药的使用，病虫害天敌大量被杀伤，生态系统内部种群的自然平衡遭到了破坏，茶叶生产上的害虫区系演替现象异常明显地显露出来。使用这些高残留农药后，出现的另一个严重的负面效应是茶叶中的农药残留超标，这个问题至少持续了30年之久。从60年代初开始，用有机磷农药取代有机氯农药，但很快又在60年代末出现了第二次害虫区系的演替，过去很少出现的多种茶叶螨类和叶蝉类害虫在茶叶生产上泛滥成灾。

陈宗懋印象比较深刻的是，从70年代后期开始，黑刺粉虱在江南茶区流行、猖獗。此时虽然增加了综合防治的内容，并在化学农药使用上减少了用药量和施药次数，同时实行了安全使用标准的规范化管理，在农药品种选用和农药残留问题上有了明显改进，但在策略上对种群不是控制而是消灭；另一方面，生物和农业防治上的综合防治仍然处于较低水平，关键技术上还有待突破。

到了80年代中期，我国的茶树植保工作有了一个质的飞跃。在茶叶生产实施有害生物综合治理的领域，陈宗懋也做了非常深入的研究。他认为生态系统自动调节和自动控制的能力是有一定限度的，超过了一定的限度，就会引起生态系统结构的破坏。所以从传统的植物保护到可持续发展的有害生物综合治理阶段，对茶树的保护不是一个单纯的针对防治对象的问题，而应该从生态系统的整体来考虑，同时还要考虑生物资源保护和环境保护。既要考虑当时当地的病虫害，也要考虑到未来及更大空间的病虫害；既要考虑当代人的环境，也要考虑未来人类和环境。

鉴于此，陈宗懋提出了茶园综合防治的构想。事实上，20世纪70年代初调查龙井茶区时，他就提出茶园病虫害防治采用单措施难以得到理想的效果，必须从整个茶园生态系统着眼，在自然环境中掌握住病虫种群消长规律，预测其发展趋势；从而在现有茶园生物区系中保护或引入有益生物种群，丰富茶园生物群落的组成，控制有害生物种群的数量，这才是最有效的防治措施。他的这种全新的生态防治观念，使龙井茶的病虫害防治技术提高到一个新的水平。

茶园是茶树有害生物和有益生物种群共同的栖息地，保护好茶园环境的生态平衡，以及重视茶园周围的生态环境（譬如保持茶园树冠的密集郁闭度和茶园周围的植树造林），既有助于茶园生态系统保持生物的多样性，又能发挥茶园的自然调控能力，从而达到整个茶园生态系统的种群平衡。陈宗懋认为，在改善和保护茶园生态环境时，要充分运用食物链原理、共生互惠原理、相生相克原理、协同进化原理等生态学原理。譬如要坚持以农业防治为基础，加强生态调控的力度。在开发新茶园时，要注意无性系品种的选择和搭配，尽可能避免大面积种植单一的品种。通过农业技术措施的运用，提高生态系统功能，进而控制病虫害的发生，可以得到事半功倍的效果。与此同时，在化学防治方面，随着新农药不断出现，茶园中的适用农药也几经更替。近几年来通过药效筛选和示范推广，适用农药效果表现优异。但世界的总体趋势是化学农药与生态防治相结合。植物防治病虫害是个漫长的过程，因此还需要新的与时俱进的思路。

90年代，陈宗懋更是提出大力发展生物防治，保护和利用天敌资源的植保观念。应用寄生性昆虫天敌防治茶树害虫，陈宗懋认为最成功的例子莫过于30年代斯里兰卡从印度尼西亚引进的一种寄生蜂。这种寄生蜂在田间释放之后，短短3年之内就自然控制了茶卷叶蛾的发生。陈宗懋在国内尝试用这种生物防治方法，并已成功。90年代，他带领团队在黑刺粉虱上成功分离并繁殖应用韦伯虫座孢菌，这是国内外首次应用于害虫防治的一种昆虫病原真菌，具有巨大的市场应用潜力。

陈宗懋茶树植保研究的第二阶段，创立了茶树害虫化学生态学。化学生态学诞生于20世纪50年代末，是指应用现代化学的方法和技术，并用化学的观点对宏观和微观生态学现象进行研究的学科。研究内容着重生物之间化学联系的现象、机理和应用。化学生态学总体上是个很宽泛的概念，而陈宗懋主要耕耘于茶树害虫化学生态学领域。防治茶树病虫害，从最初使用化学农药到少用化学农药再到现在几乎不用化学农药，这既是一种时代趋势，也是陈宗懋研究思路的一个转变。

1993年，陈宗懋招收了自己的第一个博士研究生许宁，其研究方向就是化学生态学。即便中茶所经过了几十年的发展，那时研究经费依然不足，需要先申请经费才能开展项目。在这个时候，陈宗懋申请了第一个化学生态学方面的国家基金项目。而这一切的起因源于一次灵感。事情是这样的，有一次开会，陈宗懋看到一些虫子围绕着花朵在飞，这是昆虫在为花朵传授花粉。不知是走神还是灵光乍现，他就开始思忖，昆虫是如何找到花的呢？由此他开始查找各种资料，发现可能与植物挥发物有关。植物被植食性昆虫危害后所释放的挥发物称之为植物挥发物。通常情况下，植物可通过多种途径向周围生物展示自身及其状态，这其中至为重要的就是释放挥发性有机化合物。挥发物不但可以表明植物的身份，还可以通过其组成、浓度的变化展示其生理状态以及所承受的生存压力。

陈宗懋一直希望可以把植物挥发物应用到茶树害虫的防治当中，因为植物挥发物对茶园害虫防治具有多重生态功能。现代农业生态系统中存在多种害虫防治方法，但各有利弊。农业防治成本低，对环境无影响，但效果发挥较慢，并且通常都不太理想。物理防治只局限于某些害虫，而且防治效率较低。生物防治对环境安全是现今最推崇的防治方法，但如何利用和繁衍天敌仍然存在技术上的瓶颈。化学防治收效虽好，是目前害虫防治的主要手段，但化学农药不仅对生态环境破坏大，而且对食品安全造成威胁，同时害虫抗药性也在迅速提升。鉴于此，就亟须发展一些新的害虫防治技术，而植物挥发物作为一种化学信息，对调节植物—害虫—天敌三营养级的关系发挥着重要作用。通过这些信息物质或可诱杀害虫，或可吸引天敌消灭害虫，从而避免了杀虫剂的大面积使用。

1998年，陈宗懋指导许宁完成的博士研究生学位论文的部分内容《三级营养关系中茶树间接防御茶尺蠖危害的生化机制》，以茶树—茶尺蠖—单白绵绒茧蜂三级营养关系为模式，从寄主选择行为和茶树—茶尺蠖交互作用的角度，探讨了茶树借助天敌绒茧蜂间接防御茶尺蠖危害的机制。

植物在遭受害虫危害后会释放出与健康植物相异的挥发物，去诱导昆虫天敌前来捕食（寄生），以减轻害虫的进一步伤害。这种借助于食物链的关系通过上层营养级生物（天敌）控制害虫对寄生植物的危害，称之为植物的间接抗性机制，其间植物所释放的对植物自身和天敌均有益的化合物称为互利素。陈宗懋在当时就发现了，茶树间接防御的化学生态学机制是通过释放挥发性互利素来实现的，互利素所含的信息是以挥发物为载体的，因而必定有物质（或能量）消耗。茶树释放的挥发性互利素所消耗的光合产物仅占茶树全部光合量的极少部分。因此，茶树用较小的投入——释放挥发性互利素，就可获得很大的间接防护效果。[17]

由此可知，除了农药以外，病虫害的防控其实还有很多"绿色途径"。又如自20世纪90年代以来，陈宗懋带领他的科研团队开展了茶树上的茶尺蠖、茶蚜、假眼小绿叶蝉等三个主要害虫及其天敌之间营养机制的研究，取得了较好的研究成果，于2003年发表了《茶树—害虫—天敌间的化学信息联系》一文。害虫、植物和天敌三者也是有信息交流的，但是害虫的交流相对人类复杂的交流而言，较为简单。陈宗懋利用数十年从事农药残留研究所积累的微量分析条件和经验，根据国际上化学生态学的新热点，开创了茶树害虫化学生态学研究新领域，从茶树—害虫—天敌三重营养关系间的化学通信机制着手，探索害虫定位茶树和天敌寻觅害虫的化学生态学机制，揭示了在一种植物上不同害虫诱发产生不同挥发性物质以引诱各种天敌的现象，为寻求害虫防治新途径提供了理论依据。[18]

他认为，害虫危害茶树而天敌又吃害虫，这三者以营养食物链的形式串在一起是一种自然现象。那么在这浩瀚的自然界，是什么原因使得害虫正确无误地找到茶树，而天敌又如何能在如此浩大的空间寻觅到它的营养源——害虫？这种奥秘似乎受到某些特定的化合物所控制。他认为，在复杂的茶园生态系中，无论是同一级营养层内还是不同营养层间都由一些信息物质来保持种内和种间的联系。至于不同营养层间也主要是通过化学通信机制调节种间的相互行为，以获得食料而生存。就寄主植物茶树而言，这种机制也是茶树植株的一种间接的抗性机制。这些化学生态学的研究结果对茶树害虫的综合治理具有理论指导意义。对挥发性互利素的研究，启发我们可以通过这种机制使得害虫无法找到寄主茶树，使天敌能高效率地寻觅到寄主害虫，从而提高生物防治的效率。[18][19]

这些研究成果虽然尚未完全应用于生产，但已指出一条全新的防治害虫的光明大道。茶叶是一种特殊饮品，在化学农药使用受到限制的今天，陈宗懋的这些研究成果意义尤为重大。这一全新的学术思想极富创新意义，因此先后争取到了4项国家自然科学基金和浙江省自然科学基金的支持。

对于利用植物挥发物防治害虫的研究，陈宗懋可谓不遗余力，先后有1个博士后和4个博士参加研究。蔡晓明读博士所修的专业是农业昆虫与害虫防治，做博士后期间，研究的就是植物挥发物及其应用技术。陈宗懋及其团队的茶树化学生态学研究从早期的偏于自然现象方面的研究到后期的植物挥发物应用研究，其中经历了一个思路的转变。为何会如此呢？陈宗懋认识到虫害诱导的挥发物有招引天敌的功能，并且以此可以消灭害虫。害虫取食茶树后，茶树会改变释放的挥发物，改变的挥发物主要是为了吸引天敌。换句话说，首先茶树要招引天敌，继而通过天敌来消灭害虫。基于此陈宗懋的思路开始转变，他认为茶树本身所具有的挥发物对害虫就有吸引作用，从而可以利用这种吸引来诱杀茶树害虫。如何利用植物挥发物诱杀茶树害虫成了一个重要的科学命题，作为团队领导者，陈宗懋投入了大量的人力和物力，然而遗憾的是进展依旧较为缓慢。国际上研究化学生态学的现状大体也是如此。从全球范围来看，对植物化学生态学研究颇多，但是成功的实例较少。尽管在这一领域开展了多项研究，但其中或许只有10%可以在实际生产中得以应用。陈宗懋却一直没有放弃，仍旧孜孜不倦查找相关文献加之实地考察，以期发现研究的新途径或得出研究的新想法。

先前虽然费了许多心力在植物挥发物方面，却少有研究真正应用于茶园生产中。然而事在人为，终于迎来了一个契机。

茶天牛在茶园中因长期被列为次要害虫而未曾引起茶树植保工作者的重视。茶天牛幼虫主要蛀食茶树近地表的主干及根部，导致茶丛主干及根部受害甚至全丛枯死，枯死后的茶树即使通过台刈，也难以萌发新枝。因此茶天牛若大面积爆发，会对茶园造成不可逆的破坏，甚至毁园而导致茶叶绝收。随着现今市场对食品质量安全的要求不断提高，有机茶园面积逐年扩大，茶天牛在浙江、福建等部分地区茶园中的密度也逐年上升，因此如何高效地防治茶天牛已成为近年来有机茶园亟待解决的问题。由于化学农药在防治钻蛀性害虫上具有一定的局限性，并且在有机茶园中禁止施用，因此需要针对茶天牛开发高效无公害的防治技术[20]。2012年起，绍兴御茶村茶业有限公司（简称御茶村茶业）的茶园开始出现茶天牛的踪迹。御茶村茶业的茶园由于缺乏有效的防治方法，茶天牛发生的情况逐年严重，茶园缺株断垄现象明显。

2017年，陈宗懋及其团队针对御茶村茶业茶园中茶天牛进行了研究，找到了茶天牛喜爱的食诱剂即茶树释放的某种气味，用其诱杀天牛幼虫，效果非常理想。这种方式的灵感来源于对茶尺蠖性信息素的研究。因茶天牛具有发达的嗅觉，且成虫出孔后具有明显的取食特性，故而可以利用食物源引诱剂诱杀天牛。食诱剂作为一种成本低、操作简易的防治手段，已在多种害虫的防治中得到应用。他们筛选出可以防治茶天牛成虫的蜂蜜食诱剂并建立诱杀技术，这项技术具有较高的引诱活性，每7天的平均诱虫量可达60只，且雌虫数量约是雄虫的2倍。茶天牛食诱剂现已被证实具有显著的效果，2017—2020年，茶天牛食诱剂在御茶村茶业累计应用3 884亩，诱杀茶天牛545 347只。茶天牛食诱剂这项应用成果使得陈宗懋由衷地感到高兴，充分证明植物挥发物在茶树害虫防治当中在实际应用中起到积极作用，并且有理由相信植物挥发物在绿色防治中具有重要的应用前景。

自20世纪90年代初，陈宗懋开创了茶树害虫化学生态学研究领域的先河以来，其团队也经过20多年的研究，在茶树挥发物对害虫种群调控等方面取得了显著成就，在很大程度上提高了我国茶园害虫的无害化防治水平。

历史的车轮总是向前。陈宗懋对茶树植保研究的第三阶段，由茶树害虫化学生态学扩展至茶园绿色防控。绿色防控是指从农田生态系统整体出发，以农业防治为基础，积极保护利用自然天敌，恶化病虫的生存条件，提高农作物抗虫能力的一种新型防控手段。陈宗懋一直奔赴在中国茶树病虫害防治的道路上，带领着中茶所的科研团队，在茶树绿色防控领域率先展开了研究，通过推广应用化学生态调控、生物防治、物理防治、科学用药等绿色防控技术，以达到保护生物多样性，降低病虫害暴发概率的目的，并把研究成果应用于生产实践。陈宗懋认为，研究农药残留是治标，而绿色防控是治本。近几十年来，国际上很多国家在农业病虫害防治领域都开始研究绿色防控，这也是目前世界茶叶研究的一个重要方向。如果要追溯陈宗懋对茶树植保绿色防控的研究，事实上早在1997年，他就已经敏锐地意识到了这个领域研究对未来茶产业发展的重要性。

陈宗懋曾受邀为农业部组织的培训班讲课，当时全国各省份农业领域的相关人员都来参加了，大家都迫切想要了解国内外农业领域新的技术和新的动态。陈宗懋深切体会到，现代农业发展速度越来越快，技术创新日新月异。譬如农业防控方面，几年前关注的焦点是如何科学使用农药，而近年则更加关注如何少用农药，提倡绿色防控。陈宗懋对于绿色防控的研究早已起步。他始终没有停止过中国茶树害虫防治往生态防控方面发展的研究，近年来，陈宗懋从带领的研究团队成员中，特地组织人员成立了一个小组，专门研究绿色防控。

陈宗懋及其研究团队在茶园绿色防控领域主要涉及以下几个方面的工作：水溶性农药在茶产业中的风险性和替换、色板、LED杀虫灯、性诱剂以及绿色防控的集成与示范推广。

关于水溶性农药在茶产业中的风险性和替换，2011—2013年，国家茶叶产业技术体系对我国各茶区的茶叶、茶产品（包括各种茶叶、速溶茶、茶饮料）进行农药残留检测，结果显示，3 000多个样品中吡虫啉和啶虫脒两种农药的检出率很高。其中，吡虫啉检出率为60.7%～63.5%，超标率为28.0%～29.5%，啶虫脒检出率为64.1%～65.2%，超标率为19.6%～20.7%（按2013年欧盟实施的农药最大残留限量标准计算，吡虫啉为0.05毫克/千克、啶虫脒为0.1毫克/千克）。进一步研究发现，茶叶中吡虫啉和啶虫脒的农药残留在茶汤中有较高的浸出率，分别为29%～45%和68%～85%。2013年由欧洲食品安全局（European Food Safety Authority）署名发表的论文，报道了吡虫啉和啶虫脒对蜜蜂具有高毒性，并于2018年提出对吡虫啉、噻虫胺和噻虫嗪三种新烟碱类农药在欧盟大田中停止使用3年的决定。同时还提出吡虫啉、啶虫脒对人类有潜在的神经发育毒性，目前所制定的急性参考剂量已不足以保护其神经毒性对人体影响的意见。考虑到这两种高水溶性新烟碱类农药对饮茶者的安全风险，2014年国家茶叶产业技术体系提出了吡虫啉和啶虫脒在茶产业的风险预警，并进行了上述两种水溶性农药的替代农药品种的筛选、示范和推广。

2010—2018年，经国家茶叶产业技术体系3个功能研究室和18

个实验站4年的协同研究，筛选出唑虫酰胺、茚虫威、虫螨腈等防治茶树害虫的高效低水溶性农药，替代吡虫啉、啶虫脒等高水溶性农药。其中，唑虫酰胺、茚虫威、虫螨腈防治茶小绿叶蝉效果分别可达99.85%、96.64%、91.87%；茚虫威防治茶尺蠖效果可达98.84%；虫螨腈防治茶橙瘿螨效果可达86.28%。这些低水溶性化学农药的效果明显优于吡虫啉、啶虫脒等高水溶性农药，不仅防治成本较低，使用技术上也简易可行。在茶产业体系的推动下，这些高效低水溶性农药相继在茶树的使用上登记。此外，还筛选出一批有待农药厂商在茶树上登记、防效良好的低水溶性农药。譬如用于防治茶尺蠖、茶棍蓟马的乙基多杀菌素，用于防治茶尺蠖的甲氧虫酰肼，用于防治茶树害螨的联苯肼酯。2011—2014年，在重庆市、浙江省、福建省三地召开了三次全国范围的新农药示范现场会，取得了良好的效果。茶叶行政管理部门、茶叶植保技术推广部门、茶叶科研单位都已认识到水溶性农药的危害，并将高效低水溶性农药作为茶园推荐农药进行宣传。

仅2011—2013年，通过国家茶叶产业技术体系在我国4大茶区15个省份示范推广高效低水溶性农药达35万亩。贵州、福建、湖南、浙江等省的茶树植物保护主管部门已经在全省份范围推广水溶性农药替代工作，并取得了良好的反响。目前上述几种农药已经成为我国茶园防治几种主要害虫的主要农药品种，水溶性农药的使用比例开始下降。水溶性农药替代品种的筛选、示范推广，极大保障了世界饮茶者的健康安全和我国茶园的生态安全。

陈宗懋团队研究物理方式的绿色防控日渐成熟，而且始终深入研究，不断升级物理防控技术，尤其是在光和色方面取得较为显著的成绩。大约2010年后，陈宗懋到各个茶区去查看茶树病虫害，发现生产上有个问题，茶农在用色板杀虫，但各个地方用的色板颜色都有所区别。虽然大多数用的都是黄色，但黄得不尽相同、各种各样。这不仅存在效率低的问题，还会使得资源浪费，也达不到防治的目的。陈宗懋就开始思考，虫子到底最喜欢哪种黄色，以及如何把这个颜色数字化、标准化？若能找到这个颜色，茶园就可以都用这种环保又有效率的色板。如果说陈宗懋及其团队是一艘行进在科研领域的大船，显然陈宗懋是船长，把握前进的方向。他往往是发现了产业上存在某种问题，就提出研究设想，再指导学生完成这项研究工作。假若学生在研究过程当中遇到技术问题或其他疑难，陈宗懋都会积极指导，尽力帮助学生解决相关问题。

边磊在陈宗懋的指导下，经过长期研究，在2019年发表了《茶小绿叶蝉天敌友好型黏虫色板的研发及应用技术》的研究成果。天敌友好型黏虫色板的靶标害虫都是茶小绿叶蝉。茶小绿叶蝉是危害茶叶的主要害虫之一，一年发生8～12代，且世代交替。严重危害夏秋茶，受害茶树芽叶蜷缩、硬化、叶尖和叶缘红褐枯焦，芽梢生长缓慢，对茶叶产量和品质影响很大。此前边磊研制出具有良好诱捕力的标准化、统一化的数字黄板，经过大面积应用之后暴露出对天敌昆虫杀伤的局限性，之后几经研究，才发明出天敌友好型色板。高效精准和环境友好是现代农业植保技术发展的重要趋势，边磊研发的茶小绿叶蝉天敌友好型黏虫色板，采用了可降解材料和复合颜色设计，在优化胶层厚度的基础上，不但和以前研发的数字化色板一样能够诱杀茶小绿叶蝉且诱杀量不受影响，同时还能够显著降低对天敌昆虫的诱杀量（春季降低约30%，秋季降低约35%）。

研究从来都是一件非常严肃的事，有时也极为枯燥。受陈宗懋的影响，边磊在研究实验过程中非常严谨，没有丝毫懈怠。为了达到良好的杀虫效果，他在研究茶小绿叶蝉天敌友好型黏虫色板的过程中，对于基板颜色组合的筛选试验涵盖了全国15个省份的23个主要产茶区域。目前，茶小绿叶蝉天敌友好型黏虫色板已完成技术转化并投入部分地区示范应用，各地植保人员和茶农反映效果良好，可作为一项重要措施推广。

再譬如天敌友好型LED杀虫灯，也即窄波LED应用技术，陈宗懋发现常用杀虫灯对天敌昆虫杀伤的局限性。从前茶园中使用的灯其波长范围都比较宽，这样对天敌伤害更大。他开始思考能否找到只吸引害虫、不吸引天敌的一个波长。陈宗懋指导边磊研究天敌友好型杀虫灯。天敌友好型LED杀虫灯采用了LED诱虫光源和风吸式杀虫设备，克服了传统频振式电网型杀虫灯在茶园应用中的缺陷，安装简便，使用寿命长，显著降低了天敌昆虫的诱杀量，同时提高了杀虫灯对小体型害虫的诱杀效果。该杀虫灯的靶标害虫是茶小绿叶蝉和茶尺蠖等茶园主要害虫，对茶小绿叶蝉的有效防控距离可达65米，尺蠖类害虫可达100米，悬挂高度高于茶棚面40～60厘米，光控模式下工作3小时对茶园害虫诱捕效果最好。这个技术陈宗懋也参与了指导并获得了成功。

多年来，我国茶园中已经广泛应用频振式电网型杀虫灯对害虫进行监测和防治。随着现代农业植保技术的发展，高效精准和环境友好已成为茶产业害虫无公害防治策略的必然趋势。频振式电网型杀虫灯在茶园中应用已经逐渐暴露出多种缺陷。譬如大量诱杀天敌昆虫，对小型茶树害虫的诱杀率低等。因此茶园频振式电网型杀虫灯急需升级或替代。

同样从设计原理上看，不同昆虫的趋光特征不同，并且具有趋光反应的昆虫之间趋光波长范围也存在差异，因此杀虫灯诱虫光源的波长范围是决定其诱集昆虫种类的主要因素。研究发现电网型杀虫灯对于体型较大的害虫具有良好的击杀效果，但是对体型较小的趋光性害虫的击杀能力大幅下降，长期诱集小体型的趋光性害虫却不能及时消灭，会导致杀虫灯周围区域的害虫种群密度提升，甚至造成次生危害。

为了解决频振式电网型杀虫灯在茶园应用中的缺陷，保护茶园天敌昆虫，提高杀虫灯的应用效果，陈宗懋的研究团队进行了系统的研究。首先明确了茶园中主要害虫（茶小绿叶蝉和茶尺蠖）和优势天敌的趋光特征，采用LED作为发光载体，将杀虫灯诱虫光源的波长集中在茶树主要害虫的趋光范围，同时尽可能避开天敌昆虫的趋光范围，使得杀虫灯诱虫光源在诱捕茶园主要害虫的同时，能够最大限度地减少对天敌昆虫的诱杀量。其次采用风吸式杀虫设备替代电网击杀，提升杀虫灯对小体型害虫的诱杀能力，消除体型差异对杀虫灯诱杀茶园害虫效果的影响。天敌友好型LED杀虫灯作为一种新型植保设备，还具有安装方便、精准高效、安全环保等特点。目前天敌友好型LED杀虫灯已在全国各大茶区进行了推广示范，应用面积已经达到了10多万亩，各地植保人员和茶农反映效果良好，可作为一项重要措施推广应用。

发展绿色防控，意义深远。这种防控方式对生态条件影响小，对益虫杀伤力弱，对害虫杀伤力强，并且对周围环境无污染。陈宗懋团队还在为此继续深入研究中。到目前为止，陈宗懋带领的绿色防控研究小组已经发现了多种防控手段，并在茶产业的实际应用中取得了很大的成功。

2018年，已逾85岁高龄的陈宗懋，在茶园中观察性信息素防虫板的应用情况

为了减少化学农药的使用，陈宗懋及其团队从21世纪初开始进行性信息素的研究和利用。昆虫性信息素作为20世纪60年代化学生态学的重要发现，因其具有高效、环保、专一性强等优点，受到了各国科学家的肯定，被认为是"生物合理农药"。绝大多数昆虫由雌虫释放性信息素来唤起雄虫的求偶反应，引诱雄虫进行交配。性信息技术，就是研究这种气味，切断雄虫找雌虫的路径。陈宗懋详细地收集了日本在20世纪末对茶小卷叶蛾性信息素开发和利用的成果，其效果优于化学农药，业已取而代之。而国内对此项研究还处于较为空白的阶段之后，陈宗懋就鼓励团队成员自主开展这一研究。这相当于重新开展了一个新的研究方向。

21世纪伊始，陈宗懋及其团队先后研制成功了8种鳞翅目害虫的性信息素，并作为绿色防控的主要内容在国内推广应用，包括茶尺蠖、灰茶尺蠖、茶毛虫、茶黑毒蛾、茶蚕、斜纹夜蛾、茶细蛾等性信息素的推广应用，已达10万亩以上，其效果优于化学农药。这种性信息素技术的应用效果非常好，无污染，而且使用量很少。经过研究发现，1亩地用16毫克性信息素，就能有效控制尺蠖的繁殖[21]。

2020年，陈宗懋这个研究成果已经在湖南、四川、浙江推广了5万亩茶田，平均每亩只需要15～20毫克性信息素，有的地区病情严重的，一年需要投放两次。这种绿色防控模式成本与化学农药相比更为廉价，效果更好，而且没有污染。特别针对像湖南古丈这些困难地区的茶树病虫害防治，既降低了防控成本，又能帮助茶叶增产，对当地的茶产业发展起到了推动的作用。

此外在声波探测方面，陈宗懋具有的跨学科知识储备也在绿色防控中凸显了优势。也许有些科学家只关注自己做的科研内容，但是陈宗懋会关注相关学科，总是能够把相关学科的新成果、新技术应用到植保学科领域，极具开拓性。譬如有一种茶树害虫通过声波来完成异性之间的求偶，而这种害虫的声波跟普通昆虫的声波不同，陈宗懋甚至想到了利用核潜艇的声波原理来吸收声波，以便进行这种昆虫异性之间的声波探测。他思考着应用这些技术来捕捉和接收发声，从而切断这类害虫的繁殖链条。因为雌性发声，而雄性一旦接收，就能够顺利找到求偶目标继而进行繁衍。如果可以切断或者干扰这种信号源，就能够达到防治这种害虫的目的。这项研究正在进行中。

陈宗懋不仅对自己有着很高的学术要求，对其团队成员也充满期许。他认为色板、杀虫灯、性诱剂虽然有着良好的防治害虫效果，但仍无法解决生产上的所有问题。再说，色板、杀虫灯、性诱剂就像"老三样"，大家都听腻了。绿色防控体系需要不断充实以增加其他有效措施，需要更新防治技术。总之，绿色防控体系如同人类社会，也需要与时俱进，不断向前发展。科研的最终目的是为了能够在实际生产中应用，室内研究需要向田间地头转化。

绿色防控技术的集成与示范推广，意味着陈宗懋及其研究团队在绿色防控领域所进行的多项研究工作在茶园中得到检验并且产生效应。陈宗懋就绿色防控技术的集成提出了两点想法。首先，陈宗懋对集成做过一个形象化的比喻，假若组成一个家庭，就需要买各种各样的家具。只有家具齐全，并且被合理安置，日常生活才能过得顺畅。而绿色防控体系就像一个新家庭，色板、杀虫灯、性诱剂就是其中的家具。这些家具不仅需要认识其功效，还需要安排在适当的地方，根据不同地方的害虫用合理的方法，即所谓因地制宜、对症下药。其次，许多化学农药虽然能够起到立竿见影的效果，但茶叶是健康饮品，质量安全是茶产业的生命线，所以茶树病虫防治始终围绕着茶叶质量安全展开，因此茶园必须尽量少用或不用化学农药，也就是应用绿色防控。绿色防控的关键是"绿色"，即少用或不用化学农药。

在茶园绿色防控示范推广即茶园大面积综合应用方面，陈宗懋同样竭尽全力、亲力亲为。陈宗懋及其团队大约从2017年、2018年开始做绿色防控的示范推广，尽管当时他已80多岁，却每到一处，都要去茶园实地考察，了解茶叶的生长情况，询问当地茶农茶叶质量安全和病虫害的现状，不遗余力地宣传绿色防控技术，从始至终都在关注中国茶产业的发展和饮茶者的健康。不到5年的时间，这些技术在国内应用了几十万亩，取得了良好的效果，得到了茶农和专家的认同。全国农业技术推广服务中心、各产茶省和产茶县也主动联系中茶所，寻求茶园绿色防控方面的支持。

譬如2013年6月13—14日，陈宗懋就参加了农业部种植业管理司在重庆巴南区召开的茶园替代农药示范应用现场观摩会。农业部、全国农业技术推广服务中心、中茶所等相关单位的领导、专家，以及来自浙江、四川、江苏、福建等15个省份茶叶主管处站和国家茶叶产业技术体系31个综合试验站的负责人等100余人，参观学习重庆茶园替代农药试验示范效果。会议分为现场观摩和会议研讨两个部分，主要围绕水溶性农药的替代工作展开。茶园替代农药的示范点在离市区较远的茶厂，汽车需要盘山而上，开得摇摇晃晃。在陈宗懋等一行人去观摩的前一周，用以试验的四五种农药分别按照完全不施用农药、施用不推荐使用的农药和施用推荐使用的农药的方式，划出相应区块。当时正是小绿叶蝉发生的高峰期，施用不同的农药效果差异很大。还没等陈宗懋给同行的领导和专家开始介绍替代农药品种的特点和茶树的生产状况，走在前面的人无须进入空白对照区，远远地就看出了差异。这是一种最直观的感受，那些筛选出来用以推广应用的替代农药对小绿叶蝉着实有良好的防效。

大家上午参观完示范应用现场，下午就马不停蹄地开研讨会。脂溶性农药替代水溶性农药对确保茶叶质量安全具有重要意义。陈宗懋觉得水溶性农药的替代工作是当务之急，要给予高度重视。他希望借由自己的呼吁，加快推动这项工作的开展。会上，陈宗懋做了题为"茶产业中水溶性农药替代的必要性和替代品种"的报告，介绍了茶园替代农药任务的研究背景和工作进展，报告结束后，他情不自禁地感叹，自己年纪越来越大，能为茶产业做的事却越来越少，尽管自己只能尽点绵薄之力，却愿与各位同道一起为中国茶产业做些事情。于此，他就可以安心退休了。虽然过去了许多年，当时陪同陈宗懋一起参会的团队成员罗宗秀却清晰地记得那天的情景，如今讲起这件事，依然倍觉心酸。同时他也发愿，希望可以帮助老师，为茶产业做点力所能及的事情。

全国农业技术推广服务中心副主任谢建华为这次会议做总结报告时，对陈宗懋及其研究团队在水溶性农药替代试验中取得的成效给予了充分肯定，希望他们继续筛选低毒、低残留、高效的农药新品种，延缓害虫抗药性，进一步降低茶叶农药残留，提高我国茶叶质量安全水平，促进茶业的可持续发展。并且希望相关部门和个人以陈宗懋提出的技术要求为标准，认真做好"茶园农药替代计划"的成果转化和技术推广工作。

自2018年3月27日，在第二届中国·古丈茶旅文化节上接过与古丈县的合作协议书后，陈宗懋便一直在思考如何以茶产业为抓手，助力古丈县脱贫致富。古丈隶属湘西，当时是国家级贫困县，其支柱产业为茶产业。显然，古丈茶产业的发展就是其脱贫攻坚的一个重要工程。古丈县茶叶总面积达到15万亩，全县人均1亩茶，人均茶园面积位居湖南省第一。不仅如此，此地生态环境良好，茶叶品质优良。2018年，陈宗懋及其团队成员共前往古丈6次，从茶树病虫害发生情况调研、绿色防控方案设计、绿色防控方案落实推进、效果评估等方面全方位为古丈茶产业进行指导，确保茶叶质量安全，为当地茶产业的发展保驾护航。

2018年夏天，中央电视台准备拍摄一部名为《农药》的大型科普纪录片，希望陈宗懋参与到其中一个篇章，即《减量控害》的拍摄。2018年7月11—13日，为了帮助这个国家级贫困县早日摘帽成功，陈宗懋特意带着央视农业频道的记者以及拍摄团队前往湘西古丈县，尽心竭力宣传当地茶叶。此时正值盛夏，午后至傍晚难有一丝凉风，已85岁高龄的陈宗懋不惧烈日当空，已是汗流浃背。同行的年轻人都表示难以坚持，想躲在树荫下乘凉。他却仍一丝不苟，带着众人在茶园调研绿色防控技术的效果。

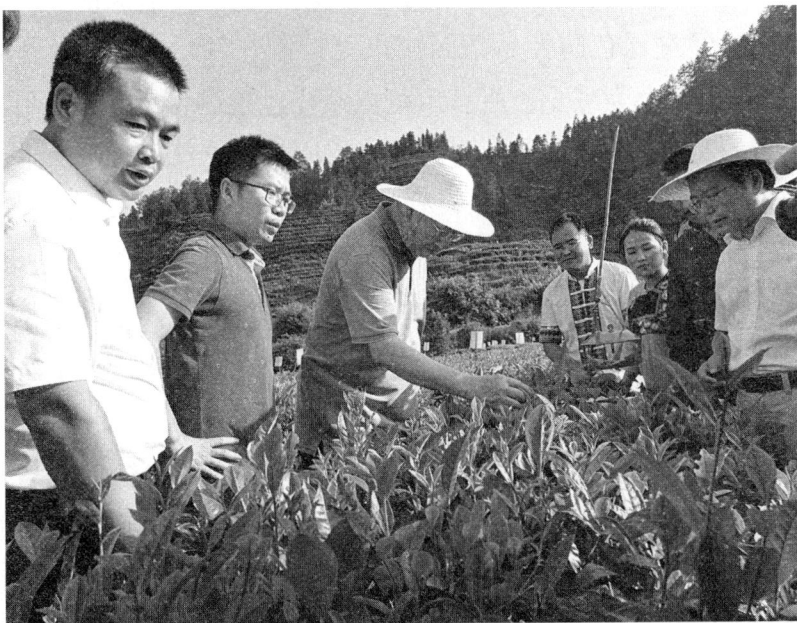

2018年7月11日，陈宗懋（左三）在湖南湘西古丈县实地考察当地茶园绿色防控技术实施效果

彼时，他哪有一点端坐实验室的科学家的样子？他分明就是一个戴着草帽、游走乡间的老农。豆大的汗珠挂在他的脸上，他的衣服已湿透。他对人边说边笑，眼睛不时环顾四周的茶园。他就是院士陈宗懋。

跟随前往的团队成员不禁担心，唯恐他会中暑，毕竟这是一年中最热的时候。可是素来了解他脾气的人，当然也知道实地考察是珍贵的第一手资料，他都会尽可能自己获取。考察结束后，该是休息的时候了。但记者和这一茶园所属的茶企业又分别对他进行了采访，待结束时，早已暮色四合。第二天又继续奔赴另一个茶园。那是一个有机茶园，对病虫害防控技术要求高，但地处偏僻，从古丈县城开车需要两个小时才能到达。陈宗懋觉得自己应该前往，他不辞辛劳，根本不在意途中的颠簸，只看重实地考察的结果。此行古丈，他一刻不停，走了至少三个茶园和多个茶厂。

2018年古丈县共建立绿色防控示范点12个，示范推广面积达5 000亩。经过绿色防控后茶园病虫害控制在较低的发生水平，化学农药使用量大为减少，所有示范点茶样经检测符合国家茶叶农药残留限量标准。示范点的经济效益每亩增加1 924～2 305元，总效益增加达1 048万元。

2020年绿色防控技术集成应用6.1万亩，示范区化学农药平均减施79.0%；茶叶产量平均增产12.1%；茶叶农药残留中水溶性农药、高毒农药等高风险农药零检出；茶农每亩平均增收1 212元，收益增长10.5%。"十三五"期间，高效性诱剂、窄波LED杀虫灯、黄红双色诱虫板推广应用合计36.3万亩。其中浙江省合计应用为12.5万亩。5年期间技术集成应用62.8万亩。不可否认，这些庞大的数字背后，或多或少凝结着陈宗懋在茶园绿色防控方面的辛劳，同时也显示了他在茶园绿色防控示范推广方面所取得的优异成果。

众所周知，陈宗懋是研究病虫防治和农药应用（化学防治）在先，后来才把重点放在研究农药残留上，并且在农药残留方面成就斐然。纵观陈宗懋近几年来的研究，范围越发扩大了，从农药残留到环境污染物都有涉及。后来他的研究重点又放在了绿色防控上。中央电视台曾经采访过陈宗懋两次他们想知道陈宗懋为何会如此转变，以及这种转变说明什么？陈宗懋本人认为这两个问题提得非常好。科研跟随不同的研究进程进行，与时俱进才能够真正做好科研，做有用的科研。绿色防控就是从如何正确使用农药、控制农残污染物研究逐步转变进展到采用化学生态学技术、物理学方法等绿色防控技术，以减少化学农药的使用。换句话说，之所以有这个转变是因为陈宗懋在实际接触生产过程中发现问题后，针对研究的重点做出相应调整的结果。

事实上就是茶产业的内在发展启发了他研究思路的改变。这种改变貌似很大，实则一脉相承，都是为了保障茶叶质量安全。茶叶质量安全不仅关系到中国茶产业的发展，而且深深影响国人的饮食健康。某种意义上，绿色防控是从根源上杜绝农药；或至少可以减少用量，最大限度地保障茶叶的质量安全和饮茶者的健康。作为一位心系民族安康、国家富强的茶学家，陈宗懋深知，这是一项重要的历史使命。因此他奉绿色防控为圭臬，以茶与健康为旨归。

第十四章

推动中国
茶产业发展

奔赴在前，一马当先。陈宗懋已然在中国茶产业的道路上留下了清晰的轨迹。为了中国的茶产业，陈宗懋在漫长的岁月中，呕心沥血，从未有过一丝懈怠。对于茶产业的发展，陈宗懋主要有三个方面的贡献。

首先，陈宗懋一直强调把理论研究与产业服务相结合，把转化推广科研成果视为要务，既要随时跟踪国际前沿，又要研究具有深度，还要落地生根、作用于实践。他认为，做科研不是为了研究而研究，而是为了让研究的成果惠及民生。他如是说，也如是做。

其次，为了让人们喝上一杯健康茶，陈宗懋不遗余力地进行茶产品质量安全的科研和科普工作。除了农药残留和植保研究，他还将目光投向茶产业规划、茶叶产能过剩、茶园（企）发展前景、茶文化普及、饮茶与健康、茶产品的保健功效、茶叶科普等领域，在诸多方面给出了独到的见解。

最后，为助力茶产业的发展，陈宗懋在产业研究上也颇具战略眼光。陈宗懋对于整个茶产业的发展，总能纵观全局，全面了解茶产业发展现况。

科研创新为中国茶产业发展增添了新内容和新动力，也孕育着产业发展变革的新机遇，陈宗懋一直关心科研成果的转化推广，龙冠龙井就是其中的经典案例。

有着1 300多年历史的西湖龙井茶，在中国茶文化史上有着崇高的地位，从20世纪50年代起就被选为国礼。2016年，一幅名曰"东方有礼"的中国西湖龙井茶巨幅海报，在美国纽约时代广场惊艳亮相。将这份茶礼从杭州带到纽约的正是杭州西湖龙井知名品牌——龙冠龙井的女掌门人姜爱芹。

杭州龙冠实业有限公司（以下简称龙冠公司）的前身是1950

年成立的地方国营杭州龙井茶场。茶场下设5个产制区，即狮（狮峰）、龙（龙井）、云（五云）、虎（虎跑）、梅（梅家坞、云栖）。人们所熟悉的"狮、龙、云、虎、梅"就是当年茶场5个产制区的简称。地方国营杭州龙井茶场建立后，开始有组织地推进恢复茶叶生产工作。当时新中国百废待兴，地方国营杭州龙井茶场成立的目的，就是要解决茶农卖茶难的问题。所以茶场确立的经营方式就是自产自销，即产、供、销一条龙。自此，从上游恢复生产，到下游打通销路，在地方国营杭州龙井茶场的带领下，龙井茶的复产复销得到了极大的推动。1958年，地方国营杭州龙井茶场合并到中国农业科学院茶叶研究所成为其下属茶叶试验场，承担起中国茶叶研究所区域试验推广和产品开发的任务。1996年，龙冠公司在茶叶试验场的基础上组建完成，继续传承和深耕龙井茶产业。

说起陈宗懋与龙冠公司的渊源，主要来自龙冠公司如今的掌门人姜爱芹。20世纪80年代末，日本在茶叶深加工、茶叶提取物方面的研究做得很好。中国是产茶大国，茶叶深加工是提高茶叶附加值、拓展茶叶消费领域的重要手段。为此，陈宗懋组织中茶所专家进行茶叶深加工方面的研究。在此机缘之下，中茶所招聘了一个食品工程专业的年轻人，这个人就是姜爱芹。而之后的事实证明，姜爱芹确实给茶叶行业带来了不小的变化。

到了中茶所，姜爱芹一头扎进了茶叶的广阔天地，在时任所长陈宗懋的支持下，迅速找到了自己的研究方向——把实验室里的技术转换成产品应用于食品领域。那段时间，姜爱芹作为新人在工作上得到了陈宗懋的悉心指导。她感触最深的是，陈宗懋身上保持着对新事物、新技术的好奇心，且永不停歇，这大概就是陈宗懋科研创新的原动力。同时，她也很感激陈宗懋的魄力——让跨专业的年轻人进入中茶所，使其施展抱负，逐渐成长。陈宗懋非常重视青年科研人员的培养，关注并倾听年轻人的研究思路，适时给予指导，并给青年科研人员施展才干提供更多机会和更大舞台，让优秀的青年人才脱颖而出，独当一面。

2004年，陈宗懋参观龙冠龙井春茶炒制现场，与一线人员讨论茶叶加工工艺（左为龙冠公司员工王国成、中为陈宗懋、右为现任龙冠公司副总经理陈瑞鸿）

姜爱芹清楚地记得，2000年她刚调入龙冠公司时，陈宗懋曾语重心长地对她说，做科研与做企业有所不同，在企业不同的发展阶段，要采用不同的管理方法。在中茶所工作近十年，原先并不爱喝茶的她开始去了解茶、学习茶，努力从茶的门外汉变成了真茶人。在姜爱芹做企业经营管理的不同阶段，陈宗懋以前瞻的思维给予了非常重要的建议。陈宗懋认为，既然是有科研背景的公司，就要做科技属性的企业，应该强调科技创新和成果转化，别人做不了的东西龙冠公司能做才会有真正的核心竞争力。比如依托中茶所的专业支撑，凭借产前品种和基地选择到产中栽培模式、植保措施和加工技术等产业链上游环节的技术领先优势，有效建立起产品技术标准，从而全面转化为龙冠公司的产品领先优势。

陈宗懋鼓励姜爱芹，借助资本支持和现代化企业的运营管理能力，中茶所可以把科技转化成生产力的时间缩短，能对行业产生巨大的推动力，促进茶产业的高质量发展。

姜爱芹说："（龙冠公司）也是近水楼台先得月，能遇到像陈宗懋这样顶尖的科学家，是我们的幸运。陈院士不为名利，给龙冠公司提供了许多技术上的指导和支持。在他心里，科学研究促进茶产业的发展，这比什么都重要。"

陈宗懋十分关心茶叶的质量安全，龙冠公司能否做到农药无残留是他十分关心的问题。他认为，绿色生态环保，是一种理念，也是将来的发展方向。他反复提醒姜爱芹，不仅龙冠杭州的基地，其他每个产区的基地，每一批次的茶叶都要进行检测。在院士团队的帮助和支持下，龙冠西湖茶场和千岛湖茶场都建立了茶园绿色防控体系，由院士专家团队对茶园的病虫害防治进行技术指导，每年对龙冠公司的病虫害防治方案进行审定。同时，院士团队研发的高效绿色的病虫害防控新产品，像茶树鳞翅目害虫高效性诱剂、天敌友好型诱虫板这些最新的技术首先会在龙冠公司的茶园中应用。

姜爱芹和龙冠公司谨记陈院士的谆谆教诲，运用科学的管理方法改造提升公司的运营管理体系。龙冠公司"从茶园到茶杯"全程建立了标准化管理体系，将龙井茶生产作业拆解为可量化的26道工序、12道品控程序，以此保障茶叶的品质稳定。因此龙冠龙井得到了G20杭州峰会筹备会务组的认可，成为G20杭州峰会主会场的会议用茶。2020年，由龙冠公司主导制定的《预包装龙井茶》"浙江制造"团体标准发布实施，成为龙井茶行业首个"浙江制造"标准。2021年，龙冠公司坚持的"质量为基，标准先行"全产业链质量管理模式受到认可，荣获杭州市人民政府质量奖鼓励奖。2022年，龙冠公司千岛湖茶场获得全国首张生态低碳茶证书。

还有很多像龙冠公司一样的企业，在陈宗懋的关心下，由小变大，由弱转强。很多茶人都觉得能与陈宗懋院士相识是一种缘分更是一种幸运。

2014年，在福建从事茶叶生产工作的晁倩林与陈宗懋慢慢熟悉起来。那时福建的茶产业在全国居于前列，陈宗懋对此较为关注，经常会到当地做一些讲座交流最新的科研成果。晁倩林觉得茶企若想往更高层次发展就必须借助科技的力量，她诚恳邀请并积极推动陈宗懋在其所在产区建立院士工作站，坚持做绿色生态茶产业。

院士工作站建立起来后，陈宗懋团队的科研技术成果会定期在此开展应用，并同步进行数据采集，检测实际效果。当地也会按照陈宗懋及其团队提出的系统方案协助做信息数据收集，反馈给科研平台进行优化，这种方式也对茶产业的发展起到了积极的推动作用。

直到如今，耄耋之年的陈宗懋依然奋战在中国茶树植保和生态防治的道路上，无论春夏秋冬始终坚持奔赴各地亲自上山下田去茶园进行实地指导。在众人眼中，陈宗懋完全不计个人得失，为了茶产业的发展鞠躬尽瘁，院士之名实至名归，实属真正的一代科研大家。

要知道，很多研究成果从实验室到田间应用，中间还有漫长的路要走。一方面要关注学科前沿，做到研究有深度；另一方面也要对标国际，重视技术的原创性。作为科学家能把这两者结合得好不容易，既要关注学科前沿，有扎实的理论基础，又必须把这些领先的科技成果根据我国产业现状做好技术推广。陈宗懋在科研为产业服务方面带了一个好头。先进的科研成果实际应用到生产，会经过多个环节，因此有不少需要克服的难题。有的人会认为，这种事情投入大、产出少，与其在外面奔波劳碌，不如在实验室里多发几篇论文。但是陈宗懋不这样认为，他心系茶产业，做科研并非为了自身的名望，而是为了使研究成果能够服务于产业。正是因为有了这样的情怀，他才能够步履不停，从实验室走向了田间应用，成为一个让茶农从心底里佩服的科学家。

为了助力中国茶产业的发展，陈宗懋可谓风雨兼程、不辞辛劳。继中国茶产业规划、科研成果转化推广、茶叶产能过剩、茶园

（企）发展前景等专题之后，他又在饮茶与健康、茶产品的保健功效等方面身体力行，倡导茶为国饮，为促进茶叶消费，帮助整个茶产业的发展而奔走呼吁。

陈宗懋认为，在中国，柴米油盐酱醋茶，茶作为开门七件事之一早已融入了中国人的日常生活。在当今社会生活中，茶是人们生活的必需品，也是人们健康饮食中的重要组成部分。现今，随着物质文明和精神文明建设的加快，食物结构的不断改善，文化生活的逐渐丰富，以及现代科学技术的发展，使得茶叶对人体健康的奇特功效和茶叶的文化价值进一步被发现和阐明。因此茶在人们生活中的地位，更为世人所瞩目。饮茶已成为人们保健康乐、社交联谊、净化精神、传播文化必不可少的纽带。

中国的茶产业是一个非常有前景的产业，而影响茶产业发展至为关键的问题就是如何做好产能平衡。从总体来看，目前中国茶叶的生产量稍微要高于茶叶的消费量。针对这种情况，陈宗懋认为解决方法并不是减少生产量，而是应该增加消费量。过去因为经济条件的限制，人们的生活水平不高，泡上一杯茶从早晨喝到夜晚也不足为奇。随着人们经济水平的提高，尤其在人们对饮茶与健康有了相当的认识之后，只要确保是健康茶，那么每天都可以多消费一些茶叶。倡导"茶为国饮"，不但能促进茶叶消费，提高人体素质，还能带动茶叶生产、加工、服务等行业的发展。茶是一个很大的产业，而且是一个很特别的产业。茶之所以很特别，在于它的产业链很长且科技内涵丰富，与多学科交叉，与农业、加工业及健康领域都有关系。现在，茶产业的发展已经到了一个转角的临界点。

陈宗懋从20世纪60年代起就开始进行茶叶植保研究，其中包括茶树害虫防治、农药残留检测技术、农药残留标准制定研究、农药残留风险评估、绿色防控等领域。这些领域的研究工作无不涉及茶叶质量安全，而保证茶叶质量安全既能确保饮茶者的健康，又能助力茶产业的良性发展。

陈宗懋在求学时代并不是学茶的，但自他进入中茶所从事茶叶行业的工作后，除了学习茶学的一般知识和茶产业的各门知识外，他还关注国际产茶国和茶叶消费的进展，并且对饮茶与健康、茶叶的综合利用及深加工、各种茶类的特殊性和一般性也进行潜心研究。20世纪70年代，陈宗懋在浙江医科大学看到一位硕士研究生的一份关于饮茶的健康功效的论文后，开始关注国内外关于饮茶与健康的研究进展。陈宗懋几十年不间断地进行收集、编写、宣传饮茶与健康方面的知识，推动茶为国饮。他多次提出，宣传饮茶与健康既是促进茶叶消费的一个有力切入点，又是促进国民身心健康的一剂良方。他从1980年左右开始关注茶叶对人体的药用价值，并收集国内外的文献，将国际上关于茶叶保健功效的研究进展写成综述，在茶叶刊物上发表，还到国外的学术会议上进行茶叶保健的宣传。此外，他也做了不少专题讲座，后来还从中国工程院争取到一个饮茶与健康的咨询项目，该项目也邀请了中国工程院医学部、农学部十多位院士来共同探讨饮茶与健康之间的关系。

茶作为饮料在中国已有几千年的历史，但作为医药，特别是应用于临床实验，却是现代科学研究的新内容。陈宗懋早在20世纪80年代就关注茶与人体健康的研究，在编著《中国茶经》时，曾把茶的药用价值等开辟专栏进行宣传。他所编撰并发表的茶与人体健康论文达15篇之多，内容包括国外医学研究现状、世界茶叶防癌抗癌生物化学基础研究等。

不断有人问陈宗懋为何如此致力于饮茶与健康的研究，他的回答很坚定，认为茶不仅有益于人体健康，还可以陶冶情操。茶要成为国饮，必须要有足够多的国人践行饮茶才行。想让老百姓主动多喝茶，首先要让他们知道茶对于人体健康的多种益处，所以他也会不失时机在多种场合号召大家饮茶，普及茶叶知识和茶文化。

近年来，随着茶产量的不断提升，涉及茶叶质量安全的问题也层出不穷。消费者对茶叶安全性的关注度不断提高。那么，中国茶叶的安全性究竟如何呢？

　　陈宗懋认为，对于包括茶叶在内的大部分农产品而言，想要防治病虫害就离不开农药。但是农药残留与农药残留超标是两个完全不同的概念，其区别的关键就在于残留量。2012年，一个环保组织曾经发布过一条检测报告，称多个知名品牌的茶叶都被查出有农药残留，引发了消费者的广泛关注。但是对比国家标准，这些茶叶的农药残留量都大大低于这一水平，完全符合安全饮用标准。有的消费者听到农药残留就如临大敌，更有甚者因噎废食从此不再喝茶。对此，陈院士的回答是："茶叶农药残留客观存在，只要符合标准大可放心饮用！"他为此还给出了专业的解释。

　　首先，中国人喝茶主要采用泡饮法。国人泡茶，喝的是茶水。尽管有人喝抹茶，但这种情况较少，占茶叶消费总量不足0.1%。假若我们要检测农药残留，那么一定是去检测茶水中浸出的成分是否农药残留超标，而浸到茶水中里的农药越多，人们喝茶时的风险也越高。测定结果发现，"水中溶解度低的农药（如拟除虫菊酯类农药）在泡茶时进入茶汤中的比率一般只有1%左右。例如茶叶中有1毫克/千克残留的菊酯类农药，进入茶汤中的量只有0.01毫克（即10微克），也就是说1 000克茶叶在泡茶时进入茶汤中的量只有10微克，如果按每天饮茶10克计算，那么饮茶100天消费者可能摄入的农药量只有10微克，折合每天摄入量0.1微克，这个数字只有世界卫生组织规定的菊酯类农药每天允许摄入量0.02毫克/千克（人体重按60千克计）的1/12 000，因此可以说是绝对安全的。正因为如此，中国科学家就将农药的水溶解度作为选择茶园适用农药的一个指标。目前，在茶叶中推广使用的农药，都是水溶解度极低的农药品种，以保证消费者的安全。我国的茶叶由于贯彻执行了上述措施，因此绝大多数茶叶都符合我国政府规定的农药残留限量标准。因此，从饮用安全性来讲，茶叶是绝对安全的。" [19]823-824

　　其次，陈宗懋认为中国作为全球最大的茶叶生产国，目前的标准与我国现有生产条件是配套的。从质量安全角度来看，制定残留限量有一个100倍的安全系数。因此，只要在限量值以内的茶叶就不存在安全隐患问题，可以放心饮用。之前曾有一份报告指出，某品牌的茉莉花茶被检测出含有吡虫啉农药残留0.07毫克/千克，而国家行业标准为0.5毫克/千克。这份报告把0.07毫克/千克列出，是想告诉消费者茶叶中有农药残留。事实上，这个农药残留量甚至不到国家标准的1/7。人们总是谈毒色变。然而离开剂量谈毒性，是非常不科学也不可取的行为。2017年9月，陈宗懋在由中国农业国际合作促进会茶产业委员会、湖北省宜昌市农业局、湖北省五峰土家族自治县人民政府共同主办的第四届中国茶业大会上给出了权威的科学答案——只要农药残留低于最大残留限量标准，对人体都是安全的。

再来说茶叶中金属和非金属元素污染问题。时至今日，茶叶农药残留、铅、氟超标等问题依然时常见诸报端，让人们纠结到底要不要喝茶。与茶叶打了大半辈子交道的陈宗懋则告诉大家：中国茶可以放心喝。以铅为例。茶叶中重金属污染主要是铅的问题。从20世纪90年代中期起，茶叶中铅的污染问题逐渐出现。它的来源主要有三个，一是茶树从土壤中吸收，尤其在土壤日益酸化的情况下，铅的溶出率逐渐增加；二是从汽车尾气中排出的铅构成空气污染，逐渐沉降到茶树上；三是肥料中含有的铅。铅在茶叶中最大残留限量，在国际上一般为5毫克/千克（欧盟）～10毫克/千克（澳大利亚、加拿大、印度、肯尼亚等）。我国的国家标准是5毫克/千克。[22] "由此可见，尽管茶叶中可能含有少量的污染物，但实际上进入人体的量微乎其微，远低于安全标准。" [19]823-824

喝茶，就要喝健康的茶，喝安全的茶。食品安全永远是第一位的。经过多年不懈地探索和研究，陈宗懋已摸索出一条解决和控制农药残留的有效途径，他认为茶叶仍然是当之无愧的健康饮料[23]。"茶叶具有丰富的营养成分，它的活性组分——茶多酚和茶氨酸对人体健康有明显的调节功能，并对某些人体疾病具有预防和一定治疗效果。"[22]

随着时间的变化，新的主题也登上了历史的舞台。茶科技与茶文化双双助力中国茶产业的发展，两者相辅相成、缺一不可。在陈宗懋看来，茶产业近年来快速发展的原因一是茶文化底蕴深厚，二是茶健康功能的研究越来越深入。饮茶与健康的主题越来越成为一种风尚，为人们所重视。

2015年，陈宗懋与茶学家张天福（右）在福建合影，
彼时张天福已106岁高龄，陈宗懋82岁

几十年如一日从事茶叶研究，陈宗懋坚信饮茶对身体有保健功效，他是这么对外推广的，也是身体力行这么做的。陈宗懋与茶形影不离，办公室中存放着各种各样的茶叶，而他的桌上则永远有一杯散发着清香的茶。在他看来，茶作为一种保健产品应该多加宣传，他本人就是一个饮茶有益身体健康的最佳例证。为此，他还总结了"四个一"：饮茶一分钟，解渴；饮茶一小时，休闲；饮茶一个月，健康；饮茶一辈子，长寿。

饮茶之外，陈宗懋很早就开始了对茶叶产业的研究。

早在人们还纠结于是否有必要使用机械化操作时，陈宗懋就鼓励用新技术来解放生产力，大力推动茶产业的发展。在20世纪80年代，很多农村女孩专职从事采茶工作。随着时代变迁，农村的年轻人宛如流水开始向城市涌入。从20世纪90年代开始，采茶工的年龄开始不断增大，生产力不足成为茶产业面临的一大挑战。

在陈宗懋看来，如果今后的从业者中没有青壮年，也就没有具备专业技能的人，这个产业就会没有更新永续的希望。想要年轻人加入，就要改善从业环境，提高劳动报酬。这两点都做到了，才会有高素质人才汇集。如果单纯只是收入高但环境差，这个行业的人群素质恐怕还是无法提高。所以陈宗懋认为，想要这两点都满足，从业人员的工作环境与劳动强度就要明显改善，这些只有通过机械化才能实现。

最开始，机械加工出来的茶叶不如手工茶，陈宗懋就提出，在第一阶段解放生产力的基础上，第二阶段要提高质量。让人欣慰的是，随着技术的不断进步，这几年机械化加工茶叶的质量明显提高。譬如扁形茶，机械化就大大提高了茶叶加工的效率。一个工人通过操作机械能将产量提高10倍以上。实际上，机械化能够在一定程度上解决茶产业中的两个问题，一是劳动力不足的问题，纯粹依赖手工很难扩大产量；二是手工加工茶叶劳动强度较大的问题。从而实现产业技术的革新。

20世纪80年代初期，国内茶叶市场刚放开，市场已经开始对高档茶有诉求，虽然也有少数企业开始加工名优茶，但绝大部分茶企的市场意识还很薄弱。陈宗懋敏锐意识到要发展高品质的茶叶，他在担任中国茶叶学会理事长期间，就在学会中率先提出"名优茶"评比，他强调不但茶叶要好，而且必须安全，不能含有超标的农药残留。不仅如此，他还提出"一票否决制"，即茶叶的农药残留含量超过国家制定的允许残留标准，立即退出评审。通过陈宗懋推动的中国名优茶评选活动，确立了不少高品质的名优茶品牌，更是推动了中国茶产业的发展。

陈宗懋还曾在世纪之交的2000年，展望过21世纪世界茶业的未来。在他看来，20世纪的世界茶业在科技进步的推动下，已取得持续稳定的发展。21世纪将是一个知识经济的新时代。当我们在迎接新时代曙光的时候，展望21世纪茶业的发展，将会发现其会更加辉煌、更加依赖于科技进步和知识创新，茶叶消费量无论在世界范围还是在我国都会有一个较大的增长。

依据《21世纪世界茶业展望》一文，21世纪的世界茶叶产品结构将趋向多样化。据FAO对欧、美、亚、非四大洲消费者的调查，茶叶的产品将向方便、健康、经济、多样化的方向发展，其中方便是消费者的首要考虑点。

事实证明，当年陈宗懋的预判是正确的。陈宗懋还预判到，21世纪的世界茶叶贸易格局将发生变化，茶叶科技将更具创新特点，并推动世界茶业发展。

首先，生物技术将是21世纪茶叶科学的领头学科。生物技术在20世纪对农业科学发展起到了巨大的推动作用，也将对茶叶生产产生巨大影响。其次，精细农作将是茶树种植的发展方向，将现代化信息高新技术与农学、农业工程技术集成应用于茶树种植，是实现茶业可持续发展的有效手段。再次，食品科学引入茶叶加工和深加工，会让未来茶叶产品更加丰富多彩。虽然传统的茶叶仍将在消费中占主导地位，但一些新颖的更为方便的茶产品（如罐装茶饮料、浓缩茶、冰茶等）将成为新的潮流。

人生草木间，心系一片茶，陈宗懋也在多方借鉴，研究如何更好地推动中国茶产业发展。

他山之石可以攻玉。陈宗懋研究了斯里兰卡茶业改革经验后认为值得借鉴，并著文说明如何在促进体制改革、开发产品多样化、促使出口茶增值以及加强信息情报调研以掌握准确的市场动态等方面吸收他国经验。[24]

陈宗懋院士对于中国茶产业多方面的研究与贡献，业内人士一直看在眼里并记在心间。杭州市茶文化研究会会长何关新就为杭州能有陈宗懋这样一位茶学院士而自豪。在曾担任过杭州副市长的何关新看来，这也意味着杭州这座城市对中国茶界的贡献，更意味着茶叶在整个经济社会中的重要地位。他说，陈宗懋一直以来对中国茶叶，对浙江茶叶，对杭州茶叶，尤其是对西湖龙井茶呕心沥血，做出了极大的贡献。正是因为有了陈宗懋这样顶尖的科研工作者，西湖龙井茶才能不仅在中国茶界始终处于领先地位，更享誉天下走向世界。因为有了像陈宗懋这样的学科带头人，中国茶叶、杭州茶叶几十年来才得以蓬勃发展，他对茶产业的发展产生了深远的影响。何关新对陈宗懋的作用，还打了一个形象的比喻："以陈宗懋为首的科研团队是国家队，陈院士就是国家队的领头雁，在许多方面都起到了引领作用。杭州茶产业的发展，可谓近水楼台先得月。因为有了良性发展的茶产业，所以有了美丽的茶文化旅游。现在讲究茶文化引领、茶科技驱动、茶文旅融合、茶产业升级，以此满足人们对美好生活的向往。陈院士带着我们一直在向前进步。"

陈宗懋曾笑称，"茶"字拆开，可变成几个数字，草字头是二十，中间人是八，木字拆开是八十，三者相加是108，人活到108岁称为茶寿。自古以来，中国人有一个共识：喝茶可益寿延年，对于健康更大有裨益，这是不争的事实。正如曾做过杭州老市长的宋代诗人苏东坡的两句诗所言："何须魏帝一丸药，且尽卢仝七碗茶。"

茶既是日常生活的必需品，又是精神文明的媒介物。茶已然成为中国的举国之饮，请君多饮茶！

第十五章

主持编著
《中国茶经》

陈宗懋在茶上倾注了大半辈子的心血，而他也为中国茶文化留下了一笔宝贵的财富——古有陆羽著《茶经》，今有陈宗懋主编、由数十位学者共同编写的《中国茶经》。

中国有着悠久的茶历史，素来被称为"茶的祖国"。茶为中国增光添彩，与中华民族五千年历史文化的发展息息相关。中国对茶的发现与利用之早，为世界之最。我国茶区之广，茶类之多，饮茶之盛，茶艺之精，素负盛名。茶在很早以前，传播到国外，为世界人们所喜爱。如今，茶已成了世界三大饮料（茶叶、咖啡和可可）之一，全世界有50余个国家种茶，饮茶风尚遍及全球。追本溯源，世界各国的茶树种质资源、栽培技术、茶叶加工工艺、饮茶习俗等，都是直接或间接地由中国传播出去。

中国茶文化久负盛名。《茶经》所言："茶之为饮，发乎神农氏，闻于鲁周公。"追溯过往，早在唐代，陆羽就系统地总结了中国古代劳动人民在种茶、制茶、贮茶、饮茶等方面的经验，写就了世界上第一部茶叶专著——《茶经》。此书至今已有26种文本印刷出版，这对传播茶叶知识、弘扬茶文化、促进茶产业发展起到重要作用。

在中国的茶学史上，曾出现过不少茶的典籍，除《茶经》外，唐代张又新的《煎茶水记》，宋代蔡襄的《茶录》、赵佶的《大观茶论》，明代田艺蘅的《煮泉小品》、许次纾的《茶疏》，清代刘源长的《茶史》等，都是阐述茶的专著，但由于受历史条件的限制，这些书籍的内容在广度和深度上显然是不够的，都有所欠缺。

我们的先人为后世留下了众多的茶学典籍，历史发展到今天，特别是近40年来，我国的茶业、茶学都发展到了一个崭新的阶段。无论是茶叶品类之多、采制之精、生产管理以及茶的利用开发之科学，还是茶文化内容之丰富，都是之前所无法比拟的。凡此种种，都需要科学的总结，需要把这些上升到理论的高度，反过来再给实践以指导，从而推动茶业、茶学的进一步发展。虽然也有大批茶学著作和论文问世，但是大多只涉及茶学的某一个方面和领域。

因此急需一本在总结前人经验基础之上，较为全面地反映当代中国茶业、茶学发展最新成果的大型茶学专著。其不仅需要具有很强的实用价值，还需要具有广泛的科学和文化积累价值，而且对加强我国物质文明和精神文明建设，以及对促进中外文化交流，皆须起到积极的推动作用。

一心为中国茶业发展鞠躬尽瘁的陈宗懋在茶科技上已成绩斐然，然而经过多年研究工作和社会观察，他发现茶文化对于整个茶产业的发展同样至关重要。陈宗懋认为文化与科技就像孪生兄弟，相辅相成。茶产业必将凭借科技与文化的双重助力，蓬勃发展，前景光明。他认为茶文化宛如一个平台，通过茶文化可以促进茶贸易、茶产业的发展。茶文化、茶科技、茶产业走上了互相促进、良性循环、健康发展的轨道。在中国，茶既是日常生活的必需品，已然成为举国之饮，又是精神文明的媒介物，理该成为文化的象征。在新的历史时期有新的历史使命，《中国茶经》应运而生。这既是陈宗懋作为一个中国茶人的初衷，也是其作为一位科学家的使命。

1992年，陈宗懋主编的《中国茶经》出版，全书160万字（其本人撰写文稿约6万字），成为关于中国茶叶最完整的一部著作，被业界誉为"茶学百科全书"。陈宗懋曾多次谈到，此书的出版发行是茶业界的一件盛事，并表示由此所带来的荣誉绝非他一人之功。这是由上海文化出版社的高瞻远瞩和编辑的妙笔生辉，以及茶叶界几十位专家学者的集体智慧和辛勤劳动所结出的丰硕果实。此书从1992年初版至今已连续印刷30多次。第一次印数为5 000册，以后每次印数为3 000册，加上在中国台湾印刷过一次5 000册，总印数已超过10万册。其间，此书于2011年进行了再版，更新了内容。

陈宗懋认为，在一定时期后，还可以根据茶业和茶叶科学的发展情况再进行补充、修订。这部凝结了以陈宗懋为代表的一代茶叶科学家们的集体心血的著作，其读者数之众、面之广实在为茶叶专业书籍中所鲜见。主编这部皇皇巨著的过程，充满各种艰辛。然而在陈宗懋看来，一切的辛苦努力都值得。

陈宗懋很早就注意到茶文化与茶科技对整个茶产业发展的推动作用。茶文化研究的兴起积极引导了茶叶消费，茶叶市场需求又直接刺激了茶叶生产，而茶科技的研究推广则有效提高了茶叶的生产水平和经济效益。这是一个良好的开端。它涉及茶产业众多方面，又环环相扣。茶文化和茶科技助力茶产业的发展，三者逐步走上了互相促进、良性循环、健康发展的轨道。陈宗懋希望借由编撰《中国茶经》，能够让中国的茶叶走得更远，走向千家万户。

茶，这一古老的经济作物，起于药用、继而食用，直至成为世界人们最喜爱的日常饮料之一，走过了数千年的历程。在这漫长的岁月中，中华民族在茶的培育、制造、品饮、应用，以及对茶文化的形成和发展上，为人类文明史留下了绚丽光辉的一页。追本溯源，世界各国引种的茶种，采用的茶树栽培方法，茶叶加工的工艺，茶叶品饮的方式，以及茶礼、茶仪、茶俗、茶风、茶艺、茶会、茶道、茶德等，都直接或间接地由中国传播出去。将漫漫中国茶叶历史重新梳理一遍，更好地为现代中国乃至世界的茶叶发展做出力所能及的贡献，是陈宗懋主编这部巨著的重要原因。

陈宗懋回忆起当年著书旧事，很是感慨。为了能够达到全面地、系统地介绍茶的起源和传播，茶的性质和功用，茶的种类和产品，茶的栽植和贮存，茶的品饮和礼数，以及茶与文化艺术的关系等诸多内容，使本书既宽广又有深度，成为一部科学性、文化性兼顾的经典型力作，可想而知，陈宗懋在任主编过程中承担了多大的压力。在时任中茶所党委书记兼副所长程启坤、副所长俞永明两位研究员，以及上海文化出版社文化生活读物编辑室主任、副编审王存礼任副主编的《中国茶经》编委会的领导下，汇集了全国茶学界、医学界、文化界中具有高级职称的学者，以及一部分具有相当学术水平和写作能力的中青年专家，共50余人，经过3年（1989年开始筹备，书稿于1990年底分别撰写完成，1991年初进入编辑工作阶段，至出版历时三年）的通力合作，终于编纂完成了这部凝结了一众专家大量心血和精力的《中国茶经》。

《中国茶经》逾百万字，主要阐述了中国各个主要历史时期茶叶生产技术和茶叶文化的发生和发展过程，介绍了中国六大茶类的形成和演变，尤其是对名优茶、特种茶的历史背景和品质特点做了详尽的说明，通过对茶的属性、品种、栽培、加工、贮运、饮茶，以及茶与人类健康关系的叙述，表明了中国对茶叶科学的认识和利用过程，并对各种茶的饮用方式，特别是具有浓郁地方或民族特色的饮茶方法和礼仪，以及茶与文学艺术的关系做了系统剖析，进一步反映了我国丰富多彩的茶文化。

纵观全书，内容涵盖了茶史篇、茶性篇、茶类篇、茶技篇、饮茶篇、茶文化篇及附录七部分，涉及茶学的各个方面，其内容之丰富、论述之深入、观点之鲜明，皆为目前所仅见，是一本具有权威性、科学性、知识性、实用性和可读性的茶叶百科全书。这部巨著价值较高，不仅适用于拓展茶叶专业基础理论方面的新知识，也重视与生产实际相结合。这样一部著作，既有理论又有实践。自1992年问世以来，得到社会各界的广泛肯定与推崇。《中国茶经》因其在中国茶业领域所做出的特殊贡献，于1998年荣获国家科技进步奖三等奖，以及上海市和浙江省的诸多奖项。

在唐代陆羽《茶经》问世1 200余年后，《中国茶经》毫无疑问是一部具有现代高水准的"中国新茶经"。《中国茶经》虽说是一部严肃的科普类著作，其中却不乏活泼、有趣的茶人茶事。茶的起源，要从神农尝百草说起。相传在公元前2700年以前的神农时代，神农为了普济众生尝百草，采草药，虽日遇七十二毒，得茶而解之。神农氏是否确有其人如今难以考证，但是茶在神农时代已被发现，并逐步加以利用则是不争的事实。

神农氏是如何发现茶的呢？历来有两种传说较为主流。一是说神农氏为了采集草药，某日在采集奇花异草时，尝到一种草叶，使他口干舌麻、头晕目眩，于是放下草药袋背靠一棵大树斜躺休息。一股清新香气随风掠过，但不知这清香从何而来，抬头一看，只见树上有几片绿油油的叶子悠然而下。他心中好奇，遂信手拾起一片放入口中，待慢慢咀嚼，感到味虽苦涩，却有清香回甘，索性咀嚼而后食之。食后更觉气味清香，舌底生津，精神振奋，且头晕目眩减轻，口干舌麻渐消，实在令人惊奇。以后，神农氏将这种树定名为"茶"。此后茶叶渐被发掘、采集和引种，被人们用作药物、祭品，当作菜食和饮料。

二是说由天神所赐，被神农氏发现。当时神农氏给人治病，不但需要亲自翻山越岭采集草药，而且还要对这些草药进行熬煎试服，以亲身体会、鉴别药剂的性能。有一天，神农氏采来了一大包草药，把它们按已知的性能分成几堆，就在大树底下架起铁锅，倒入溪水，生火煮水。当水沸腾后，神农氏打开锅盖，转身去取草药时，忽见有几片树叶飘落在锅中，当即就闻到一股清香从锅中发出，神农氏好奇地走近细看，只见有几片叶子飘浮水面，水中汤色渐呈黄绿，并有清香随着蒸汽上升而缓缓散发。他用碗舀了点汁水喝。只觉味带苦涩，清香扑鼻，喝后回味香醇甘甜，不仅解渴、解乏还解困，心中大喜："一定是天神念我年迈心善，采药治病之苦，赐我玉叶以济众生。"自此，他一边继续研究这种叶子的药效，一边涉足群山寻找此类树叶。终于功夫不负有心人，神农氏终于在不远的山中发现了几棵野生大茶树，其叶子和落入锅中的叶片一模一样，熬煮汁水黄绿，饮之其味也同，神农氏大喜，遂定名为"茶"，并取其叶熬煎试服，发现有解渴生津、提神醒脑、利尿解毒等诸多功效。因此在百草之外，其被认为是一种养生之妙药。[25]

陆羽煎茶的故事也被《中国茶经》收录在茶文化篇中。唐宋时期茶风极盛，皇亲国戚、达官显贵、文人雅士、僧道等均以尚茶为荣，对品茶十分讲究，因而出现了大批品饮的行家里手。

据说，唐时竟陵积公和尚，善于品茶，他不但能辨别所喝是什么茶，煮茶用的是何处水，而且还能判断谁是煮茶人。这种品茶本领，一传十，十传百，人们把积公和尚看成是"茶仙"下凡。代宗本人嗜好饮茶，也是个品茶行家。这消息也传到了代宗皇帝耳中。他半信半疑，就下旨召来了积公和尚，决定当面试茶。

积公和尚到达宫中，皇帝即命宫中煎茶能手，沏碗上等茶叶，赐予积公品尝。积公谢恩后接茶在手，轻轻喝了一口，就放下茶碗，再也没喝第二口茶。皇上因问何故？积公起身摸摸长须笑答："我所饮之茶，都是弟子陆羽亲手所煎。饮惯他煎的茶，再饮旁人煎的，就感到淡薄如水了。"皇帝听罢，问陆羽现在何处？积公答道："陆羽酷爱自然，遍游海内名山大川，品评天下名茶美泉，现在何处贫僧也难准测。"

于是朝中百官连忙派人四处寻访陆羽，终于在浙江吴兴苕溪的杼山上找到其人，立即召进宫去。皇帝见陆羽虽然其貌不扬，甚至说话结巴，但是知识渊博，出言不凡，已有几分欢喜。皇帝说明缘由，命他煎茶献师，陆羽欣然应允，就取出自己清明前采制的茶饼，用泉水烹煎后献给皇上。皇帝接过茶碗，一阵清香迎面扑来，精神为之一振。再看碗中茶叶淡绿清澈，品尝之后香醇回甜，连连点头称赞好茶。接着就让陆羽再煎一碗，由宫女送给在御书房的积公和尚品尝。积公端起茶来，喝了一口，连叫好茶，接着一饮而尽。积公放下茶碗，兴冲冲地走出书房。大声喊道："鸿渐（陆羽的字）何在？"皇帝见状惊问："积公怎么知道陆羽来了？"积公哈哈大笑道："我刚才饮的茶，只有渐儿才能煎得出来，喝了这茶，当然就知道是渐儿来了。"

代宗十分佩服积公和尚的品茶之功和陆羽的茶技之精，就留陆羽在宫中供职，培养宫中茶师，但陆羽不羡荣华富贵，不久又回到苕溪，专心撰写《茶经》去了。由此可见，清心寡欲的爱茶之人才能真正写出《茶经》，古有陆羽如此，今有陈宗懋及其学界同仁这样的爱国爱茶之人著《中国茶经》，此乃中国茶及中国之幸事！

陈宗懋在担任这本巨著主编的时候，全面系统地梳理了中国的茶叶历史。据《中国茶经·茶文化篇·茶与名人》记载，除了陆羽，历史上还有很多名人与茶颇有渊源，其中一位就是南宋陆游。陆游是一位爱国主义大诗人，也是一位嗜茶的诗人。陆游的《剑南诗稿》，存诗九千三百多首，他自言："六十年间万首诗"。人们在这些诗中首先看到的是诗人一生不忘统一、收复失地的战斗精神和报国决心。

"石帆山下白头人，八十三回见早春。……桑苎家风君勿笑，它年犹得作茶神。"这是陆游所作《八十三吟》。这首七律一改其铁马横戈、壮怀激烈的气概，显得平和而宁静，充满着闲适的心情。诗人置身茶乡，只求承袭"茶神"陆羽（号桑苎）的家风，在汲泉品茗之中，度过寂寞清贫的残岁。陆游对茶一直怀有深情。他出生于茶乡，当过茶官，晚年又归隐茶乡，写到茶的诗多达二百多首，为历代诗人之冠。

陆游一生曾出仕福州，调任镇江，又入蜀赴赣，辗转各地，使他得以有机会遍尝各地名茶，并裁剪、熔铸入诗。"饭囊酒瓮纷纷是，谁赏蒙山紫笋香。"被誉为"人间第一"的四川蒙山茶，当然不是那些"饭囊""酒瓮"所能赏识的。"遥想解醒须底物，隆兴第一壑源茶。"要想解宿醉，非福建的壑源春不可。"焚香细读斜川集，候火亲烹顾渚茶。"伴读苏过（苏轼之子，世称小坡）的《斜川集》，莫过于有一杯浙江长兴的顾渚茶。诗人最喜欢的还是家乡绍兴的日铸茶，有诗为证："我是江南桑苎家，汲泉闲品故园茶。"日铸茶宋时已列为贡茶，陆游珍爱异常，烹煮十分讲究，所谓："囊中日铸传天下，不是名泉不合尝。"日铸务必烹以名泉，方能香久味永。此外，还有许多乡间民俗的茶饮。陆游在诗中多有记述，譬如湖北的茱萸茶："峡人住多楚人少，土铛争饷茱萸茶。"有四川的土茗："东来坐阅七寒暑，未尝举箸忘吾蜀。何时一饱与子同，更煎土茗浮甘菊。"还有家乡的橄榄茶："寒泉自换菖蒲水，活火闲煎橄榄茶。"等等，不胜枚举。

陆游也深谙茶的烹饮之道。他总是以自己动手烹茶为乐，再在诗中自述："归来何事添幽致，小灶灯前自煮茶。"陆游还会玩当时流行的"分茶"。宋代把茶制成团饼，称为龙团、凤饼。冲泡时"碾茶为末，注之以汤，以筅击拂"，此时茶盏面上的汤纹水脉会幻变出各式图样来，若山水云雾，状花鸟虫鱼，类画图，如草书，有"水丹青"之称。这是一种技巧很高的烹茶游艺，并非寻常的品茶、别茶可比，也不同于斗茶。淳熙十三年（1186年）春，那时国家处在多事之秋，陆游一心杀敌立功，可宋孝宗却把他当作一个吟风弄月的闲适诗人。他感到很失望，用居无事，徒然以写草书，玩分茶聊以自慰，作《临安春雨初霁》记其事，有句云："矮纸斜行闲作草，晴窗细乳戏分茶。"

陆游爱茶、嗜茶，既是出于闲情逸致，也是生活和创作的需要。诗人特别中意茶有驱滞破睡之功："手碾新茶破睡昏"。常常是煎茶熟时，正是句炼成际："香浮鼻观煎茶熟，喜动眉间炼句成。"他不仅"自置风炉北窗下，勒回睡思赋新诗"，在家边煮泉品茗，边奋笔吟咏，而且外出也"茶灶笔床犹自随""幸有笔床茶灶在，孤舟更入剡溪云"。真是一种官闲日永的情趣。晚年他更是以"饭白茶甘"为满足，他说："眼明身健何妨老，饭白茶甘不觉贫。"在《试茶》里，明白唱出："难从陆羽毁茶论，宁和陶潜止酒诗。酒可止，茶不能缺。"陆游的咏茶诗词，实在也可算得一部"续茶经"。

在古代，除了汉人，像耶律楚材这样的辽皇族之后裔也爱茶。耶律楚材（1190—1244年），字晋卿，号湛然居士。契丹族，辽皇族之后，是促成成吉思汗、窝阔台汗等蒙古贵族接受中华传统文化的第一人。据史料记载，耶律楚材美髯宏声，博览群书。耶律楚材虽生长在不产茶的北国辽地，却也爱好饮茶品茗。当时受唐宋茶文化影响，饮茶在北方尤其是社会上层已很流行。耶律楚材幼时就受到茶文化的熏陶，而且从他留下的诗文中，还能约略窥见他的饮茶生活。耶律楚材在从军西城时作有《西域从王君玉乞茶因其韵》七首，其诗质率，中多禅悦之语，在元代大家诗词中不可多得，现录其中最后两首：

"枯肠搜尽数杯茶，千卷胸中到几车。汤响松风三昧手，雪香雷震一枪芽。满囊垂赐情何厚，万里携来路更赊。清兴无涯腾八表，骑鲸踏破赤城霞。"

"啜罢江南一碗茶，枯肠历历走雷车。黄金小碾飞琼屑，碧玉深瓯点雪芽。笔阵陈兵诗思勇，睡魔卷甲梦魂赊。精神爽逸无余事，卧看残阳补断霞。"[25]

从古至今，人们喝茶的讲究程度是大有差别的。"柴米油盐酱醋茶"中日常生活的"喝茶"，与"琴棋书画诗酒茶"中文人雅士的"品茶"相比，两者相去甚远。而曹雪芹的《红楼梦》则集明末至清后期约二百年间各类饮茶之大成。其中一类是家常吃茶。荣国府的人习惯在饭后饮茶之前先用漱口茶，漱了口，洗了手，再捧上茶来，"这方是吃的茶"。第二类是客来敬茶。以茶敬客，以茶留客，是中华民族的传统美德。第二十六回，贾芸到怡红院来向宝玉请安，袭人端了茶给他，贾芸便忙站起来笑道："姐姐怎么替我倒起茶来。……让我自己倒罢。"第三类是且饮且食的待客果茶。前两类都是单一用茶，这一类则伴有果品或其他小食。第三回，林黛玉初到贾府，王熙凤亲自为黛玉捧茶奉果。第四类是讲究的品茶。妙玉在栊翠庵请宝玉、黛玉、宝钗三人"茶品梅花雪"便是这一类。还有官来献茶、端茶送客之类的势利茶，等等。曹雪芹笔下的喝茶品茗，其实用价值与审美价值相互辉映，通过茶，写出了人的文化素养和品性。

曹雪芹在小说中还匠心独运地多处以茶来作人生的最后诀别，显示了他对茶的特殊情谊。第七十七回，晴雯病入膏肓之时被撵出了大观园，当夜就悲惨地死去。那天宝玉去看望她，她说想喝茶，当宝玉端给她时，仿佛得了甘露一般，一口气把半碗茶全都灌下去了……这就是宝玉与晴雯的诀别。第一〇九回，贾母享年83岁而正寝。她临终前曾经睁开眼想要茶喝，接连喝了几口，说道："我喝了口水，心里好些。"曹雪芹把爱茶的感情潜融于晴雯、贾母身上，这种艺术刻画，用心良苦又神笔独到。[25]

《中国茶经》中不但追溯了中国茶叶漫长的历史及其沿革，还更多着眼于中国茶产业的现状及未来发展的趋势。陈宗懋在编纂《中国茶经》时，也观察到了茶产业的历史及趋势。在茶经济篇中，从茶产业与茶产业经济的内涵[25]来看，茶产业即茶业，是指从事与茶有关的经营活动的总和，包括与茶有关的生产、流通、服务、文化、教育等各个方面。我国著名茶叶专家陈椽教授指出："业于茶园生产者，叫农茶；业于茶厂制茶者，叫工茶；业于茶路运输者，叫运茶；业于茶叶流通者，叫商茶。农茶、工茶、运茶、商茶四者一体化，称之为茶业。"李道和认为茶产业（Tea industry）可以定义为围绕茶叶类产品进行生产、加工、销售、贸易、消费等产前、产中、产后三个环节各部门所形成的经济集合体。结合当代的产业经济理论对产业的定义和专家学者对茶产业的定义，茶产业经济是指以茶叶为核心的茶叶生产、交换、分配、消费等和由此产生的各种经济活动的总和，具体包括茶叶生产经济、流通经济、国内外贸易等活动。从现代产业经济体系来看，茶产业经济是包括茶叶生产、加工、运输、营销、科研教育、行业管理组织等组成的一个完整的产业经济体系。

而作为一名茶叶专家，陈宗懋所关注的茶产业经济学，是研究茶产业经济活动的运行及其运行过程中所产生的经济规律的学科，是茶学、经济学和管理学的交叉学科。结合现代产业经济学研究对象的内容来看，茶产业经济研究的内容主要是茶产业布局、产业结构以及茶产业市场结构、市场行为与市场绩效等。所以研究茶产业的经济规律及发展，对中国乃至世界的茶业经济都有着深远的影响和重大的意义。

从古时候开始，茶产业就在经济中占据了重要的地位。《中国茶经》也阐述了我国茶产业经济的历史演变。这本书中将 1840 年以前的茶产业经济，称为古代茶产业经济。

我国古代茶产业经济的发展大致经历了四个阶段。第一阶段是战国以前，茶的生产和消费流行于巴蜀地域，该地区成为我国最早的茶叶经济中心。第二阶段是秦汉到南北朝阶段，本阶段茶的种植区域开始扩展到长江中下游和南方，茶叶产地遍布宜茶的秦岭、淮河以南各地。第三阶段是隋、唐、宋、元时期，是我国古代茶叶的兴盛阶段。史料记载"茶兴于唐而盛于宋"，本阶段茶的消费层次扩展到百姓，生产贸易中心转移到浙江、福建一带。隋朝是茶叶从局部消费、宫廷消费普及为社交饮料的转折点。唐代茶产业日益繁荣，茶的生产、流通、消费已形成相当规模。此时期开始茶才成为一种对中国社会、经济、文化有较大影响的产业。宋代茶产业经济不断发展，出现了专业茶农和官营茶园，生产规模进一步扩大。元代茶产业经济有明显的承宋启明的过渡性，名茶增多，饼茶、散茶并行。第四阶段是明清时期，这个时期是我国古代茶业继唐宋兴盛期后的继续发展时期。明清时期茶园种植面积、茶产量达到古代茶业历史上最高水平，茶叶种类除绿茶外，又出现了黑茶、红茶、青茶、白茶、黄茶等多种品类，花茶也有了很大的发展。茶类的发展开创了中国散茶的兴盛局面，这也为更广阔市场的开拓提供了可能。

到了近代，中国的茶产业经济却因为各种历史原因，从兴盛走向了衰落。19世纪初，中国茶叶占世界茶叶消费量的96%，到19世纪60年代华茶占国际市场上全部茶叶的90%，处于绝对统治地位，随后就很快衰落下来，出口贸易基本由资本主义列强所垄断。鸦片战争以前，清政府对茶叶采、制业主和茶商实行自由经营政策，茶叶市场遍布全国，并出口到欧美、中东、俄罗斯等地。各地茶叶加工业初具规模，出现了湖北羊楼洞茶场，福建建阳茶场、崇安茶场等全国著名的茶叶企业。清政府建立初期，我国茶产业之所以能得到较快发展与政府相对开放的茶产业政策不无关系。清政府取消了古代封建社会沿袭已久的"榷茶"制度，这是我国茶产业发展史上政府对茶叶政策的一次历史性变化，从而使茶产业的发展摆脱了制度环境的约束，为产业组织提供了自由发展的空间。产业的内部出现了分工，产业的组织规模渐趋扩大。产业组织结构中产生了专门从事原料采集和原料精制加工的产业组织，部分商业资本开始流向茶产业的实业投资。一些商业组织开辟茶园、兴办茶厂，此后出现了一些资本主义性质的、规模化生产的雇工企业。

　　1840年鸦片战争后进入晚清时期，尽管茶叶出口仍在增加，但是洋行取代了中国的茶叶商行，外商直接进入产区开厂，基本控制了我国的茶叶产业。这些因素使得当时茶产业发展步入衰落境地。清光绪末年国内连年战争，政府苛政重税，茶农辛苦又利微，进而茶园荒芜，茶叶品质也随之下降，竞争力日渐衰弱。1912年民国政府成立，政府农商部在各产茶省建立茶叶改良场。1935年前后又由全国经委农业处拨款，在皖、赣、浙、闽、湘、鄂等产茶省份整建改良茶场，1937年5月成立中国茶叶公司，其目的是便于有系统、有计划地改进茶叶的产、制、运、销和扩大对外直接贸易，以加强中央和各省之间、政府和茶商之间的合作，以求"茶叶之复兴"。1938年6月《财政部贸易委员会管理全国出口茶叶办法大纲》颁布，对茶叶实行统购统销。1944年政府取消茶叶统购统销政策。为拓展海外市场，政府曾派人员在非洲摩洛哥设立经理处，积极推销绿茶，但因抗日战争影响，对非洲贸易被迫中断。在民国时期，我国茶叶总的外销量及占世界出口总量的比例呈下降趋势。究其原因，既有外在因素，即当时印度、斯里兰卡等新兴产茶国家相继崛起，大量采用先进管理与机械制茶，成本较低，在国际市场上具有较强的竞争力，迫使华茶在国际贸易中趋于不利地位。又有内在原因，连年战争导致经济萧条，茶园多半荒芜，茶叶生产岌岌可危，因而整个茶叶生产体系一落千丈，1949年茶叶总产量只有4.1万吨，出口量仅为0.9万吨。

然而，中国的茶产业真的就这样凋敝了吗？答案自然是否定的。当代茶产业的经济发展，在一代代茶农及茶叶界各方人士的努力下，又开始逐渐恢复了它应有的生机。1949年新中国成立，特别是改革开放以来，我国茶产业经济迅速发展，产业规模不断扩大，取得了显著成就。这个阶段，我国茶叶出口数量和金额屡创新高，重新成为世界茶叶大国。而在国内，茶叶内销量也不断扩大，茶叶消费呈现多元化趋势。

新中国的茶叶生产经历了不同的发展阶段。对此，不同专家有不同的时期划分，有的将其划分为快速扩张期（1949—1969年）、稳定发展期（1970—1979年）、效益提升期（1980—2002年）和产业提升期（2003年至今）4个发展阶段。而我国茶叶市场的形成，也与茶产业的发展息息相关。20世纪80年代初，我国在广大农村推行了家庭联产承包责任制。农村集体茶场主要采用集体承包方式，随后经历了合伙承包和个人承包等方式。承包制的推行和茶农与乡镇茶叶生产组织的兴起，促成了我国茶叶市场的产生和发展。承包制的推行也促进了茶叶生产效率的提高，使我国茶叶市场的供求关系有了根本的变化

1984年6月，国务院批准的《商业部关于茶叶购销政策和改革流通体制意见的报告》中明确规定："边销茶继续实行派购，内销茶和出口茶彻底放开，实行议购议销，按经济区划组织多渠道流通和开放式市场，把经营搞活，扩大茶叶销售，促进茶叶生产继续发展。"当时，这个文件颁布以后，茶叶流通领域开始允许国营、集

体、个体商业及茶农经营茶叶，茶叶原料收购和加工逐渐引入了市场机制，市场逐渐取代政府成为配置资源的"看不见的手"。多渠道、少环节的开放式市场逐渐形成，地区分割、条块分割逐渐打破，出现了茶叶原料生产、加工利益主体多元化的格局，国内以传统城乡集贸市场为基础、以批发市场为中心、以收购市场和零售市场为补充的自由交易的多渠道的茶叶市场体系初步形成。

可以说，由陈宗懋教授任主编，程启坤研究员、俞永明研究员和王存礼副编审任副主编，邀请茶学界、医学界名家编著而成的《中国茶经》，在中国茶叶历史上意义重大。行业公认，这是继唐代陆羽《茶经》之后，又一部文化性和经典性相结合的茶业百科全书。它与《茶经》相比，更具有时代特色，既重科学技术，又重历史人文。把茶叶生产发展与社会发展相结合记述，突破了传统的写作方法，较准确而全面地总结古代、近代和当代的茶情，是一本较为全面地反映了中国数千年茶文化概貌的著作。

《中国茶经》不仅具有鲜明的中国特色和强烈的文化魅力，还为人类科学和文化宝库增添了精品。这部著作的编辑和出版，对促进茶叶科学的发展，弘扬优秀民族文化，以及加强中外文化交流等方面，起到了积极的作用。

第十六章

漫漫茶之路
薪火相递

栉风沐雨一甲子，春华秋实谱华章。风雨六十载，中茶所硕果累累。

2018年，是中国农业科学院茶叶研究所建所六十周年。中茶所也是陈宗懋奋斗了大半生的地方，自1960年从哈尔滨的呼兰特产试验站调至位于杭州的中茶所，已近60年。世间所有卓著的成果，自是得来不易。可以说，中茶所从建所，到发展，再到今天所取得的成就，皆是由包括陈宗懋在内的无数科学家、科研人员的青春和汗水铸就。他们日复一日勤勤恳恳、兢兢业业奋斗在中国茶业一线。

果实之甘美，在于辛勤浇灌。风雨六十载，中茶所从创立之初发展到如今，恰如金秋十月，丰获连绵。陈宗懋在这里付出了大半生的心血和努力，就像一颗种子，从最初的萌芽到长成今天的参天大树，他的心血没有白费，也转化成了累累硕果，更通过薪火相递形成了一条完整的传承之路。

2018年，陈宗懋（右三）在茶园实地指导其团队成员

2018年9月9日，陈宗懋在茶园实地指导其团队成员并合影留念

2018年9月10日，学生们在中茶所给陈宗懋（左四）献花，祝他教师节快乐

桃李不言，下自成蹊。陈宗懋用自己的勤勉行动深深影响着身边的学人。漫漫科研路，结满硕果的同时也开枝散叶。陈宗懋作为老师，在从事研究工作的同时，也带出一批又一批的学生，帮助他们在科研的道路上不断学习和成长。曾经有一位来自国外的学生，被陈宗懋的科研所吸引，因而期望成为他的学生，于是通过邮件发来了申请材料。陈宗懋很重视这件事，亲自细细查看申请材料，了解各种情况，并及时回复对方。陈宗懋是个胸怀远大的科学家，他看待问题的角度向来宽广，从不吝啬自己的学识和经验。诚如他的科研早已走出了国界，他的学生自然不仅限于中国。这种不分国界的科研精神，着实令世人钦佩。

在年轻一代的科研人员心目中，陈宗懋既是一位热心提携后进，也是一位将毕生研究经验及成果无私共享的好导师。如今已是浙江省农业科学院农产品质量标准研究所研究员、副所长的袁玉伟，硕士研究生的导师就是陈宗懋。对袁玉伟而言，能成为陈宗懋的学生，既是一种缘分，也是一份幸运。时光回溯至20世纪90年代末，本科刚从烟台师范学院（现在的鲁东大学）生物系生物教育专业毕业的袁玉伟打算报考研究生，他的目标城市是杭州。尽管先前生活在胶东半岛，但是他对烟雨江南充满了好奇，加上有不少同学选择到杭州读大学，他也想到这个南方城市看看，所以报考研究生志愿的时候，他就填报了杭州大学。然而命运使然，最终他被调剂到了中茶所。研究生专业报考时填的志愿人体生理学也换成了农药学。正是由于这种变化，使袁玉伟之后的人生与农业结缘。

虽然换了一个陌生的专业，但袁玉伟的心态调整得很好。他认为知识是无价之宝，无论是农药学，还是人体生理学，只要能够多多学习、好好掌握专业知识和技能，就可以服务社会，体现自我价值，至于学什么专业倒是其次。于是坦然接受了命运的安排，这也为他日后与陈宗懋的师生缘分埋下了伏笔。

袁玉伟当时的导师并非陈宗懋，而是时任中茶所所长王运浩。

袁玉伟能成为陈宗懋的学生，实属巧合。袁玉伟当时到中茶所报到的时候，他的导师王运浩所长刚好因为工作调去了北京。考虑到王运浩老师本身与陈宗懋就同属一个课题组，中茶所最终决定由陈宗懋带领袁玉伟做学位论文。第一次见到陈宗懋，袁玉伟并不知道那就是陈老师本人。因为第一年他仍要留在北京学习，第二年才来到杭州。当时刚到实验室，对谁都不熟悉，就看到一位气质儒雅的老师在那里仔细地指导学生，感觉特别有学问，大家也都非常尊敬他。得知这就是茶界鼎鼎有名的陈宗懋时，袁玉伟才后知后觉，这位大学者无一丝"端着"姿态，竟然如此平和。

在陈宗懋的指导下，袁玉伟选择的研究题目是"茉莉花茶加工过程中农药残留的转移及其影响因素"。陈宗懋曾多次提醒袁玉伟，对查阅文献一定要重视。彼时查阅文献绝非易事，需要一篇一篇去翻阅，与现今如此便捷的上网搜索不可同日而语。即便已过去多年，陈宗懋对学生的谆谆教诲仍令袁玉伟记忆犹新，那时提出的一些研究思路和想法，放在今时今日仍然适用。这一点，也是他深深敬佩陈宗懋老师的原因之一。

成为陈宗懋的学生之后，袁玉伟也渐渐了解了老师的脾性。在他眼里，陈宗懋治学严谨，但待人宽厚。在科研方面，特别是对待年轻人，陈宗懋严格要求、悉心培养。袁玉伟印象最深的就是写第一篇综述，陈宗懋让他查阅了上百篇外文文献，而其中研究茉莉花茶农药残留的文献却一篇都没有，这是因为当时茶学界还不曾有人研究过这个问题。正当袁玉伟心中犹疑、踌躇不前之时，陈宗懋给他打气，鼓励他说：从事科学研究，一定要创新，一定要多看文献。彼时袁玉伟并不理解让他看那么多文献（尤其是貌似不相关的资料）有何作用，心想一个硕士论文还需要看那么多文献吗？但这个在当时看来有些烦琐的过程培养了他日后从事科研工作特别注重文献查阅的习惯。多年后的今天再回溯往昔，他无不感慨，老师的教诲使他终身受益！与之相关，袁玉伟从老师处领悟到学习方法，借鉴思路，从而不断创新，在自己的工作岗位上屡创佳绩。

研究生期间，袁玉伟印象比较深的还有在做"茉莉花中农药残留是如何转移到茶叶中去的"课题的时候，陈宗懋要求袁玉伟开展了多种模拟实验，从中去分析到底是空气传播、水分传播，还是接触传播使得农药残留转移。这种研究思路也颠覆了人们之前的认知。要知道，从前人们认为农药残留随着花的香气一起飘到茶叶上，与茶叶本身没有关系。制作花茶的工艺叫窨花，又称窨制花茶，这是制作花茶的主要作业，是由茶坯和鲜花均匀拌和（简称窨花拼和）和堆放组成的工序。在堆放过程中茉莉花吐出的香气，立即被周围的茶坯所吸收，茶坯便成为具有浓烈花香的花茶。有的窨花过程中间还要增加一道通花工序，当窨堆温度上升到一定的高度，即将窨堆扒开散热降温，然后再收堆继续窨制。当茉莉花不再正常吐香时，便开始起花，即用筛分方法将花渣与茶坯分开。有的配花量极少，或香花形态与茶坯相似，就不起花。起花后的制品含水量若超过9%，就必须及时复火降低水分。窨坯复火后冷却再窨花一次，称为二窨。高档茉莉花茶有的多到七八窨甚至九窨。

陈宗懋很关心袁玉伟的研究，每次都会仔细观察他所做的实验结果，然后对疑窦之处提出问题让袁玉伟解释，假若解释不明白或者数据有问题，那就重新调整实验、反复纠正。在如此"高压"下，袁玉伟逐步适应老师教导的研究方法和思路，全身心投入实验中。功夫不负有心人！通过无数次反复验证，终于揭开了"茉莉花中农药残留是如何转移到茶叶中去的"这一谜团。原来是茉莉花与茶叶混合过程中，由于水分含量高，茉莉花会将茶叶湿润，一旦湿润就会形成类似水溶液的状态，这种状态下就会传递农药残留。这个创新性的研究突破了前人的研究成果，是袁玉伟硕士研究生期间感到特别自豪的一件事。因为这项研究成果不仅对指导茉莉花茶加工生产很有帮助，还对茉莉花栽培和用药有指导意义。

回望曾经的研究生学习生涯，除了科研、学习方面袁玉伟很感激陈宗懋老师，在生活上也是如此感怀。在大家的印象中，陈宗懋常年奔波、一直很忙，但他心中时刻记挂着自己的每一个学生。按照当时的规定，每年春节回家，所里可以发放一点年底奖励性的补贴，但是奖励的额度没有明文规定。陈宗懋很替学生们考虑，总是尽量照顾那些生活压力大的学生。袁玉伟领取到了一两千元的补贴。在当时，这样一笔钱对他这样的学生来说非常重要。一直到后来袁玉伟研究生毕业回到山东青岛工作，陈宗懋还特地打电话给青岛的朋友，告知对方自己有个学生在当地工作，希望其能够在生活上给予一些帮助。陈宗懋关心学生，由此可见一斑。也正因为如此，很多陈宗懋教过的学生和共事过的同事，都对他钦佩有加，并与之产生了深厚的情谊。

袁玉伟在青岛农业科学院工作了一段时间后，又在2005年考取了中国农业科学院农业质量标准与检测技术研究所的博士生，就在北京读书，一直到2008年毕业。其间，他始终与陈宗懋保持联系。陈宗懋也不断鼓励他好好学习，为将来从事更深入、更广泛的科研工作做准备。博士毕业那一年，得益于陈宗懋老师的牵线搭桥，袁玉伟最终进入现在的单位工作。至今，袁玉伟每年春节、国庆节都会带着家人一起去看望自己的恩师陈宗懋，汇报一下近来的工作思路和所取得的研究进展，陈宗懋老师也会谈谈自己的看法和建议。这样的沟通交流，每次都会让袁玉伟感到耳目一新，信心倍增。回望这些年的谈话，其实师生之间谈论最多的还是工作、科研和团队建设。用袁玉伟自己的话来说，他所取得的一些科研成果和业绩都离不开陈宗懋老师的指导和鼓励。他目前的研究领域是农产品产地溯源，简而言之就是"怎么通过检测来确定产品的产地，如大米是不是东北产的，茶叶是不是杭州产的"。当初选择这个研究方向，也是因为受到陈宗懋提到消费者非常关心产地的启发。每一次袁玉伟发表论文，陈宗懋都非常感兴趣，会主动让袁玉伟发给他，还很客气地说他要学习学习。作为陈宗懋多年的学生，谦虚、严谨、创新、坚持，是袁玉伟从老师身上感受最深也学到最多的，多年后袁玉伟对这场师生缘分依然心存感激，是陈宗懋老师带领着他进入了茶叶世界，因此有机会窥探这个全新又精彩的科研领域。

陈宗懋把自己的人生贡献给了中国的茶学，中国茶学研究的未来，他时刻铭记在心上。作为茶学界的大专家，几乎所有茶学界年轻一代的科学家们对他的印象都是低调、谦虚、平易近人。陈宗懋总是不遗余力培养和照顾后辈。他的所思所行所言，会使人情不自禁联想到一位真正的科学家理该拥有的胸襟与情怀。

陈宗懋指导的博士生金珊，对此就很有发言权。在她的茶学研究道路上，陈宗懋导师的影响非常深远。金珊的老家陕西安康是一个茶产业发展得不错的地区，加之本科和硕士研究生皆就读于西北农林科技大学，金珊从事茶学研究，或许就是因为受到了这种氛围的影响。本科阶段，学科分得并不细致，因此没有专门的茶学专业，于是金珊选择了与此有关联的园艺专业；硕士研究生阶段有了茶学，她果断选择了该专业。在2003年金珊读硕士期间，发生了一件轰动国内茶学界的大事——陈宗懋被遴选为中国茶学界第一位也是当时唯一一位中国工程院院士。陈宗懋从事茶学研究大半生，在中国茶学科研尤其是茶树植保领域，已然成为很多年轻科学家的"偶像"级人物。金珊也不例外，虽然未曾与陈宗懋谋面，但是选择茶学专业的她已经熟读了陈宗懋发表的多篇论文及研究资料。金珊认为，在当时的茶学研究群体中，陈宗懋院士是一位标杆性的人物。

人生颇具戏剧，充满了各种机遇。对于金珊而言，恰逢其时。金珊在西北农业科技大学就读时，国家提倡农业示范，给予西北农林科技大学一定的扶持，其中就包含了当时茶学界唯一的院士——陈宗懋，作为学校校外博士生导师对校内的茶学专业进行指导帮助。陈宗懋也因此会到西北农业科技大学做讲座、进行课题指导等。但比较遗憾的是，陈宗懋到学校做讲座，金珊因为出差之故无法参加，错失了与陈宗懋见面的机会。2008年，金珊决定继续读博。她给当时远在杭州的陈宗懋发了一封邮件，说明自己的情况，并提出希望成为陈宗懋博士生的想法。陈宗懋很快回复了邮件，他在邮件中提出，已经了解金珊之前课业及科研的基本情况，会安排他科研团队中的老师进一步与金珊进行对接。陈宗懋的效率很高，不久金珊就接到了学院的通知，院士团队的孙晓玲老师来到了西北农林科技大学，约她在学院办公室面谈。金珊接到学院的通知迅速赶到办公室，见面后得知，孙晓玲老师是受陈宗懋院士委托来到西北农林科技大学的。她主要与金珊交流了一些对于科研学习方面的思路和想法，后来金珊意识到这也相当于一次面试。孙晓玲回到杭州后告诉陈宗懋，金珊比较朴实，交流起来思路也挺清晰。不久，金珊接到了最终的反馈，通知她到陈宗懋所在的团队进行博士生学习，时任西北农林科技大学园艺学院党委书记的肖斌担任了金珊在学校的博士生导师，他与陈宗懋一起合力带金珊展开博士研究生的学习生涯。

2009年4月，那是一个多雨的时节。金珊结束了在陕西杨凌的硕士研究生的课程就赶往浙江杭州读博。当时正逢清明假期，走出杭州火车站的金珊，这个来自西北的姑娘，抬头望了望南方的天空，平生第一次感受到杭州这个蜚声中外的江南都会，空气中满是潮湿的气味，而眼前全然是雾蒙蒙的天地。然而她却看得很清楚自己的前途，并由此开始一段较为艰苦但收获颇多的茶学研究之路。所有这一切，都源自她对茶学的喜爱和对陈宗懋的敬仰。前来接站的是陈宗懋团队的蔡晓明。尽管还在假期，但是金珊在蔡晓明的介绍和带领下，第二天就进入实验室开始了学习及工作。那时，陈宗懋还在出差。金珊与蔡晓明、王国昌这些师兄以及之后的一些伙伴们开始了长达4年半的学习及科研。据金珊后来回忆，其实那段求学过程较为辛苦。中茶所的生活节奏非常紧张，所里有宿舍，她就住在宿舍里。平时每天早上6点多就起床进入实验室学习，一直忙碌到晚上12点才回宿舍，周末也概莫能外。中茶所附近坐落着杭州著名旅游景点宋城，里面有广为人知的《宋城千古情》演出，但是常年居于附近的金珊和这批年轻的学生，竟然都没有去看过。杭州最为知名的西湖景区，金珊在4年半的读博生涯中只去过一次，而且那次还是陪同国外来的专家。大家的时间几乎都花在了科研实验当中，就算是吃饭，也通常不是在食堂就是叫个外卖，根本无暇注重饮食。当时不仅是她，在陈宗懋这边学习的师兄弟姐妹们都是同样的状态，大家几乎全身心投入科研工作中，平时走路都像一阵风一样小跑着进出，根本舍不得浪费时间去闲聊，更不要说外出逛街。这批年轻人孜孜不倦的科研精神，正是来源于他们的导师——陈宗懋院士。

身为导师的陈宗懋的工作强度，有时比这些年轻的学生们更重。陈宗懋在大家的印象中经常出差，非常忙碌。因为中国的茶学研究方向应用技术比较发达，所以需要与很多茶商、茶农以及种植茶叶的地方政府进行联系交流。陈宗懋为了让更多新的科研成果应用于实践，经常外出去最基层的地方接触茶农、茶企工作人员以及乡镇的工作人员，看看他们在实际生产过程中是否遇到困难，农民们种植茶叶过程中遇到了什么具体的病虫害问题。众所周知，陈宗懋在茶学界葆有声望，他也会到各地进行植保研究、农药残留以及茶与人体健康等的宣讲，把最新的茶树病虫害防治知识和措施告诉更多的人。所以忙碌是许多人对陈宗懋的不二印象。

金珊和导师陈宗懋的第一次见面，颇具戏剧性。在金珊想象中，1933年出生的陈宗懋当时已经76岁了，按理应该是一个垂垂老矣的科学家。然而见面后的一系列印象完全颠覆了她之前的想象。2009年清明假期结束后，陈宗懋从外地出差返回所里。金珊计划陈宗懋一回来上班，就向他报到。陈宗懋的办公室在4楼，金珊工作的实验室在2楼，当她来到院士办公室时，陈宗懋正好与别人在商谈事务，他告诉金珊15分钟后再面谈。虽数年已过去，金珊却能清晰地道来那次对导师的印象。第一面，陈宗懋穿着整洁的衬衫，脚踏洁净的皮鞋，整个人显得神清气爽。这也是他给人的一贯印象。后来在中茶所的时间一长金珊就知道了，陈宗懋出差回来后上班的第一天，往往都非常忙碌。因为陈宗懋是一个非常细致负责的人，对团队中每个科研人员的科研进度都很关心，一旦出差回来，都会找每个人详细了解最新进度，是否遇到困难，取得了何种进展等。通常每个人都需要谈话半小时，如此一来，出差返回所里后工作的第一天的时间几乎都被谈话占用。金珊后来也养成了每个星期做一次工作总结并且向导师汇报的习惯。有时候陈宗懋远在外地出差不在所里，大家还是会整理好自己的周总结通过邮件发送给他。反观金珊在内的这批团队科研人员，在陈宗懋的督促下养成了潜心科研、善于学习及总结得失的好习惯。金珊甚至在日后离开中茶所前往高校任教后依然保持这份习惯，这对她在科研领域与教学工作方面均提供了无形的帮助和支撑。

再说第一次见面的记忆。大概15分钟之后，金珊看时间差不多了，就起身前往陈宗懋的办公室。她走的是楼梯，不承想陈宗懋也正巧下楼取物件。于是两人一同爬楼梯返回4楼办公室。金珊原本还担心老先生爬楼梯是否吃得消，结果完全出乎她的意料，陈宗懋爬楼梯的速度比她还快，步子迈得特别大，比一般的年轻人都有劲，金珊跟在后面都有点气喘吁吁。她大为惊讶！看来，此前对于陈宗懋年龄的感官印象完全是错误的，他状态非常好。来到办公室之后，因为风有些大，陈宗懋说了句："要把气窗关上，风好大。"因为那扇气窗位置很高，离地面有不少距离，金珊正打算着怎么去帮忙。谁知陈宗懋一个箭步过去，借着沙发扶手使劲，三下五除二只听到"砰"一声，气窗就被关上了。眼前这一切，看得金珊目瞪口呆。

接下来的聊天，更是刷新了金珊对于自己未来导师的看法。在如今社会，大凡位高权重者，往往不怒自威，因此在人们的固有印象中这种重要人物端着严肃的架子再正常不过。关于陈宗懋做事严谨、礼待他人，已是公认。此处金珊再次提及对陈宗懋的这种印象。他平易近人，把所里的各项研究工作向自己的新学生做了细致的介绍。针对金珊要选择什么样的研究方向，陈宗懋认为不必操之过急，提出让金珊先好好熟悉所里的各项研究，再查查文献，根据目前课题组的情况仔细思考之后再做决定也不迟。其间，金珊可以自己先提出一个感兴趣的研究方向，写一份与此相关的计划。

金珊多年后依旧十分感激陈宗懋包容的态度。当时全国的叶蝉（一种茶树害虫）严重危害整个茶产业。陈宗懋就顺势而为提出了一个研究方向——可以根据叶蝉的鸣叫声去研究、探索防治这种虫害。通过切断叶蝉用声音寻求配偶的途径，从而切断叶蝉这个种群的繁殖链条。陈宗懋提议的这项研究在当时属于比较前沿的科技，对于绿色防控领域的发展也有帮助。虽然金珊很认同老师的建议，但是又不无顾虑，一是因为她之前学的是茶学专业，二是因为她从未专门研究过某一类茶叶害虫以及虫害的防治。她把自己的顾虑如实地告诉了导师，她没有想到老师会欣然接受，并且鼓励她根据自己的专长与兴趣选择研究课题。综合考虑，做一个系统完整的规划。作为一个科研工作者，要有自己的看法和见解。陈宗懋说的这席话，深深地刻印在金珊的脑海里。从此之后，金珊铭记老师的话语，坚持自己的科研之路，踏踏实实做研究。

在那次谈话之后，金珊也与所里的其他老师以及一起研究学习的师兄弟姐妹们进行了沟通交流。最终，她还是希望自己能够在此前对茶树所做的研究的基础之上，进行深入研究，与此同时，她也综合考虑了导师陈宗懋提出的建议。她虽然没有单纯地做叶蝉鸣声的研究课题，但是依然选择了一个和茶树抗虫性相关的题目，选择的研究方向还是基于茶树本身的研究：研究茶树不同品种对于小绿叶蝉抗性的不同。她利用了一周时间整理出一份科研计划，并得到了陈宗懋的支持。

金珊认为中茶所是个特别好的平台。从软件上看，有陈宗懋这样包容又专业的导师；从硬件上看，所里的各种仪器设备也很先进，而且每个仪器都有专门的管理人员。金珊很快就融入了实验室团队中。当时同她一起工作的还有两位师兄，分别是后来调去河南科技学院任教的王国昌和至今依然在中茶所从事研究工作的蔡晓明。后来又来了不少师弟师妹，其中包括现在也在中茶所工作的边磊等人。

金珊很努力，研究很快就得心应手了。陈宗懋对她的印象也很好，有一次还表扬说："小金学习很快，虽然之前从事茶树研究，并未做过虫害类的研究，但把两者的研究融合得很好。"

金珊很快做出了一些成果。譬如她利用昆虫刺探电位仪（EPG）技术，对小绿叶蝉在茶树上的取食行为进行了研究，并且取得了很大的突破。EPG是一种仪器，能够检测虫子取食时的状态。通常不同的昆虫有不同的取食方式，有的虫子是咀嚼式，有的虫子是刺吸式，叶蝉属于后者。但是叶蝉的口针插入茶树叶片里面之后具体如何吸食，在金珊之前并未有人对此进行过研究，所以人们对此是一无所知。金珊的研究思路就是要把叶蝉取食这种行为分析出来，进一步解析叶蝉如何破坏细胞，它到底是伤害单个细胞还是弄成一团再吸食，待到把这些谜团一一解开后，离茶树抗虫性的研究也就更进一步了。以前，人们都以为叶蝉与蚜虫的取食行为一致。蚜虫的取食方式是用口针刺入茶树的韧皮部，茶树韧皮部的营养液会流动，口针刺入后就会出现负压，就像我们用吸管插入饮料杯中，在负压的影响下，这些营养液会自动向蚜虫口针流动，相当于蚜虫在茶树上接了一个吸管。它是被动取食，几乎不费力气。所以当观测蚜虫在树上取食时，会发现它们保持一个姿势不动。蚜虫的取食管道一旦建立不会轻易拔出，除非遇到危险情况才会放弃。通过蚜虫的这种取食行为，进一步研究也可以制定出比较有效的抗虫方式。譬如使用农药，面对这种取食方式的昆虫，在虫害不严重的时候，只要将有虫害的枝叶去除就可以，如果虫害已经比较严重，也可以通过使用高效低毒的农药喷洒来控制。蚜虫习惯一动不动趴在茶树上，喷农药的效率也会很高，通常一次喷洒就可以杀灭大部分的蚜虫。

在金珊的研究过程中，她发现此前人们对于蚜虫与叶蝉取食方式一致的判断是错误的。叶蝉与蚜虫完全不同，后者是被动取食，前者属于主动取食，其口针扎进茶树叶片之后，会往不同方向来回伸缩前后刺探，一伸一缩，来来回回，把叶片中的细胞搅碎了，形成一团糊状的东西后，它再用口针吸食。而且叶蝉更多是在叶肉细胞间取食。尽管蚜虫与叶蝉两种昆虫取食方式对于茶树的危害都很大，但是从防治角度来看，叶蝉更加难以防治。它喜欢动，总是往茶树根部跑，并且移动非常迅速，还会跳跃。即便使用高效低毒的农药喷洒，也会遇到叶蝉快速移动而难觅其踪的情况。往往等到农药喷洒过后，叶蝉又出现了，因此反反复复难以根除。所以一旦茶树出现了叶蝉虫害，为了防治，茶农们不得不反复喷洒农药，从而又进一步导致了农药残留问题。

在对叶蝉取食方式的研究取得进展之后，金珊在陈宗懋的鼓励下，计划下一步的研究。陈宗懋始终告诉她，这项研究对于防治叶蝉意义重大，要坚持把这个课题做下去，只要肯下功夫，一定会发现更多有效防治叶蝉的方法。陈宗懋的学生们都知道，老师总是尽心竭力帮助年轻科研人员。金珊在研究过程中遇到困难，他不但会提出建议，还会调动自己所认识的各个茶领域的专家、学生等一起来帮助解决问题。所以在陈宗懋的带领下做科研，进步会特别快，即便遇到了难题只要潜心钻研下去，再加上院士调动的专业人才的协助，通常都能够把问题解决掉。这也是金珊觉得自己能够快速取得科研突破的原因之一。

她的博士论文选择了茶树不同抗性机制的研究，她想筛选出一些比较好的抗叶蝉的方法。这也与近几年陈宗懋一直提倡并致力研究的绿色防控分不开。陈宗懋把绿色防控提到了一个新的高度，他认为茶叶本来是一种健康植物，如果人为导致出现农药残留问题，实在是不可取。也是在陈宗懋的影响下，金珊坚定了做茶树抗虫研究的决心。她考虑的方向是通过茶树本身对虫害的抗性，从而做到减少农药的使用量。像中茶所里，有人就研究抗虫害的色板、灯等。金珊就想从茶树本身的抗性出发进行研究。她认为，如果对大面积的茶树品种在品性上进行抗性改良，这样虫害就会少。尽管从茶树本身的抗虫害性去突破，要想到达彼处，还需要走很远的路途，绝非她一人能够胜任和完成。但是她得到了陈宗懋的鼓励，路之所以成为路，就是因为走的人多了，自然踏出一条通途。而总要有人有胆魄先行一步，哪怕一步荆棘一步泥泞。金珊觉得她先去筛选抗与不抗叶蝉的茶树品种，后面一定会有更多人加入这个研究之中。

功夫不负有心人，经过长期努力，金珊最终筛选出了8个茶树品种，其中4个抗虫，4个感虫。继而金珊又开始了下一阶段的研究，为何有的茶树叶蝉喜欢取食，有的茶树叶蝉不喜欢，它们的区别到底在哪里？细胞厚度、蜡质厚度、茶叶的成分……这些不同点都可能影响到叶蝉取食的喜好。金珊把能想到的所有物理和化学性状，以及挥发物等影响因素全都进行了实验和测定。根据测定结果筛查差异性，再看是否对叶蝉有影响，而叶蝉取食之后是否对种群繁殖又有影响。

利用EPG来检测叶蝉的取食行为，金珊发现确实差别很大。譬如在感虫的茶树上，叶蝉单次取食的时间能够达到3～4分钟，甚至更长，但是在抗虫的茶树上面，叶蝉取食的时间最长不过1分钟，最短只有几秒。金珊通过大量的实验测定，得出了结论：具备抗性的茶树表皮比感虫的茶树表皮的抗性显然大一些。在研究的过程中，金珊发现具有抗性的茶树上，叶蝉停留了半天都不取食，它会来回移动，但是一直不用口针扎进茶树，证明茶树表皮上有它不喜欢的气味或物质。叶蝉来来回回，徘徊许久，最后可能实在饿了才会取食，时间也很短。金珊观察到这种现象不是个体行为，整个群体在茶树品种上的取食行为都是相同的。从叶蝉开始取食前的一段时间进行观察，如果不吸食的这段时间拉得很长，证明这种茶树品种表面有抗性存在。金珊就去提取可能影响叶蝉喜好的茶树表皮的各种物质，包含表皮细胞、蜡质层、茸毛等，再与那些叶蝉喜欢吃的茶树表皮成分进行比对，最终发现确实差别很大。这项研究成果也弥补了此前研究的空白。虽然现在还未到生产应用的阶段，但是这项研究成果对于未来防治叶蝉的意义重大。

金珊的这项研究成果发表在国际著名期刊 *JOURNAL OF INSECT PHYSIOLOGY* 上。其间国际EPG权威专家Elaine A.Backus（她也是最早提出EPG设想的科学家之一），对金珊的研究予以重要指导。陈宗懋还鼓励金珊再接再厉。直到金珊博士生学习结束，毕业后决定到高校任教，陈宗懋依然叮嘱金珊，一定不要放弃这块领域的研究，要继续努力。而金珊也不负导师的期望，一直在这个方向的课题研究中耕耘。

金珊沉浸于这种积极有效的科研氛围中，不知不觉时间飞逝，使原本3年多就能够结束的博士学业一直延期到了4年半。到了毕业的时候，金珊面临着两难的选择。当时山东和福建各有一所她心仪的大学，分别投递简历后，最先接到福建这所高校的任职通知，这是位于福建省福州市的福建农林大学。最终金珊选择了此处，并在园艺学院任教。陈宗懋很支持她的选择。尽管离开中茶所已数年，但是金珊与导师陈宗懋一直保持着密切的联系。

2012年底，金珊成为高校老师。临走之前，她在心中默默地决定，虽然不在研究所里了，去往高校任教，但是依然不能放弃自己先前的研究方向，要如导师所期望的那样继续从事茶树抗病虫的研究。福建是中国有名的产茶区，陈宗懋也经常到福建参加活动、举办讲座。所以他每次到福建，金珊都会抽出时间和老师见面，交流科研和教学的心得。在她心中，陈宗懋始终是一位值得信任的好导师。

2016年，刚从国外交流学习回来的金珊就接到了中茶所的一个好消息。当时所里计划组建一个创新团队，允许有流动人员参与工作。因此，金珊虽然在福建任教，但也符合条件。她很开心，于是第一时间报名加入了这个创新团队，再次成为陈宗懋的"学生"。陈宗懋非常支持金珊的这个决定，这样她就可以继续做EPG的研究。从福州到杭州的高铁单程需要4个小时，这对金珊来说无疑是辛苦的。但她觉得很值得，并且她也很清楚，陈宗懋可不是一个容易糊弄的老师，他对科研的每一个细节都极其关注。与他一起做科研，必须全力以赴。如今，金珊自己也已经是6个学生的研究生导师。而在陈宗懋的支持下，她也把自己培养的研究生带到了中茶所进行课题研究学习。陈宗懋对此非常鼓励，他觉得年轻人如果想从事科研，他会尽其可能地提供帮助和支持。

现在，金珊的硕士研究生也加入了茶树抗性的研究课题，在陈宗懋的指导下进行研究，并且取得了更加深入的成果。因为成为陈宗懋的学生和在中茶所的工作学习经历，金珊得以结识一批志同道合的工作伙伴和朋友。他们中有的人不是在中茶所就是在其他科研机构继续从事与茶相关的研究，还有人像金珊一样在高校任教，譬如前几年调到云南大学的董云霞老师，在传播茶学知识的过程中继续从事研究。总之，无论身在何处，大家都在从事与茶相关的科研工作。虽然分隔很远但都保持着紧密联系，在祖国的四面八方为茶产业贡献着自己的力量。

正所谓大道虽远，而殊途同归！边磊也和金珊一样，是2009年到中茶所的。金珊读的是博士研究生，而边磊当年在河北农业大学本科读完生物技术专业后，就想报考中茶所的硕士研究生，成为陈宗懋的学生。众所周知，陈宗懋在我国茶界享有盛誉，而他当年招收硕士研究生的名额只有一个，这就让很多同学打了退堂鼓。但边磊不想放弃，依然决定报名考试，结果顺利通过了。这个来自河北的男生，从此来到浙江杭州，跟随导师陈宗懋开启了他与茶结缘的人生。自2009年开始，边磊从陈宗懋的硕士研究生一直读到他的博士研究生，毕业后又继续留在中茶所从事茶树植保的工作，是陈宗懋团队的成员之一。

边磊记得很清楚，第一次见到陈宗懋老师时就和他探讨了未来从事植保工作的可能性。尽管本科专业是生物技术，似乎看上去和植保关联度不大，但陈宗懋还是鼓励边磊多了解一些茶树害虫的知识，以便更好地从事植保方向的研究。正好此前边磊实习的时候是在北京市农林科学院植物保护研究所，这也意味着他并非对植保一无所知，于是按照导师指出的方向开始了研究生的学习生涯。

近几年陈宗懋重心放在了绿色防控上，而如今已经成为中茶所年轻骨干的边磊，也在陈宗懋的指导下，一路奔袭，冲着植保物理防治的方向不断深入研究。从读硕士开始就研究物理防控的边磊，最初做的课题就是研究当时茶树的头号害虫茶小绿叶蝉对颜色的行为反应。当时市面上已经有很多诱捕茶小绿叶蝉的色板，但质量良莠不齐。市面上的色板各式各样，仅材质就有纸、塑料和木头；颜色更是五花八门，譬如黄色，这个颜色范畴很广，有小麦色，也有蛋黄色，都号称诱虫板，至于是何标准以及效果如何，却没有定论。

陈宗懋有一次和边磊谈心，聊起了市面上的色板问题。陈宗懋认为植保研究肯定是朝着精准和高效的方向前进，他问边磊能否往色板的精准度方面进行研究，把黄板的颜色规范化。边磊听从了老师的建议，从此开始了色板的研究。第一步，边磊意识到颜色也是一门学科，颜色有色系，它的表述需要专业性。譬如在印刷行业颜色的分类就非常专业。通常情况下，人们对颜色的表述极具主观性。譬如两个人交流，一个人说偏绿色点的黄色，至于到底有多绿又到底有多黄，除了表述者，其他人是很难正确无误地重现这种颜色的，但通过参数化就可以把这种颜色再现出来。边磊就把颜色做了具体的参数化。第二步，他开始寻找虫子到底对哪种颜色的趋性比较明显，就此系统地做了很多实验和田间观察。色板颜色筛选在两年内就做完了，这对于应用研究而言速度已经非常快了。室内实验室阶段加上田间评估阶段，一种技术研究成果应用于实际，最快时间往往也需要两年。

早在2013年，边磊在陈宗懋指导下进行的这个研究就已经成功投放应用了。实验室研究出来的黄板技术被福建一家生产色板的厂家买下，进行了技术转化，投产制造。进入市场后做了推广，销售量达到了一千多万张。边磊研究出来的色板专利也获得了中国专利优秀奖。不过按照导师陈宗懋的惯例，研究的脚步不会就此停息。

在第一代色板的使用过程中，陈宗懋和边磊很快就发现了一些不足之处。色板诱捕虫子的效果很好，但是害虫和益虫都容易被诱捕进来。能不能做出只诱捕害虫，驱避益虫（天敌型昆虫）的色板？边磊开始继续研究。在陈宗懋的帮助下，这一次几乎发动了全中国植保方面的专家，而全国各地的茶产区都参与了第二代色板的实验。如此大动干戈，其目的是为了让第二代研发出来的色板能够适用于全国各地。所以最开始实验的时候，就通过全国各地的植保站去测试，保证每个地方都能够有效果。最终，边磊成功研发出了天敌友好型黄板。除了引诱害虫的黄色，还添加了驱散益虫的颜色，设计得像国际象棋的棋盘一样，很受市场的欢迎。

回忆以往这些研究工作，边磊很是感慨。因为在此前，中国从事昆虫视觉领域研究工作的人并不是很多。他听说在20世纪80年代，中国科学院也有老师曾经做过这个实验，但后来不知什么原因就停止了研究。所以在这个领域，中国就在国际上落后了。边磊要开始研究昆虫视觉，就需要一个关键的设备。当初研究昆虫视觉的那位老师自己制作过一台设备，后来这台设备送给了河北农业大学的老师，但设备还是太老旧了。问题就在于这种设备没有现成的，必须自己来做。陈宗懋就鼓励边磊，也想了很多办法。最开始听说日本横滨城市大学一位老师对制作这种设备很内行，于是写信过去。很幸运的是，这位老师回了信，并详细说明了如何制作这种设备，陈宗懋和边磊又找了很多单位，克服诸多麻烦，终于把这台昆虫视觉电生理仪器制作出来了，搭建了国内数一数二的昆虫视觉电生理平台，现在基本上可以保证边磊开展对昆虫的视觉研究了。

昆虫对光有一个识别范围，哪些波段的光令昆虫比较敏感就是边磊的研究内容。就像人，有的觉得白光刺眼，有的对蓝光不适；有的色弱，对光不敏感；有的是红绿色盲症，对红绿色不敏感。昆虫也大致如此，它们通常有三种视蛋白，会对长波、紫外线和蓝光比较敏感。在实验过程中，边磊需要弄清昆虫对哪种光做出行为反应，观察的方式就是看它们在昆虫视觉电生理仪器上做何反应，因为只有昆虫识别出这种光才会有相应行为。为了深入研究，陈宗懋还建议边磊去咨询国内专业的眼科医生了解设备的使用。因为昆虫的视觉电生理的设备和人类治疗眼科疾病要用的视觉电生理仪器原理很像。边磊就很虚心地去向眼科医生了解这种原理能否适用到昆虫身上。他不仅咨询医生，还向生产仪器的厂家和设计仪器的工程师再三求证，这才让之后的实验变得顺利。

杀虫灯的原理也建立在视觉电生理的基础上，用不同光波的波段去刺激叶蝉，如果刺激性很强，就把这个波段筛选出来。再到田间测试益虫喜欢的波段，之后把这些波段全部筛选出来，最终看看能否选出避开益虫，吸引茶尺蠖、叶蝉的光波。2016年，杀虫灯的技术也成功转化。研究不止，如今边磊在物理防控的路上依旧大步流星，继续探索着未知领域。

如果从陈宗懋的学生们的视角出发，能够成为他的学生，是幸运的。陈宗懋院士团队成员之一的罗宗秀，主要跟着他做茶树植保领域的研究工作。罗宗秀记得很清楚，2010年6月他来到中茶所工作。此前他就已经知晓陈宗懋是中国植保领域的专家。当时应聘中茶所的时候，他做了两手准备，一边考公务员，一边报考中茶所工作。结果出来，全都考上了。做公务员，可以到福建省出入境检验检疫局工作。更巧的是，两边都在同一天面试。他思考了一个晚上，最终决定不做公务员，因为能够跟着陈宗懋工作学习对他而言，更有意义。用他自己的话来说："奔着陈宗懋院士而来，是发自内心的选择。"此后多年的工作经历证明，他当初的选择没有错，跟着陈宗懋，他一步一个脚印成长了很多很多。

刚到中茶所的时候，罗宗秀其实很不自信。因为一个硕士生来这样一个科研实力雄厚、人才济济的单位工作难免会有压力。在陈宗懋的鼓励下，罗宗秀始终都在学习，如今已经顺利取得博士学位。刚到中茶所时，陈宗懋并没有急着让罗宗秀进入课题研究。他找罗宗秀谈了一次话，语重心长地告诉他不要着急，可以先去茶区走一走，实地接触一个月，对于茶区有初步印象后再谈工作上的事。

"有点因材施教的意味在里面。他没有很急迫地把人最大化利用起来的想法，这一点我当时感受比较深。谈话的时候他问我以前喝不喝茶？我说以前没喝过。他笑着告诉我从今以后要喝了。"回忆起那次谈话，罗宗秀很是感动，另外他觉得陈宗懋很亲切，一点院士架子都没有。当然，从此以后他也的确养成了喝茶的习惯。

于是罗宗秀开始了他在中茶所的科研之路。陈宗懋亲自带着他从植保的最基础工作做起。有些工作表面上看是本科生就能完成的事情，譬如去田间做药效实验。最初他觉得，这种最基础的工作，几乎没有什么技术含量，后来才明白陈宗懋的良苦用心。当时有这样一个时代背景。2009年，茶叶研究领域提出一个茶园水溶性农药的问题。陈宗懋认为其中有潜在的风险。尽管是在做基础工作，然而这些都是科研的基石，绝对不可忽视。罗宗秀做的田间药效实验就是测试农药的防治效果，这项工作也是开展一些尖端研究的基础数据来源，非常重要。科研工作不分难易，罗宗秀时刻不敢忘记。陈宗懋对应用科学非常看重，因为他认为应用科学最终要服务产业，那么必然要有实在的技术，足以能够支撑产业，促进产业发展。科研工作从基础做起，事关千千万万的行业人员，更事关万万千千的普通百姓。

罗宗秀开始做水溶性农药替代实验的时候，一开始并没有得到茶农的理解。茶农不同意使用替代的农药，认为极有可能无效。假若用了，恐怕他的茶叶就要被虫吃掉。如果单纯为了所谓的健康理念，一定让茶农不用农药，那毫不现实。茶农辛苦劳作，当然也需要效益。那时陈宗懋就想尽办法，寻找更好的替代农药。这种农药既要效果好，又能避免农药残留，生产的茶叶还能够符合健康饮用的标准。研究工作开始了，陈宗懋先列了一个单子，罗宗秀就和他一起做实验开始筛选，筛选出农药以后就做田间药效实验。同时达到效果好、水溶性低这样两个标准的农药，就可以用作推广。相应地，茶农们也愿意用，实验地点覆盖了全国的茶区。就是这样一个最基础性的工作，罗宗秀做了两年。

虽然有些劳动成果隐性大于显性，但人生终究不会白费功夫！罗宗秀那两年打下了坚实的科研基础，同时也树立了严谨的科学态度。譬如在浙江省的一个实验点嵊州市，他一年要待20多天，就住在茶厂约20年的老房子里，每天定点施药、调查。这一过程通俗理解，就是把农药喷洒在茶树上，定期观测它除虫的效果。希望能够找出可以替代的更好的农药，让农民再也不要用高风险的农药。好的替代农药经过实验证明确实可行。陈宗懋就开始想办法让这个成果落地。他认为要实实在在有效果、适得其用才可以，毕竟最终要给茶农使用，而农民最讲究实用。但是农药受到农业部门严格管理。因为药害造成的环境影响往往会很大，所以实验室的成果要推广到应用，还要跟农业部相关部门沟通。陈宗懋决定与顶层的国家管理部门接触。

那是2011年的冬天，陈宗懋带着罗宗秀以及另外一位学生，三人一起飞到了北京，专门向农业部的相关部门做汇报。当时在一个宾馆里开会，会议从上午一直持续到下午，几乎汇报了一整天，其间大家讨论热烈，陈宗懋也讲述了很多。但是农业部相关部门考虑到农药应用影响范围很广，因此比较严谨，提出要一级一级向上面部门请示。陈宗懋很着急，他希望能够让茶农早一点受益。在罗宗秀看来，老师当时年纪已经很大了，不顾舟车劳顿，专程飞来北京亲自向各位领导汇报相关问题，坚持参加这样的会议，就是觉得这是一个迫在眉睫的问题，是影响中国茶产业潜在风险的大事。并且与会期间，他以详尽的科学数据作支撑，提出了解决方案，同时表示寄希望于大家一起快些解决当前的这个难题。说到底，罗宗秀很心疼自己的老师为茶叶植保事业所付出的艰辛。

遗憾的是，会议上最终并没有决定是否能够进行推广替代性农药这一方案。罗宗秀能够感觉到，老师来回奔波，其实已经非常疲惫。然而他却没有放弃，一直坚持着。那一刻，罗宗秀觉得鼻子酸酸的，隐隐地有种难言的情愫。鉴于后面还有许多工作要做，他们就订了当天的机票返回杭州。晚上10点多的飞机，在飞机上罗宗秀和老师陈宗懋并排坐着。经过了一天会议的劳累，加之不太适应北方干燥的空气，纵使像他这样的年轻小伙子也感觉到疲惫，飞机一颠簸，就迷迷糊糊地睡着了。当他醒过来的时候，飞机仍然在空中，一转头就看到老师开着顶灯，还在翻看文献。熟知陈宗懋的人都知道，他到哪里都会自己带着打印的材料，一有空隙就会弓着身子抓紧时间看。罗宗秀顺势看了看手表，已经是晚上12点了。这一幕，深深震撼了这个年轻的科研工作者，以致久久不忘，至今都印象深刻。

罗宗秀曾经多次和陈宗懋坐高铁出差，考虑到老师实在年长，体格又颇为高大，选择一等座会比较舒适。结果陈宗懋不同意，坚

出差途中，身材魁梧的陈宗懋挤在高铁二等座中，仍不忘打开小桌阅读文献。时年，陈宗懋已是85岁高龄，犹自苦学不倦

持和罗宗秀一起坐二等座。看书的习惯，在火车上依然如故，陈宗懋一有时间就弯着背在座椅上看文献。坦白讲，大凡见过这个侧影的人都会觉得座位那小小的空间容不下那样的勤奋和那么大的智慧。这种场景罗宗秀看过许多次，每一次他都很感动。在钦佩陈宗懋的同时，他也学习到了什么是真正的科研精神。陈宗懋无论是奔波于田间地头，还是与光阴为伍随手就读，都让罗宗秀受益匪浅。这完全不同于中国人熟知的书斋式的研究。

汗水滴落，禾苗助长，努力总能换来回报。在陈宗懋的呼吁下，相关部门也非常重视这个研究成果。很多地方出了地方条例支持推动使用替代性农药，譬如惠州等地区。

从个人成长角度而言，能够遇到像陈宗懋这样既能理解学生又能给予学生支持的好老师，实在是人生幸事。罗宗秀也觉得自己很幸运。2014年的时候，罗宗秀在中茶所的压力依然很大，因此想继续学习。在陈宗懋的鼓励下，他作为在职人员报考了博士。在报考博士前，陈宗懋又找他谈了一次话，提醒他要好好考虑将来的研究方向。

陈宗懋还推荐罗宗秀到日本去考察对方在茶树害虫化学生态学方面的研究。陈宗懋曾经主编过《茶树害虫化学生态学》①，里面就有两个章节专门介绍了日本在茶树害虫方面的相关研究。罗宗秀当时负责帮忙图表调整和矫正，在讨论那两章的时候，陈宗懋就与罗宗秀说过，日本已经在这个研究领域做了很多工作。他推荐罗宗秀去日本考察，并热心周到地安排了后续事务。2013年夏天，罗宗秀到日本学习了三个月，回来后就把看到的情况向陈宗懋做了汇报。陈宗懋很感兴趣。因为此前中茶所还未曾做过这个方面的研究，特别是涉及茶树害虫性信息素应用这一方面。陈宗懋认为有必要开展这个领域的研究，就鼓励罗宗秀，希望他能努力跟上国际的步伐。罗宗秀几经思考，虽然觉得前路艰难，但还是决定接受这个挑战。"我觉得做这个领域的研究对生产意义更大，在应用方面更有意义，这是其一。其二，既然把我派出去，而且还通过外面的专家积极联系，使我有机会参观目前世界上在这一领域做得最好的实验室，那么心中多少也有了些底气。"罗宗秀有自己的一番思考，并从此开始走上化学生态防治的道路，在茶树害虫性信息素研究与应用以及灰茶尺蠖性信息素田间应用技术研究方面皆颇有建树。

陈宗懋有个特点，如果研究已是世界领先的技术，就会想尽办法与国际同步。如果研究已经与世界同步，那么能否有所创新，发现一点新事物，譬如此前讨论的禁止水溶性农药在茶叶中的使用及其替代性农药被国际上认可这件事。

在我国茶产业不断发展的过程中，陈宗懋总是能够前瞻性地

① 此书于2013年由上海科学技术出版社出版，为"十二五"国家重点图书出版规划项目。

看到未来的发展方向和趋势，因此会让学生们提前做一些相关的研究。譬如农药替代的问题，陈宗懋就提出了更高的要求：替代的毕竟是农药，能否不用农药替代，直接用其他的措施，这样连最小的风险也避免了。我们原来只是由高风险变成低风险，如果低风险变成零风险不是更好吗？正是得益于陈宗懋这样的科学家不知疲倦的科研精神，才让科技越来越进步。

绿色防控由此应运而生。这也是如今陈宗懋倾注非常多心血的事项，已经有了较多应用的产品。这几年陈宗懋在绿色防控的推广上同样尽心竭力，譬如2019年CCTV 7播出了8集纪录片《农药》，里面就介绍到茶树是如何实现农药减量的。拍摄时正值炎炎夏日，下午四点左右，依旧烈日当空，陈宗懋在茶田里陪着导演和记者查看现场，衣服都被汗浸透了，在场的每个人都很担心他的身体状况，毕竟当时他已经是86岁高龄。然而他却一直坚持站着，方便随时指导，他想为茶叶推广做一点实实在在的贡献。

自2010年开始跟着陈宗懋一起工作，到2015年仅仅用了五年时间，罗宗秀在陈宗懋的指导下在参与的茶园高水溶性农药替代研究工作中，成功筛选出一批替代的农药并掌握了相关技术。这项研究成果在2017年获得了浙江省科学技术进步奖。罗宗秀进步能够如此快速，离不开陈宗懋的悉心指导和培养。

从2002年起就开始跟着陈宗懋读博士的蔡晓明，2006年毕业后去了浙江省农业科学院工作，三年后又回到了陈宗懋身边做博士后。在蔡晓明心中，老师陈宗懋的地位极为重要。只要陈宗懋说要他回来，无须多言，一句话就够了。他根本就不曾多想，打起背包很快就回到中茶所。这并非表示蔡晓明是毫无主见的人。恰恰相反，是因为他敬佩老师，也相信他的人生智慧。跟随老师陈宗懋这些年，毋庸讳言，蔡晓明认为自己学到了很多。

从老师陈宗懋身上学到的第一点，就是立足产业。纵观陈宗懋所有的科研，都立足产业。第二点，就是敏锐的科研嗅觉。就像水溶性农药的研究，很多人听过也就罢了，不会深入去思考。但是陈宗懋与别人不一样，他感到里面大有文章可做，很多方面值得进一步探索。于是，就开始潜心研究水溶性农药残留的高超标率和高检出率，最后还联合几个院士给农业部写信，从开始研究到获得国家级奖项，其间各种艰辛与磨砺，绝非一般人能够做到。据蔡晓明观察，不少科研界的同仁都有这个感觉，陈宗懋真的很敏锐，一个不起眼的小小的点，他就能够捕捉到，并深入查找资料，然后一头扎进去。果不其然，最终发现这个点有可行性、有必要。这种敏锐的科研嗅觉促成了很多科研成果的产生。

科学研究的确需要非同一般的敏锐，但是仅仅有这样一点还远远不够，必须要勤下苦功，在挫败中不断坚持，才可能发现真知。研究过程，从发现问题到落实成果一点都不能含糊。譬如对性信息素的研究，从最开始认识到其重要性后就一直坚持研究；再譬如指导学生对色板和诱虫灯的改良。像这样的例子不胜枚举，蔡晓明觉得，能够跟随这样一位老师学习，是人生之幸事。

陈宗懋始终保持着学习的热情，非常喜欢阅读文献，很多文献是电子版的，有时候会让蔡晓明帮忙整理。蔡晓明会用一个专门分类的软件把文献导进去分类，有一次恰好被陈宗懋看到，就提出让蔡晓明操作慢一点，他要学习如何操作，这样下一次他就无须麻烦他人可以自己动手完成。陈宗懋始终喜欢亲力亲为，乐于学习新的知识和技能。

蔡晓明认为自己的老师除了做学问，朴素、节约也值得学习。在日常工作中，陈宗懋对每一项材料的使用，都会仔细了解，需要花费多少，再行斟酌，一切都要严格报备、绝不浪费。再譬如有时候参加会议吃工作自助餐，陈宗懋每次都是先只拿一小盘，吃完不够，再添加。身边的人如果拿了一大盘，他会建议吃完再走。甚至有一次在中茶所的食堂，有个年轻人吃饭剩下两个大馒头，陈宗懋看着不忍心浪费，就说："拿过来，我帮你吃掉。"作为老一辈的科学家，陈宗懋生活上的朴素作风，让年轻一代科研人员自愧弗如、肃然起敬。

陈宗懋团队里的学生都非常感激他。陈宗懋的爱人陈雪芬固然欣赏他为人处事的态度，为学生着想也罢，为身边其他年轻人考虑也好，然而为人妻者，偶尔不免会有另外的立场。她很心疼陈宗懋，觉得他有时过于操劳。她总是不无忧虑地推想，他已是耄耋之年，却事事躬亲、不辞辛劳，长此以往肯定对身体不好。纵使知道陈宗懋不会依从她的话语，陈雪芬却依然情不自禁地劝慰："作为老师，理应把学生们当作自己的孩子般加以关心和爱护。但是孩子也要断奶，需要成长，做家长的不能过度宠爱，要让他们独立起来，去寻找一片属于自己的天地。"然而陈宗懋还是照旧，时时把学生们放在心上。他自己的专业能力很强，所以一看到学生做得不对，就会纠正，忍不住想要帮助对方做研究。用陈雪芬的话来说，陈宗懋已经毫无保留地把自己交给了科学研究。

在科研的道路上，用永无止境来形容陈宗懋再贴切不过。譬如针对茶树病害的研究工作。通常茶树植保分为病害和虫害两大领域，陈宗懋的爱人陈雪芬就是研究病害的专家。虫害主要是昆虫侵害茶树，病害则是茶树本身生病。因为病害对茶树的影响近几年来比较小，所以这个领域研究的人并不多，资料也停留在陈雪芬退休前做的研究阶段。人们采用茶树病害的资料，很多都是参考陈雪芬当年的研究成果。时代在发展，历史在演进，新的问题也相继出现。尤其是随着分子生物学的发展和一些新的仪器出现，人们对于以往微生物的分类有了不同的研究，发现以往的分类并不科学。既然分类要修改，那么从前做的资料库就必须要更新。但是谁来做这个工作呢？陈宗懋就决定做这项工作。他自己去书店买工具书来了解新的分类，计划重新把茶树常见的病害分类全部矫正一遍，并且要连续在《中国茶叶》开设专栏，以公布最新的资料。这样的科研精神，深深打动着人们。

1997年，许宁（左二）博士毕业时与导师陈宗懋（左一）留影，许宁是陈宗懋培养的第一位博士研究生，现于加拿大农业部下属研究所工作

2019年，陈宗懋（左二）在中茶所自己的办公室里指导巴基斯坦留学生FIDA HUSSAIN（左一），与其商讨课题研究方向

陈宗懋培养出了许多优秀的学生，硕士研究生共13位，9位已毕业，4位在读；17位博士研究生，14位已毕业，3位在读（包括一位巴基斯坦留学生），此外还带领2位博士后。这些年轻的科学家秉持着陈宗懋式的科研精神，在中国茶叶领域孜孜不倦地进行着科研创新。

作为一代科学家，陈宗懋不仅有着让人肃然起敬的科研精神，也有着科研大爱的胸怀，为了中国茶叶研究的明天，致力于培养新一代的年轻科学家，为他们提供良好的发展空间和学术环境。陈宗懋清楚地认识到，中国茶叶的未来，就在一批又一批年轻科学家的身上。正所谓科学精神，传承不断。也因为有了像陈宗懋这样数不清的科学家的躬耕不辍，才成就了我国茶产业的昨天和今天，而我国茶产业的未来，也因此拥有了无限的前景和可能。

第 十 七 章

人生草木间
与茶结缘

茶，就是"人生草木间"。陈宗懋由农学而入茶界，却在草木之间领悟了人生的真谛，那就是向上生长，渴求阳光雨露滋养，由此成就为一代大家。如今，众所周知，陈宗懋凭借几十年在茶学和茶产业研究上获得的成绩蜚声国际，乃中国茶叶植保研究领域第一人。陈宗懋是我国茶学界第一位中国工程院院士，著名茶学家、茶树植保学家；当选第六、第七届全国人大代表；曾任中国农业科学院茶叶研究所所长，中国茶叶学会理事长；现任中国农业科学院茶叶研究所研究员、博士生导师，中国茶叶学会名誉会长，国家食品安全委员会副主席，农业农村部食品风险评估委员会副主任。

陈宗懋作为中国茶叶农药残留研究的开拓者和奠基人，多年来主要从事茶叶科学研究，建立了茶叶农药残留研究和茶园化学生态防治学两个新兴茶学学科，对降低中国茶叶农药残留和茶园生态防治做出了重大贡献，率先提出用茶汤的农药残留水平来制定茶叶中农药残留标准，获得国际公认，主持制（修）订农药残留国际与国家标准10多项，近年来创立了茶园水溶性农药替代技术及茶园绿色防控新技术体系。

陈宗懋在60多年的科研生涯中，获得了诸多成果和荣誉。然而万事起底，莫不是从零开始。时间宛如白驹过隙，陈宗懋投身于茶叶植保领域60余年，几乎把大半辈子的心血，都用在了"茶"这个字上，为了中国茶产业的发展，可谓呕心沥血。

在与茶叶结缘的大半辈子中，陈宗懋从未后悔，始终保持着无限的热情。用他自己的话来说："我觉得从事茶叶工作挺有味道的，从20世纪60年代到现在，我一点都不后悔。"他经常提到的一句话是：茶是"有味道"的。陈宗懋与茶叶的"亲密接触"始于他3岁的时候，第一次随父亲喝茶，之后不知不觉就喜欢上了茶的味道。

在北方求学的时候，他会特地跑到茶叶店买茶喝。假期结束返校的时候，也一定会记得带上很多茶回北方。人通常都有嗜好，有人喜欢抽烟，有人喜欢喝酒，有人喜欢饮茶。陈宗懋从不抽烟，一闻到烟味会咳嗽；也极少喝酒；却特别喜爱饮茶，而且越饮越浓。如今他常常笑言：早已离不开茶；假若不喝，人都要生病了。陈宗懋与茶叶的情缘，也随着时间的推进，越结越深。从大学毕业到后来参加工作，陈宗懋越来越爱茶，也成了越做越有味道的茶学家。

1960年，陈宗懋初入中茶所时，是从事茶树病理方面的研究工作，紧接着又进行了茶树病虫害防治的工作。20世纪60年代，全国广大茶区受到长白蚧的侵袭。这种看起来毫不起眼的小虫子，对茶树的伤害却是摧枯拉朽的，以至于嵊州、龙井等茶区茶园败落、茶树枯萎、茶农歉收。陈宗懋心急如焚，经过与同事们在1968年、1969年两年的艰苦蹲点后，收集了大量第一手资料，做了深入研究，又运用自己先前在甜菜褐斑病治疗时采取的测报预测的思路，终于找到了打败长白蚧的方法，从而使整个茶区最严重、最难防治的长白蚧得到了有效的控制，帮助茶农挽回了极大的经济损失。

1972年，陈宗懋因在病害防治方面取得优秀成果，获得了浙江省农业先进个人称号；1983年，又因"浙江省四大害虫防治技术与农药安全使用"研究，获得农牧渔业部科技改进奖二等奖。农药质量安全直接影响茶叶质量安全，茶叶质量安全又直接关乎国人饮茶的健康问题，陈宗懋从来都严谨以对、不敢有丝毫懈怠。因此他在农药质量安全方面同样不遗余力，在茶叶上做了一系列化学农药残留的研究，对降低中国茶叶农药残留和茶园生态防治做出重大贡献。

茶叶质量安全不仅涉及农药质量安全，还在于合理使用农药。合理使用农药包括正确选择农药品种和安全使用两个方面。在这两方面，陈宗懋做了细致的研究。在他看来，茶园适用化学农药的选择，首先必须考虑的是农药对目标病虫的药效。全国茶园众多，茶园病虫种类更是繁多，但以全国范围而论，其中最主要的类别有叶蝉类、螨类、鳞翅目食叶类害虫、蚧类、卷叶蛾类和茶树叶部病害六大类。他分别对这六类病虫的农药选择进行了研究。

20世纪80—90年代，陈宗懋倾注了许多心力在农药安全、合理使用方面，由此也取得了相当喜人的成果。1980年，因"农药安全使用标准"，获得农业部科技改进奖二等奖；1985年，因"农药安全使用标准研究"，获得国家科技进步奖三等奖；1987年，因在"农药残留预测技术"研究项目上不懈耕耘，获得中国农业科学院科学技术进步奖二等奖；1990年，"农药合理使用准则（一）、（二）国家标准GB 8321.1-.2-87"研究项目，荣获国家科技进步奖二等奖。

陈宗懋在20世纪70年代初调查龙井茶区时提出，在茶园防治病虫害方面，如果仅仅采用单措施难以得到理想的效果，因此必须从整个茶园生态系统着眼，在自然环境中掌握住病虫种群消长规律，预测其发展前景，从而在已有茶园生物区系中保护或引入有益生物种群，丰富茶园生物群落的组成，控制有害生物种群的数量，这才是最有效的防治措施。

从20世纪70年代起，陈宗懋还多次向农业部、中国茶叶进出口公司和浙江省农业厅提出茶叶中禁用高残留和剧毒农药，选用低毒、高效、低残留农药的建议，后被农业部采纳并向全国茶区转发，对解决我国茶叶中农药残留超标问题起到了积极推动作用。1996年和1999年，针对其他一些国家在农药残留标准上的严格化，他分别向农业部提出在茶叶生产中禁用高残留的农药品种三氯杀螨醇和氰戊菊酯的建议，得到农业部等部委的认可和采纳。在他的积极参与下，我国茶叶中农药残留量明显下降。

20世纪90年代，国际上大幅度提高茶叶的农药残留标准，中国茶叶出口遭受严重打击，许多茶叶无法出口。为此，陈宗懋积极与欧洲茶叶委员会联系，强烈建议改变原来的茶叶农药残留测算标准，并拿出数百页的实验资料，以科学数据为依据，据理力争。经过长达数年的交涉，他的这些建议终于被欧洲茶叶委员会接受。1998年，欧洲议会通过并正式颁布了修改后的第一批新标准，包括了11种农药，比原标准放宽了5～100倍，这对我国茶叶出口十分有利。陈宗懋的实验室还被欧盟认证为我国唯一有资格进行向欧盟出口茶叶中农药残留分析的实验室，每年承担8 000～10 000份出口茶样的分析任务。在2008年联合国粮农组织召开的政府间茶叶工作组第十八届会议上，成立了茶汤中农药残留工作组，由中国任组长。

2008年5月，陈宗懋（左二）出席在浙江召开的联合国粮农组织政府间茶叶工作组（FAO-IGG）第十八届会议（左一为加拿大代表，左三为中国商务部代表蔡军）

陈宗懋通过系统研究和不懈努力，对解决中国茶叶中农药残留问题作出了重要贡献，1991年农业部授予他全国农业环保先进工作者称号。2007年，联合国粮农组织下属国际食品法典委员会的农药残留委员会（CCPR）主席国由荷兰改为中国，陈宗懋被农业部任命为CCPR会议的主席。他熟悉世界茶叶科技和茶业动态，多次撰文对茶叶生产发展宏观决策提出参考建议。他曾17次参加国际学术会议，在会上做有关茶叶宏观决策的报告。由于他在国内外茶叶科研、生产、贸易上作出重要贡献，从1995年起连续五次受农业部派遣，代表中国政府参加FAO第十一届至十三届、第十五届、第十六届政府间茶叶工作组会议。在第十二届世界茶叶大会上，他还就英国提出的茶叶标准问题阐述了我国的立场和意见，捍卫了国家的利益。

1998年开始，陈宗懋就已经敏锐地意识到了绿色防控对未来茶产业发展的重要性。绿色防控是一种旨在从农田生态系统整体出发，以农业防治为基础，积极保护利用自然天敌，恶化病虫生存条件，提高农作物抗虫能力的新型防控手段。如今，陈宗懋及其团队依然把目光聚焦在绿色防控领域，并且逐步推进、深入探索，通过推广应用生态调控、生物防治、物理防治、科学用药等绿色防控技术，以达到保护生物多样性，降低病虫害暴发概率的目的，并把研究成果应用于生产实践。陈宗懋在茶树植保绿色防控技术上花费了许多心力，已经取得了不少可喜的成果。诸如色板、杀虫灯每年就有大量茶园在应用。

事实上，陈宗懋多个研究都是同步进行的。在研究防治病虫害的同时，他也从20世纪60年代初就开始进行茶树农药残留测定方面的研究。当时我国茶叶农药残留分析技术领域还一片空白，他主动提出开展这方面的研究。陈宗懋在农药残留测定技术上成就斐然，回顾这一历程，还要追溯到20世纪60年代早期，那时中茶所研究设备非常简陋，先进的仪器更是匮乏。刚到中茶所的陈宗懋，已经开始展露他在科研领域的天赋，面对很多研究难题，经常会有奇思妙想。他通过老鼠血液来测定农药残留，其结果竟然提高了1 000倍测定精度，很大程度上解决了当时设备不够的难题，这件事在业内广为传颂。这项实验，在当时获得了浙江省科技进步奖。那批陈宗懋自己去广州海关取回的茶叶样品化验结果出来后，大家都震惊了：农药残留比国外标准高100倍。随着研究的深入，问题也越来越多。他便只能继续埋头工作。从无到有的研究谈何容易，每每攻破一个难题他都会很高兴，情不自禁发自内心地感喟："能够解决这个难题，可以做一点有用的事，感觉真好！"像陈宗懋这样的科学家，其心愿无外乎利国利民。

在农药残留研究的道路上，陈宗懋付出了很多。1999年，陈宗懋所领导建立的实验室被欧盟确认为中国茶叶出口欧洲唯一认可检验的实验室。这份来自国际上的难能可贵的肯定，是他数十年来孜孜不倦地奔走在中国茶产业道路上所结下的丰硕的果实之一。

2010年，陈宗懋首次提出以茶汤中农药残留水平为基准制定农药最大残留限量标准的原则，从此以后将要以茶与茶汤分离测量为基准，而"农药水溶解度是决定茶叶饮用安全性的重要参数"这个提议以中国代表团的名义，两次递交到国际食品法典农药残留委员会上供70多个国家的科学家们讨论。最后，大会予以通过这个决议。刚提出要以茶汤中的农药残留水平作为制定茶叶中农药最大残留限量的原则这个观点时，世界茶叶界的接受程度总体还不太高，有些人一时无法接受，陈宗懋锲而不舍，带领着团队展开了相关研究，通过一次次实验，用实验数据证实了这个创新的观点，他也通过各种渠道多次提出这个观点。陈宗懋孜孜不倦的精神让人敬佩。终于，陈宗懋用理论依据，6次在国际上修改了茶叶农药残留标准，这就是茶科技对茶产业的推动作用。这一研究成果实现了我国农产品中国际农药最大残留限量制定零的突破，提高了茶叶农药最大残留限量制定的国际话语权。

陈宗懋作为第一完成人与科研团队共同完成的"茶叶中农药残留安全评价及应对"研究项目，其中首次提出的"以茶汤中农药残留水平为基准"制定农药最大残留限量标准的原则，改变了国际上茶叶中农药最大残留限量标准的制定规则，创新了应对贸易壁垒的模式，保障了茶叶质量安全。对指导茶园农药使用、保障消费者健康具有深远的影响。这项科研成果分别获得了2015年神农中华农业科技奖一等奖，2015年浙江省科学技术进步奖二等奖和2015年第四届中国茶叶学会科学技术奖特等奖。2017年，陈宗懋又因"茶园中水溶性农药安全替代技术的研发及应用"项目而获得浙江省科学技术进步奖三等奖。

2019年8月29日，陈宗懋（左二）被授予"庆祝中华人民共和国成立70周年"纪念章（左三为中茶所党委书记姜仁华，左一为中茶所时任办公室主任姚明哲）

2019年8月29日，陈宗懋获得"庆祝中华人民共和国成立70周年"纪念章。"庆祝中华人民共和国成立70周年"纪念章由中共中央、国务院、中央军委颁发。陈宗懋是作为"中华人民共和国成立后获得国家级表彰奖励及以上荣誉并健在的人员"而获奖。这项国家殊荣是新中国成立70周年系列庆祝活动的重要组成部分，对于加强爱国主义教育，培育和践行社会主义核心价值观，增强中国特色社会主义伟大事业凝聚力和感召力，具有十分重要的意义。

陈宗懋及其团队针对影响我国茶叶饮用安全、出口安全和产业安全的农药和污染物残留重大问题，从最大残留限量制定的科学问题和残留量控制的技术问题入手，经过30余年研究，重构了最大残留限量制定的国际规范，创建了农药选用使用和污染物解析控制技术，研发了检测技术和产品，构建了以"最大残留限量制定、残留控制、识别检测"为核心技术的管控体系，显著提高了我国茶叶质量安全水平。陈宗懋对于茶叶农药残留检测领域的研究和农药残留标准制定方面的贡献，让中国在国际茶叶农药残留标准的制定上有了一定的话语权。2019年，"茶叶中农药残留和污染物管控技术体系创建及应用"获得了国家科学技术进步奖二等奖。

2019年，陈宗懋凭"茶叶中农药残留和污染物管控技术体系创建及应用"荣获国家科学技术进步奖二等奖

陈宗懋是一个十分注重科研成果转化应用的科学家。他为中国

在国际茶叶界争取到了应有的地位和发声权利的同时，时刻不忘把他的研究成果作用于实践。他不仅制（修）订国际农药最大残留限量标准6项，还制定了一批国内农药最大残留限量标准，并且和国家有关部门一起制定了490种农药残留的气相色谱法检测和20种农药合理使用国家标准；浙江大学发明的新烟碱类农药速测技术，得到了广泛应用。

此外，他与团队成员一起举办了上百次农药施用技术培训会和现场会，项目成果近十年累计推广应用达到了2.74亿亩。据统计，已经创造了经济价值19.9亿元，经济、社会、生态效益显著。

1984—1994年，陈宗懋在担任中茶所所长期间，不仅科研成就斐然，也在管理上做出不少成绩。小则关心食堂一日三餐的供应，专门给年轻大学生补助鸡蛋解决营养问题；大则领导建造九莲新村的房屋，极大地缓解了科研人员的住房问题，还一并解决了科研人员子女受教育的难题，从而使科研人员更安心于本职工作。陈宗懋所作所为无不是为了中茶所的发展、为了中国的茶叶事业。

陈宗懋当所长的20世纪90年代，也是中茶所研究成果集中爆发的时候。中茶所获得了多个国家级的奖项，陈宗懋为中茶所培养科研人才、提高科研水平以及相关的科研成果转换，做出了自己应有的贡献。陈宗懋个人在茶科技上所做的努力得到回报，结出丰硕的果实：1991年，获得国务院政府特殊津贴；1991年，被农业部授予全国农业环保先进工作者；1997年，被中国科协授予全国优秀科技工作者；1998年，获得中华农业科教奖。

做了大半辈子的茶科技研究之后，陈宗懋近些年开始更为关注茶的历史，尤其是茶的发展史。陈宗懋发现，中国的鸦片战争和美国的南北战争都与茶叶有关，某种程度上可以说是"茶叶战争"。由此可见，茶之于国家、之于民族的重要性。所以，陈宗懋始终铭记作为一个中国人、一个中国科学家的职责与价值。

陈宗懋曾经大声疾呼"茶为国饮"，屡次用科学数据破除"喝茶有毒"论,让那些不实言论自动瓦解,也让饮茶者信服:喝茶有益健康!他的想法也获得了卫生部门的认可。由中国食品科学技术学会、国际食品科技联盟共同主办的2018年国际食品安全与健康大会上,就把科学精神奖授予给陈宗懋,以表彰和感谢他对推动食品安全事业发展作出的卓越贡献。2019年,商务部还给他颁发了一个茶叶功勋奖章。

对于"茶与健康"这一主题,陈宗懋竭尽全力推广饮茶,倡导茶文化,主编和参加编写了《中国茶经》《中国茶叶大辞典》等6本图书,其中最为引人注目的是由他主编的《中国茶经》,被认为可以媲美甚至超过陆羽的《茶经》,《中国茶经》因对中国茶业所做出的特殊贡献,1998年荣获国家科学技术进步奖三等奖。《中国茶叶大辞典》,2001年分别获得第四届国家辞书奖一等奖和第五届国家图书奖提名奖。陈宗懋在国内外学术刊物和国际会议论文集上发表论文200余篇,译文100万字以上。获授权发明专利5项。

2003年,在中国农业科学院的建议下,陈宗懋抱着"没有期待"的心态报名参选中国工程院院士,不承想一次就通过了,当选为院士。中国工程院院士是我国工程技术界最高学术称号,陈宗懋当选为院士开创了茶叶界的先河,也是迄今为止两位茶学院士之一。其实当初报名参选中国工程院院士,陈宗懋本人并无此意,鉴于中茶所相关领导希望他申请,因此就照做了。然而他并未把能否当上院士这件事放在心上。颇为有趣的是,他当选院士的消息是在出差途中朋友打电话来恭贺时才得知的,他当时还以为朋友跟他开玩笑。朋友因为他申请一次就通过了,为此还问他是否和相关评委联络过。陈宗懋自然没有做过任何请托。此外,院士多次讲过不想为自己树碑立传。作为一个科研工作者,理应耐得住寂寞,于喧嚣外静处一室,认真钻研科学知识、积极推广研究成果。他向来为人低调,认为即便要为自己作传,也必须据实而写,不可夸张。

中国工程院院士传记

陈宗懋传

314

陈宗懋在中国工程院留影

古有茶博士，今有茶院士。当选中国工程院院士之后，陈宗懋以平常心接受了这个巨大的荣誉，但同时他也不敢掉以轻心，觉得肩负的责任更重了。他总是不忘告诫自己，院士头衔虽然充满光环，但是绝不应该用来炫耀，而是更要鞭策自身，继续风雨兼程、砥砺前行，以对得起党和国家给予的这份至高的荣誉和无上的肯定。

陈宗懋以前就非常忙碌，毫无疑问，现在就更忙碌了。以前多半不是在研究室就是在茶园专心从事研究，现在又多了许多社会事务要参加。譬如一些地方的茶叶单位邀请他参加活动，他往往盛情难却。偶尔拒绝，难免有人误解，认为是院士架子大、请不动。其实，与茶有关的事情无论大小，陈宗懋只要身体条件允许都会尽量参加。一年365天，他有三分之一的时间在世界各地奔波。尽管大多数时候都是坐飞机和汽车，但是依旧很疲惫。然而凭借着对茶叶的一腔热情，他义无反顾地选择继续"忙下去"。

因为长期伏案工作，再加上早年在东北寒冷的气候下长期工作，陈宗懋落下了一身的病痛。他的颈椎尤其不好，简直成了顽疾，需要长期接受按摩。他也曾用过许多办法，譬如针灸、推拿、贴膏药、红外线理疗……但因为每天都学习，不间断地看书查文献，他的颈椎一直不见好转。陈宗懋工作后，科研任务再繁重，也都会抽出宝贵的时间研读有关茶的文献资料，数十年如一日每日必看3篇外文文献，他只好在脖子上贴两个膏药，顶着脖子酸痛的折磨，坚持学习与工作。遇到天气冷的时候，膝关节也会疼，但这也不能阻止他继续到茶园实地去考察。很多茶园都在茶山上面，山路难走、崎岖不平，平常人走起来都会觉得累，更何况本来膝关节就有伤痛的他。可以想见，按照他一贯的性格，绝不可能因为身体病痛而放弃工作。

陈宗懋身体力行，人生中有两个最重要的体会，且一生秉持：其一，努力学习；其二，深入基层。陈宗懋认为科研必须与生产相结合，这是他半个多世纪以来奉行的信条。无论是在龙坞蹲点两年通过不懈努力终于打败长白蚧，抑或一次次在酷暑烈日或寒冬腊月去绍兴、嵊州这些茶产区制定病虫害的解决方案，都需要下茶田与茶农密切交流，观察与研究茶树病虫害的具体情况等。也正是在深入一线的实地调查过程中所获得的第一手珍贵数据和资料，帮助陈宗懋更好地开展科学研究，使他能够一面放眼世界，一面着落眼前，从而既惠于中国民生，又立于世界前沿。

在多年的工作经历中，他深切体会到无论是什么工作，都可以从中学习使自己受益。尽管其间有苦有乐，有成功有失败，有顺利也有挫折，然而回顾自己的一生，从工作中品尝到的，更多的还是乐趣。这也是他之所以长时间能够保持旺盛的精力，以及由此而获得巨大成就的重要根源。

陈宗懋无论是在校期间，还是后来参加工作，总是会想起曾经教过自己的那些老师。这些人中，有陈宗懋特别敬重的吴友三教授。吴友三在1951年由加拿大回国。同年起，就在复旦大学农学院教授植物病理学课程，后来与学院北上到了沈阳农学院。吴友三教授对陈宗懋的影响不仅表现在他对学业的不懈追求，更是表现在抱有一腔爱国热血、全心全意报效祖国的情怀。陈宗懋从未忘记过吴老师与他的师生之谊，始终跟他保持着联系。退休以后吴老师回到上海，陈宗懋还会专程去那里看望他。

李进教授同样令人爱戴。李进也是迁往沈阳农学院的老师之一。在陈宗懋的记忆中，就读复旦大学和沈阳农学院时，学校皆不乏良师，但李进老师又是其中他会特别感念的一位。陈宗懋与李进亦师亦友，俩人平日都爱打乒乓球，也时常做专业交流。而今已近百岁的李进老师，没有返回家乡北京，而是一直留在沈阳。陈宗懋有好几次到那里时，都去看望过他。

陈宗懋一生感念许多人，其中尤为想念和感激的是自己的母亲和爱人。母亲是孩子一生的恩师，孩子是母亲一世的牵挂。这是人生至情，无以为报。当想起母亲，陈宗懋思绪万千，脑海中浮现出幼年时晚餐后母亲牵着他的小手在弄堂散步的温馨，想起后来母亲为了补贴家用照顾家庭之余还坚持行医治病的艰辛，还有大学时母亲把节省下来的钱寄给远方的自己时的五味杂陈……母爱之深沉，沉如巨石、深若海水。陈宗懋永不忘母亲的恩情，深深地想念着自己的母亲。

俗话说，每个成功的男人背后都有一个默默付出的女人。毋庸置疑，陈宗懋非常了解这一点。许多年来，他很少有时间和精力关注家庭，但是所有这一切都得到了妻子陈雪芬的支持。她知道他所热爱的，也支持他所热爱的。这段从20世纪走来的"执子之手"的婚姻，之所以能经历一甲子的风风雨雨，成就"与子偕老"的终局，秘诀或许就在于这份彼此的"懂得"。退休后的陈雪芬，爱上了摄影，喜欢带着相机留下那些美丽的景致，带回家和陈宗懋一起欣赏。家里的餐桌和窗台上总是有鲜花开放。忙于科研的陈宗懋常常出差，但他心中始终记挂着爱人。譬如家附近新开了一家小吃店，店里的汤包很好吃，他就会打包回家，让陈雪芬也尝个鲜。他们夫妻二人让生活变得有滋有味，使平淡的生活开出了最美的花。

怀着对茶业发展的美好愿景，现如今，陈宗懋依然奋斗在中国茶叶植保的第一线。未来的计划依然与茶有关。他深知一辈子很长又很短，只愿在茶叶植保的道路上继续前行，寄希望于对整个中国茶产业起到力所能及的作用。陈宗懋的人生满溢着浓浓的茶香。与茶结下的深厚缘分，始于江南也在此得到了延续，结下了60多年的不解之缘。

2019年，陈宗懋在办公室接受传记写作小组采访

"家国情怀，使命担当，好男儿从来志在四方！"这是陈宗懋长久以来树立的信念。他从来不敢忘记党和国家对自己的悉心培养，秉承着这颗知恩图报的丹心，依循着往昔勤勉的脚步，他始终耕耘在中国各地的茶园中。他知道，中国正在进行着乡村振兴的千秋伟业，这片小小的东方树叶能够帮到那些山南水北的纯朴百姓。

2021年的春天，87岁的陈宗懋做了一次白内障手术，医生说他需要在家静养数日，最好能闭目养神完全脱离工作。可是，陈宗懋只是略略恢复了一下就又回到中茶所，仍然坚守在自己的工作岗位上。事实上，长久以来，家与中茶所这两处空间在陈宗懋的心中早已经模糊了界限。但是，有一点尤为清晰，那就是于他而言：生命不息，工作不止。

一片小小的茶叶，始终在向上生长，打开成一颗谦卑的心。

人生草木间，万事莫等闲。

参 考 文 献

［1］李响. 1952年的院系大调整［J］. 共产党员，2012（13）：59.

［2］陈宗懋. 茶树病害研究和防治的若干问题［J］. 中国农业科学，1964
（5）：34-37.

［3］陈宗懋，陈雪芬. 茶籽消毒技术研究初报［J］. 茶叶科学，1964
（2）：66-68.

［4］沈阳农业大学植物保护学院官网. 纪念吴友三先生诞辰110周年座谈
会暨学术报告会在我校举行［EB/OL］.（2019-10-16）［2020-11-1］.
https://zbxy.syau.edu.cn/info/1057/1448.htm.

［5］陈宗懋，岳瑞芝. 化学农药在茶叶中的残留降解规律及茶园用药安
全性指标的设计［J］. 中国农业科学，1983（1）：62-70.

［6］陈宗懋. 论甜菜品种对于褐斑病菌（*Cercospora beticola* Sacc.）抗病
性的机理［J］. 植病知识，1960（3）：49-55.

［7］中国农业科学院. 中国植物保护科学［M］. 科学出版社，1961：
1041-1057.

［8］杨亚军，朱永兴. 科技创新对茶产业的贡献［C］//中国茶产业可持
续发展战略学术研讨会，2010：86-87.

［9］陈宗懋.《茶树病虫综合防治讲座》 第八讲 茶园中化学农药的选
择［J］. 茶叶，1986（1）：44-47.

［10］陈宗懋.《茶树病虫害综合防治讲座》 第九讲 茶园用药的安全间
隔期［J］. 茶叶，1986（2）：47-50.

［11］陈宗懋，韩华琼，刘光明. 辛硫磷在茶叶中残留消解动态的研究

［J］. 昆虫学报，1975（2）：133-140.

［12］汤富彬，陈宗懋，刘光明，等. 八氯二丙醚在茶汤中的浸出研究［J］. 中国茶叶，2006，28（3）：19.

［13］潘灿平. 第39届国际食品法典农药残留委员会（CCPR）会议在京召开［J］. 农药学学报，2007（2）：116.

［14］陈宗懋，陈雪芬. 茶业可持续发展中的植保问题［J］. 茶叶科学，1999（1）：3-5.

［15］陈宗懋. 无公害茶叶生产中的病虫综合防治［J］. 植保技术与推广，2001（9）：38-40.

［16］中国农业科学院茶叶研究所. 甲子光阴忆韶华：《我与茶叶所》征文选集1958—2018［M］. 2018：41-43.

［17］许宁，陈宗懋，游小清. 三级营养关系中茶树间接防御茶尺蠖危害的生化机制［J］. 茶叶科学，1998（1）：3-5.

［18］陈宗懋，许宁，韩宝瑜，等. 茶树-害虫-天敌间的化学信息联系［J］. 茶叶科学，2003，23（S1）：38-45.

［19］中国农业科学院茶叶研究所. 陈宗懋论文集［M］. 北京：中国农业科学技术出版社，2004.

［20］边磊，吕闰强，邵胜荣，等. 茶天牛食物源引诱剂的筛选与应用技术研究［J］. 茶叶科学，2018，38（1）：94-101.

［21］罗宗秀，苏亮，李兆群，等. 灰茶尺蠖性信息素田间应用技术研究［J］. 茶叶科学，2018，38（2）：140-145.

［22］陈宗懋. 饮茶安全吗？［J］. 广东茶业，2002（6）：7-9.

［23］陈宗懋. 国外农学——茶叶［J］. 中国农业科学，1984（3）：1-10.

［24］陈宗懋. 斯里兰卡茶业改革经验值得借鉴［J］. 中国茶叶，1999（3）：3-5.

［25］陈宗懋. 中国茶经［M］. 修订版.上海：上海文化出版社，2011.

附　录

附录1 陈宗懋院士大事年表

1933年10月1日	出生于上海市
1938年9月—1944年8月	就读于上海市致行小学
1944年9月—1947年8月	就读于上海市清心中学初中部
1947年9月—1949年8月	就读于南京金陵大学附中高一、高二年级
1949年3月—1950年8月	就读于上海市清心中学高三年级，高中毕业
1950年8月—1952年4月	就读于上海市复旦大学农艺系病虫害组
1952年5月—1954年8月	因院系调整，北上就读于辽宁沈阳农学院植保系，本科毕业
1954年9月—1960年1月	黑龙江省呼兰特产试验站（现中国农业科学院甜菜研究所）
1960年2月至今	中国农业科学院茶叶研究所从事茶树植保和农药残留研究
1960年2月—1978年	中国农业科学院茶叶研究所任植保组技术员
1979—1986年	中国农业科学院茶叶研究所植保组副研究员
1981年	中国农业科学院茶叶研究所植保室副主任

1981年5月—1981年8月	农业部派遣去瑞士Ciba-Geigy公司农药部，访问学者
1981年11月	受邀参加南印度UPASI的学术讨论会
1982—1984年	农业部派遣赴美国Michigan State University农药研究中心留学，访问学者
1983年9月—1984年5月	任中国农业科学院茶叶研究所副所长
1984年5月—1994年8月	任中国农业科学院茶叶研究所所长
1986年6月	陈宗懋所长应英国化工协会邀请，赴英国伦敦参加联合国粮农组织（FAO）和英国化工协会（SCI）联合召开的"茶叶中的农药"讨论会
1987年	评聘为研究员；受邀参加由英国化学工业协会在伦敦召开的"茶叶中的农药残留学术讨论会"
1989年9月	受邀参加在韩国召开的"第一届绿茶与健康学术讨论会"
1989—1990年	加拿大IDRC项目安排去印度尼西亚、土耳其、马来西亚和斯里兰卡等产茶国进行考察
1990年至今	被国务院学位委员会批准为博士生导师
1990年	受邀参加在新加坡召开的"亚太地区环境与农药学术讨论会"
1991年1月	受邀参加美国医学基金会在美国纽约召开的"茶叶的保健效应学会讨论会"
1991年3月	陈宗懋应中国茶叶进出口公司派遣，赴美参加美国医学基金会主持召开的"国际茶的生理和药理学功能学术讨论会"

1991年11月	受邀参加在日本静冈召开的"茶叶国际学术讨论会"并在会上做《茶对人体健康的贡献》的主题报告
1991年	批准享受国务院特殊津贴
1993年9月	受邀参加在韩国举行的"第二届绿茶与健康学术讨论会",并在会上做《茶叶的保健功效》的学术报告
1993年10月	受邀参加在中国台湾召开的"第二届中国饮食文化学术研讨会,并在会上做《茶与健康》的学术报告
1995年、1997年、1999年	三次由农业部派遣作为中国政府首席代表参加联合国粮农组织在意大利、加拿大和印度尼西亚召开的"政府间茶叶会议"
1996年	受邀参加由联合国粮农组织召开的国际茶叶工作会议上做《茶叶消费和加工的新格局》的学术报告
1996—1998年	连续三年受邀参加在新加坡举行的第一、二、三届亚洲国际茶叶会议,并在会上做学术报告
2001年5月	受邀参加在荷兰海牙举行的FAO,WHO联合召开的农药残留CAC会议
2001年10月	受邀参加在中国台中召开的"第二届海峡两岸茶叶科技学术研讨会"
2001年10月	受邀参加在日本静冈举行的"茶叶国际学术讨论会"和"有机茶栽培学术讨论会"
2002年5月	受邀参加在荷兰海牙召开的FAO,WHO联合举行的农药残留CAC会议

2003年12月	当选为中国工程院院士
2006年12月	担任国际食品法典农药残留委员会（CCPR）主席
2007年5月	主持第39届CCPR年会
2012年2月	主编的新版《中国茶经》一书由上海文化出版社出版发行
2012年12月	当选第二届国家农产品质量安全风险评估专家委员会副主任委员；荣获浙江省直机关第二届道德模范荣誉称号
2013年8月	主编的《茶树害虫化学生态学》一书，由上海科技出版社正式出版
2014年4月	被聘为国务院食品安全委员会专家委员会委员，并参加了在北京召开的第一届专家委员会第一次全体会议
2014年5月	参加在意大利罗马召开的政府间茶叶工作组会议
2014年7月	主编的《茶树害虫化学生态学》一书荣获第十三届上海图书二等奖
2015年1月	荣获最美浙江农业人称号
2018年4月	被中国食品科学技术学会、国际食品科技联盟授予"科学精神奖"
2018年7月	接受中央电视台农业频道《植保中国》摄制组采访
2020年1月	参加国家科学技术奖励大会，主持完成的成果"茶叶中农药残留和污染物管控技术体系创建及应用"，荣获国家科学技术进步奖二等奖

附录2　陈宗懋院士主要社会职务

中华人民共和国第六、七届全国人大代表（1983—1993年）

中国农业科学院学术委员会委员（1984—2000年）

第二、三、四、五、六届全国农药登记评审委员会委员（1986—2002年）

浙江农业大学茶学系兼职教授（1987—1996年）

农业部第四、五届科学技术委员会委员（1988—1996年）

中国茶叶学会理事长（1992—2002年）

《茶叶科学》杂志编辑委员会主任（1993年）

浙江省昆虫学会常务理事（1995—1999年）

杭州市人民政府专家咨询委员会委员（1995年）

农业部茶叶化学工程重点开放实验室第二届学术委员会委员（1996—1998年）

中国植物保护学会农药分会第一届委员会委员（1996—2000年）

中国国际茶文化研究会顾问（1997年）

美国 *Tea Trade Journal* 杂志顾问（1998—2002年）

浙江省科技翻译协会副会长（1998年）

农业部茶叶生物化学与生物技术重点开放实验室学术委员会委员（1998年）

国际茶叶科学协会（International Society of Tea Science）副主席（2000年）

中国茶叶流通协会顾问（2001年）

International J. of Tea Science 杂志编辑委员会委员（2002年）

《中国茶叶》杂志顾问（2003年）

国务院食品安全委员会专家委员会委员（2014年5月—2019年4月）

国家卫健委食品风险评估委员会委员（2010—2020年）

国家卫健委食品风险评估委员会顾问委员会委员（2015年至今）

附录3　陈宗懋专著与著作

1．谢家驹，陈宗懋．甜菜病虫防治．轻工业出版社，176页，1959

2．中国农业科学院茶叶研究所主编．陈宗懋（编写人之一）．茶树病虫防治．农业出版社，93页，1965

3．陈宗懋（主编），茶树病虫防治，农业出版社，166页，1974

4．樊德方主编，陈宗懋（编写人之一）．农药残留量分析与检测（编写第8章：有机磷农药残留测定方法）．上海科技出版社，262页，1982

5．中国农业科学院茶叶研究所主编．陈宗懋（编写人之一）．中国茶树栽培学（编写第12章：茶树病虫害的防治）．上海科技出版社，484页，1986

6．陈宗懋（编委、编写人之一）．中国农业百科全书（茶叶卷）．农业出版社，369页，1988

7．陈宗懋，陈雪芬．茶树病害的诊断和防治．上海科技出版社，275页，1990

8．陈宗懋（编写人之一）．英汉植物病理学词汇．农业出版社，556页，1990

9．陈宗懋主编．中国茶经．上海文化出版社，786页，1992

10．农业部全国植物保护总站主编．陈宗懋（编写人之一）．植物医生手册．化学工业出版社，893页，1993

11．程启坤，陈宗懋．饮茶与健康．中国农业科技出版社，184页，1994

12. 程启坤，庄雪岚主编，陈宗懋（编委、编写人之一）. 世界茶业100年. 上海科技教育出版社，759页，1995

13. 张堂恒主编，陈宗懋（编委、编写人之一）. 中国茶学辞典，上海科技出版社，505页，1995

14. 陈宗懋主编. 中国茶叶大辞典. 中国轻工业出版社，1211页，2000

15. 陈宗懋，陈雪芬. 新编无公害茶园农药使用手册. 人民出版社，127页，2000

16. 俞永明主编，陈宗懋（编写人之一）. 无公害茶的栽培与加工. 金盾出版社，228页，2001

17. 陈宗懋，陈雪芬. 无公害茶园农药安全使用技术. 金盾出版社，254页，2002

18. Zeng Yongsu（主编），Chen Zongmao（副主编）. Tea：Bioactivity and Therapeutic Potential，Taylor & Francis Publishers，p. 267，2002

19. 陈宗懋主编. 中国茶产业可持续发展战略研究（中国工程院院士咨询研究项目）. 浙江大学出版社，290页，2011

20. 陈宗懋与俞永明、梁国彪、周智修共同出版. 品茶图鉴. 译林出版社，288，2012

21. 陈宗懋主编. 茶树害虫化学生态学. 上海科学技术出版社，318页，2013

22. 陈宗懋，甄永苏. 茶叶的保健功能. 科学出版社，320页，2014

附录4　陈宗懋主要论著目录

1. 陈宗懋. 从残留量问题论茶叶生产中的农药使用. 茶叶科学，1965. 2（1），42-53

2. 陈宗懋. 茶园病虫区系的构成和演替. 中国茶叶，1979（1），1-8

3. 陈宗懋. 生命表在茶树害虫防治中的应用. 中国茶叶，1980，2（6），3-6

4. 陈宗懋等. 溴氰菊酯在茶叶中的残留降解. 昆虫学报，1983，26（2），146-153

5. 陈宗懋等. 化学农药在茶叶中的残留降解规律及茶园用药安全性指标的设计. 中国农业科学，1983（1），62-70

6. 陈宗懋等. Tea diseases in the People's Republic of China（英文）. Plant Disease（美国），1982，66（10），961-966

7. 陈宗懋等. Comparative study of Thin Film photodegradative rates in 36 pesticides（英文）. I. & EC Product Res. & Develop（美国）1984，23（5），5-11

8. 陈宗懋. 茶园适用农药安全性指标的设计. 茶叶科学，1984，4（1），9-18

9. 陈宗懋等. Factors affecting residue of pesticides in tea（英文），Pecti. Sci.（英国），1988，23（2），109-118

10. 陈宗懋. An analysis on the tea pest fauna，（英文）. 茶叶科学，1989，9（1），13-22

11. 陈宗懋. Tea production in China and the theurapeutic effetc of tea（英文）. Food Sci. and Technol.（韩国），1989，22（3），28–43

12. 陈宗懋等. 我国茶叶科技四十年. 中国茶叶，1989，11（4），1–4，11（5），1–3

13. 陈宗懋. 茶—微量元素—人体健康. 茶叶文摘，1990，4(1)，1–10

14. 陈宗懋等. 茶树病害的诊断与防治（275页）. 上海，上海科技出版社，1990

15. 陈宗懋. Contribution of tea in human health 日本 Internat. Symp. On Tea Sci.，国际会议特邀主题报告，1991，8：26–19，12–20

16. 陈宗懋. 茶叶中的农药残留最高允许限量. 农药科学与管理，1992（4），1–5

17. 陈宗懋. 中国茶经（786页），上海，上海文化出版社，1992

18. 陈宗懋. 茶叶对人体健康的贡献. 台湾《中国饮食文化研讨会》论文集，1993（9），7–9

19. 陈宗懋. 茶对人体的生理调节机能. 茶叶文摘，1994，8(1)，1–8，8（2），1–8

20. 陈宗懋. 2000年茶业展望. 茶叶科学，1994，14（2），81–88

21. 陈宗懋. Tea，美国百科全书·第四卷281–289，1994

22. 陈宗懋. Development of new consumption pattern and advance in tea processing technology（英文）. In "Proceeding of advance in tea sci. & techno. and world tea economy" 会议上的特邀报告，1996，FAO，28–34

23. 陈宗懋 等. Chromatographic methods for the determination of pyrethrin and pyrethroids pesticide residues in crops，foods and Enviromental samples（英文），J. of Chromatography（荷兰），A，1996，754，367–395

24. 陈宗懋. Degradation of pesticide plant surfaces and its prediction –A case study on tea plant（英文）. Environ. Monit, & Assess（荷兰），1997（44），301–313

25. 许宁，陈宗懋，游小清. 三级营养关系中茶树间接防御茶尺蠖

危害的生化机制. 茶叶科学, 1998. 18（1）, 1–5

26. 陈宗懋. 茶叶科技之世纪回顾与前瞻. 茶叶科学, 1998, 18（2）, 1–6

27. 陈宗懋等. 在茶树—茶尺蠖—绒茧蜂三重营养系统中茶树抗茶尺蠖间接抗性的生化机制. 茶叶科学, 1998, 18（1）, 10

28. 陈宗懋等. 茶树释放的挥发性互利素是一种间接抗虫机制, 化学生态学1998年学术讨论会论文集, 159–164

29. 陈宗懋等. Pharmacologicarl function of tea（英文）, Global Adv. in Tea Sci.,（印度）. 第6章, 333–358, 1999

30. 甄永苏, 陈宗懋等.Tea Bioactivity and Therapeutic Potential（英文）, Taylor & Francis（英国）, 2002

31. 陈宗懋. 中国茶叶大辞典, 北京, 中国轻工业出版社, 2000

32. 陈宗懋. 茶多酚类化合物抗癌的生物化学和分子生物学基础. 茶叶科学, 2003, 23（2）, 83–93

33. 陈宗懋, 阮建云, 蔡典雄. 茶树生态系中的立体污染链与阻控. 中国农业科学, 2007, 40（5）, 948–958

附录5　陈宗懋院士培养的研究生列表

硕士研究生

姓名	时间	论文题目	工作单位	备注
薛玉柱	1982—1985年	呋喃丹在茶苗中的降解和代谢		
夏会龙	1985—1988年	化学农药在茶树上降解过程中多种降解因子定量关系的研究	浙江工商大学	
陶思明	1990—1993年	化学农药在茶树叶片上的光解速率的预测	湖南绿叶化工有限公司	
陈华才	1992—1995年	茶树对茶橙瘿螨抗性机理的研究	中国计量学院	
袁玉伟	1999—2002年	花茶中农药残留来源的研究	浙江省农业科学研究院	
罗逢健	2007—2010年	茶叶中农药多残留气相色谱—质谱分析方法的研究	中国农业科学院茶叶研究所	
张芬	2010—2013年	噻虫嗪和高效氯氟氰菊酯在茶园中的残留行为及风险评估研究	广西亚热带作物研究所	与福建农林大学孙威江教授联合培养
汪煊	2014—2017年	蒽醌在茶叶种植和加工过程中的输入机制	开化县茶叶研究所	
刘岩	2015—2018年	茶叶中高氯酸盐污染源调查及其控制	浙江省农业科学研究院	
梁亚博	2018—2021年	茶树中高氯酸盐的吸收累积特性及污染来源研究	中国农业大学	读博

姓名	时间	论文题目	工作单位	备注
赵莹婕	2018—2021年	茶谷蛾性信息素鉴定与相关生物学研究	中国农业科学院茶叶研究所	读博
俞嘉伟	2019—2022年	不同燃料下蒽醌在茶叶加工过程中的输入与生成机制	中国农业科学院茶叶研究所	与瓦赫宁根大学联合培养博士

博士研究生

姓名	时间	论文题目	工作单位	备注
许宁	1993—1996年	挥发性物质在茶树—茶尺蠖—绒茧蜂三重营养关系中的化学通讯作用	加拿大农业部下属的研究所	
韩宝瑜	1996—1999年	茶树—茶蚜—捕食、寄生性天敌间定位、取食的物理、化学通讯机制	中国计量大学	
赵冬香	1998—2001年	茶树—假眼小绿叶蝉—蜘蛛间化学、物理通讯机制的研究	中国热带农业科学院	与浙江大学程家安教授联合培养
桂连友	2001—2004年	外源甲基茉莉酸酯诱导茶树抗虫性及其机理的研究	长江大学	与浙江大学刘树生教授联合培养
黄晓琴	2005—2009年	山东茶树冰核细菌的分离、鉴定及其与霜冻害关系研究	山东农业大学	与山东农业大学束怀瑞院士联合培养
蔡晓明	2006—2009年	三种茶树害虫诱导茶树挥发物的释放规律	中国农业科学院茶叶研究所	
王国昌	2007—2010年	三种害虫诱导茶树挥发物的生态功能	河南科技学院	
金珊	2009—2012年	不同茶树品种抗假眼小绿叶蝉机理研究	福建农林大学	
高宇	2009—2012年	茶树绿叶挥发物的释放规律及生态功能	吉林农业大学	

姓名	时间	论文题目	工作单位	备注
张正群	2010—2013年	非生境植物挥发物对茶树害虫的行为调控功能	山东农业大学	
边磊	2009—2014年	基于远程寄主定位机理的假眼小绿叶蝉化学生态和物理调控	中国农业科学院茶叶研究所	
徐秀秀	2012—2015年	茶树挥发物对假眼小绿叶蝉的引诱作用及影响因子研究	山东省农业科学院果树研究所	
马龙	2013—2016年	茶尺蠖化学感受相关基因的克隆与功能研究	江西科技师范大学	
罗宗秀	2014—2017年	灰茶尺蠖和茶尺蠖性信息素鉴定及相关化学生态学研究	中国农业科学院茶叶研究所	
姚其	2018—2022年	茶小绿叶蝉产卵选择行为机制及其理化基础研究	海南省农业科学院	
焦龙	2016—2022年	茶树茉莉酸与水杨酸途径互作效应及其抗灰尺蠖功能研究	湖北省农业科学院果树茶叶研究所	
Fida Hussain	2017—2021年	茶黑毒蛾性信息素鉴定及相关生物学研究	中国农业科学院茶叶研究所	博士后
郭明明	2021—		在读	
赵莹婕	2021—			
黄禹禹	2022—			

博士后

姓名	时间	工作状态
刘晶	2017—2021年	出站
张惠宁	2019—	在站

附录6 陈宗懋院士获奖列表

年份	项目	完成人	奖项	等级
1977	化学农药在茶中残留量的研究	第一完成人	浙江省科技成果奖	成果奖
1979	茶叶中农药残留的研究	第一完成人	浙江省科技成果奖	三等奖
1980	农药安全使用标准	非第一完成人	农业部科技改进奖	二等奖
1983	浙江省四大害虫防治技术与农药安全使用	第一完成人	农牧渔业部科技改进奖	二等奖
1985	农药安全使用标准研究	非第一完成人	国家科学技术进步奖	三等奖
1986	国外农学——茶叶	第一完成人	全国农业科技情报刊物	二等奖
1987	农药残留预测技术	第一完成人	中国农业科学院科技进步奖	二等奖
1990	农药合理使用准则（一）（二）国家标准GB 8321.1-.2-87	非第一完成人	国家科学技术进步奖	二等奖
1997	茶叶中农药残留预测技术	第一完成人	国家科学技术进步奖	三等奖
1998	中国茶经	第一完成人	国家科学技术进步奖	三等奖

年份	项目	完成人	奖项	等级
2001	中国茶叶大辞典	第一完成人	国家辞书奖	一等奖
2015	茶叶中农药残留安全评价及应对	第一完成人	中国茶叶学会科学技术奖	特等奖
2015	茶叶中农药残留安全评价及应对	第一完成人	浙江省科学技术进步奖	二等奖
2015	茶叶中农药残留安全评价及应对	第一完成人	神农中华农业科技奖	一等奖
2017	茶园中水溶性农药安全替代技术的研发及应用	第一完成人	浙江省科学技术进步奖	三等奖
2019	茶叶中农药残留和污染物管控技术体系创建及应用	第一完成人	国家科学技术进步奖	二等奖

附录7　陈宗懋所获荣誉

1972年　浙江省农业先进个人

1991年　国务院政府特殊津贴

1991年　被农业部授予全国农业环保先进工作者称号

1997年　被中国科协授予全国优秀科技工作者称号

2001年　浙江省农业科技先进工作者

2003年　当选为中国工程院院士

2008年　中华农业英才奖

2009年　新中国成立60周年"三农"模范人物

2013年　被国际茶叶大会授予世界杰出茶人贡献奖

2014年　中国茶叶学会终身成就奖

2017年　中国农业科学院建院60周年卓越成就奖

2018年　科学精神奖

2019年　"庆祝中华人民共和国成立70周年"纪念章

图书在版编目（CIP）数据

陈宗懋传 / 张海龙等著. —北京：中国农业出版社，2023.3
（中国工程院院士传记）
ISBN 978-7-109-29836-1

Ⅰ.①陈… Ⅱ.①张… Ⅲ.①陈宗懋—传记 Ⅳ.①K826.3

中国版本图书馆CIP数据核字（2022）第149467号

陈宗懋传
CHENZONGMAO ZHUAN

中国农业出版社出版
地址：北京市朝阳区麦子店街18号楼
邮编：100125
策划编辑：徐　晖
责任编辑：贾　彬　　责任校对：吴丽婷
版式设计：杜　然
印刷：中农印务有限公司
版次：2023年3月第1版
印次：2023年3月北京第1次印刷
发行：新华书店北京发行所
开本：700mm×1000mm　1/16
印张：22.25　　插页：8
字数：300千字
定价：98.00元